Elsbeth Maurer

KINDER des LICHTS

Öffne dein Herz für die
KINDER des LICHTS

Elsbeth Maurer

KINDER DES LICHTS

erkennen · lieben · begleiten

Mit einem Vorwort von Chuck Spezzano

//////////////////////////// SILBERSCHNUR ////////////////////////////

Tafel der Anerkennung:

Mutter/Vater	Kind/Kinder
Christine	Samuel, Miriam und Debora
Mirjam	Lothar
Ildiko	Alexander
Nadia	Rina
Dora	Manuel, Benjamin, Miriam
Manuela	Oliver
Elsbeth	Ramon
unbekannt	Mathias und Tobias
Eltern Bauer	Raphael Joel
Vreny	Jonas und Arin
Beatrice	Emelie
Heinz	Joy
Therese	Lars
Monika	Sahel
Bernhard	Dominik
Nadia	Riana-Laura
Manuela	Leonie
Eltern Schluchter	Sergio André
Beatrice	Mara
Annette	Jan Ole
Claudia	Anamore und Giovanna
Lisa	Christopher
Elisabeth	John
Diana	Brittnay und Tony
Großmutter	Alexis
Darcy	Alyssa und Shanon
Susan	Ashlyn
Maria	Shiva und Mao
Sigi	Alina

Elsbeth Maurer

KINDER DES LICHTS

erkennen · lieben · begleiten

Mit einem Vorwort von Chuck Spezzano

//////////////////////////// SILBERSCHNUR ////////////////////////////

Wichtiger Hinweis:

Alle Angaben in diesem Buch beruhen auf eigenen Erfahrungen und Erzählungen von Betroffenen. Hinweise, Übungen und Ratschläge wurden sorgfältig überprüft, doch jedes Kind ist einzigartig sowie auf einem individuellen Weg, und es ist an den Begleitpersonen, diesen zu finden. In jedem Fall müssen immer die genauen Umstände mit viel Einfühlungsvermögen und Fachkenntnis abgeklärt werden, denn ein allgemeines Rezept gibt es nicht, und weder die Autorin noch der Verlag können die Verantwortung für die Folgen aus der Umsetzung der Anwendungen und Empfehlungen aus diesem Buch tragen.

Bilder und Graphiken Copyright by Elsbeth Maurer, Zürich, Schweiz
Copyright by LOVING-WISDOM GmbH
Originaltitel: Öffne dein Herz, Michels Verlag 2001

Copyright © Verlag "Die Silberschnur" GmbH

ISBN: 978-3-89845-220-5

1. Auflage 2007

Gestaltung & Satz: XPresentation, Boppard
Abbildungen: Eva Appenyeller, Nadja Imgruet, Writers and Thinkers of world peace, Elsbeth Maurer
Druck: Finidr, s.r.o. Cesky Tesin

Verlag "Die Silberschnur" GmbH · Steinstraße 1 · D-56593 Güllesheim
www.silberschnur.de
Email: info@silberschnur.de

Widmung

Für meine geliebte Tochter Joy Muriel,
die mich in ihrem Kommen überraschte.
Allein mit ihrer Anwesenheit ist sie in jedem Moment fähig,
dem Leben das Licht und die Würze zu geben.
Sie fordert und fördert mich in meinem Wachstumsprozess,
um so jeden Tag meine Grenzen und Möglichkeiten
kennen zu lernen.

Ohne dich, liebe Joy,
wäre diese Arbeit nicht in diesem klaren Bewusstsein entstanden.

Ich fühle tiefe Dankbarkeit.
Ich liebe dich sehr.

Deine MAMA des LICHTS

Für alle KINDER des LICHTS,
die den Mut haben, die große Aufgabe anzunehmen
und durch ihr Kommen den Himmel auf die Erde bringen.

Tafel der Anerkennung:

Mutter/Vater	Kind/Kinder
Christine	Samuel, Miriam und Debora
Mirjam	Lothar
Ildiko	Alexander
Nadia	Rina
Dora	Manuel, Benjamin, Miriam
Manuela	Oliver
Elsbeth	Ramon
unbekannt	Mathias und Tobias
Eltern Bauer	Raphael Joel
Vreny	Jonas und Arin
Beatrice	Emelie
Heinz	Joy
Therese	Lars
Monika	Sahel
Bernhard	Dominik
Nadia	Riana-Laura
Manuela	Leonie
Eltern Schluchter	Sergio André
Beatrice	Mara
Annette	Jan Ole
Claudia	Anamore und Giovanna
Lisa	Christopher
Elisabeth	John
Diana	Brittnay und Tony
Großmutter	Alexis
Darcy	Alyssa und Shanon
Susan	Ashlyn
Maria	Shiva und Mao
Sigi	Alina

Danksagung

Ein großer Dank geht an die vielen Workshopteilnehmer, Veranstalter und persönlichen Coaching-PartnerInnen, die mit ihrer Mithilfe, Teilnahme, Offenheit und ihren persönlichen Berichten dieses Buch entstehen ließen.

Ich danke allen meinen irdischen Engeln, die mir im richtigen Moment und am richtigen Ort zur Verfügung gestellt wurden. Ihr habt im Hintergrund die Fäden gezogen und an den Strukturen gebaut: Esther Huber, Rita Kampus, Wendy Nickerson, Silvia Grüter sowie das Team in Ana y Jose, Franz Rutz, Marc Timm und seine Assistentin, Regina Holzgang und im Besonderen mein ganz persönlicher Engel Eva Knoche, die mich in den letzten Monaten privat und geschäftlich begleitete. Mit viel Einsatz hat sie Daten und Informationen zusammengetragen, neu geschrieben und unermüdlich die Überarbeitung des Manuskriptes mit Liebe vollendet.

Ich danke meiner Familie: Heinz, der mir das himmlische Geschenk, Joy Muriel, bescherte und den Mut hat, aus der Mitte seines Herzens heraus zu leben. Ich danke meinen Eltern, die im richtigen Moment eingesprungen sind, sowie meiner Schwester und meinem Bruder, die mich mit ihrem Wissen in unzähligen Stunden unterstützten. Caroline, Nadia und Renate danke ich, dass sie mich lehrten, bestehende Familienstrukturen zu respektieren und zu ehren.

Ein lieber Dank geht auch an Chuck Spezzano, der mich befähigte, HERZENSverBINDUNGEN zu leben. Ich danke Werner Vogel, vom Via Nova Verlag, der mich als "beratender Freund" persönlich und geschäftlich begleitete, sowie Bob Zelman, der mich förderte, die Energie LOVING-WISDOM für die KINDER des LICHTS in der Welt zu verankern.

In tiefer Dankbarkeit nehme ich meine Mission und meine Lebensaufgabe an.

Inhaltsverzeichnis

KAPITEL 1
KINDER des LICHTS sind außergewöhnliche Kinder   65

KAPITEL 2
KINDER des LICHTS – die Herausforderung unserer Zeit   93

Verzeichnis der Übungen und Charts

Vorwort zur neu strukturierten, erweiterten Auflage

Wie die Zeit verfliegt... oder: Keine Zeit...

Wer findet heute noch die Zeit, um in Ruhe ein Buch zu lesen? Alle sind mit anderen Sachen beschäftigt, von Kindern bis zu Großeltern, so dass keine Zeit mehr dafür bleibt. Daher ist es mir ein Anliegen, mit diesem Buch der Zeitnot in unserer Gesellschaft gerecht zu werden und eine gewisse Leseerleichterung anzubieten durch:

- ein gut strukturiertes Inhaltsverzeichnis, denn so können Themen gezielt ausgewählt und gelesen werden,

- eine Zusammenfassung der Kapitel 1 bis 3 in eine Miniversion des Buches, dessen wichtigste Botschaften damit an einem Abend studiert werden können,

- ein Verzeichnis aller Übungen, Charts und Tabellen, mit dessen Hilfe diese schnell und problemlos gefunden werden können – für ein erfolgreiches tägliches Praktizieren.

Dieses Buch ist in der Du-Form geschrieben, da ich gerne in dieser persönlichen Art mit dir kommunizieren möchte.

- Das Buch KINDER des LICHTS hat den Zweck, dich anzuregen und zu bestärken, einen neuen Weg zu gehen oder den eingeschlagenen Weg zu bestätigen – deinen Weg für dich und deine Kinder.

- Der Inhalt dieses Buches ist ausgerichtet für den Umgang mit Kindern bis ca. 12 Jahre. Es ist ein Freund, eine Freundin, die dich inspirieren soll, in Momenten der Herausforderung den Mut zu haben, den nächsten Schritt zu tun.

- Dieses Buch soll dich anregen, deine Muster zu erkennen und zu transformieren. Es stehen dir viele Übungen zur Verfügung, die eine große Kraft zur Transformation haben. In diesem Zusammenhang verweise ich auch gerne auf die eLEARNING-Möglichkeiten, die am Schluss des Buches aufgeführt sind.

- Dieses Buch bewirkt in dir mehr inneren und äußeren Frieden, Freiheit, allumfassende Liebe und HERZENSverBINDUNGEN.

- Es ist kein Zufall, dass du heute dieses Buch in den Händen hältst. Es ist ein Schlüssel, um den du gebeten hast...

Wie die Zeit verfliegt... oder: Die Zeit ist reif

2005 hat mich die Schwester von Trutz Hardo zu einem Vortrag in Kreuzlingen eingeladen und mir so die Verbindung zum Silberschnur-Verlag ermöglicht. Noch im selben Jahr sandte ich die Neufassung des fast vergriffenen Werkes ein – und nach nur 18 Monaten kannst du heute das überarbeitete und neu strukturierte Buch in den Händen halten.

In den letzten Wochen habe ich öfter über den intensiven Aufwand der Überarbeitung gestaunt. Meine Schwester hat es in einem Satz auf den Punkt gebracht: "Ein neues Haus zu bauen ist viel einfacher, als ein altes Haus umzubauen!" Genau so kam es mir vor, denn es ist unendlich schwierig, viele Einzelheiten ins richtige Licht zu rücken und das ganze Team, das hinter der Bühne arbeitet, zu koordinieren.

Ein ganz herzlicher Dank geht daher an:

- Charles Lötscher, Daniela Roos, Mirella Kampus, Claudia Wüthrich, die mit viel Feingefühl Altes in Neues editierten.

- Maria Elisabeth Imgrüt, Leiterin des VaMuKi Chinderhuus in Pfäffikon, und Margitta Dietermann, Ausbildnerin für den "Führerschein für Eltern", die mich immer und zu jeder Zeit in Freundschaft und mit ihrem Support begleiteten.

- Meinen Bruder Urs, der mich in unternehmerischen Belangen unterstützt, und meine Schwester Therese, die in letzter Minute für Lektoratsarbeiten eingesprungen ist.

- Joy, heute 14 Jahre alt, die täglich bereit ist, mich und andere Menschen mit ihrer Power und herzlichen Liebe, die bereits interkulturell über Amerika, Europa und Asien strahlt, zu fördern und zu fordern.

- Das Team des Silberschnur-Verlages, das wie kaum jemand sonst an das Buch glaubte und final überarbeitete, so dass es nun Tausende von Menschen im Herzen berühren kann.

- Meine Mentoren, die an mich und meine "Misson possible" glaubten sowie mich immer unterstützend und richtungsweisend begleiten. Sie geben mir so den Mut, meinen Weg Schritt für Schritt zu gehen – als Pionierin und als Vorbild.

Das Buch ist um viele neue Erfahrungsberichte angereichert worden und soll alle Leser dazu anregen, all das anzupacken, was auch immer ansteht. – Die Zeit ist reif!

Wie die Zeit verfliegt... oder: Die Zeit, die wir uns schenken

Kinder brauchen viel Zeit von Vater und Mutter. Sie brauchen dich, deine Begleitung. Sie brauchen ethische, moralische Prinzipien und Vorbilder, denn mehr als früher noch sind die Kinder in der heutigen Welt oft verloren und orientierungslos. Es fehlen Vorbilder, Strukturen und Führung. Sollen sie werden wie die Hollywood- oder TV-Stars, wie die Sporthelden – oder wie die "Gangs" im Viertel? Wem sollen sie folgen? Was sind deine Werte und Vorstellungen? Wie verbringst du die Freizeit, und welche Prioritäten setzt du? Wie lebst du zwischenmenschliche Beziehungen, und wie teilst du deine Liebe mit deinen Kindern? – Nimm dir Zeit für dich und deine Kinder! Dir und deinen Kindern Zeit zu schenken ist wichtig und richtig – und vor allem die beste Investition in dein Leben. Ich hoffe, dir mit diesem Buch einige wichtige Anregungen und Hilfestellungen geben zu können, mit deren Hilfe du dieses Ziel erreichen kannst.

Ganz herzlich,

deine Elsbeth Maurer
Zürich, 30. April 2007

Vorwort von Dr. Chuck Spezzano
Öffne dein Herz für die Kinder des Lichts

Dies ist eine gesegnete Zeit der Möglichkeiten. Es ist eine Zeit, in der sich das Bewusstsein der Welt verändern kann. Dies kann durch offene Herzensgüte geschehen und durch das Geben unseres Herzens. Sobald wir das Urteilen fallen lassen, empfangen wir den Hilferuf. Stattdessen können Wunder durch den Himmel geschehen, sobald wir unsere Liebe und unser Mitgefühl geben. Wenn sich genug von uns widmen, durch Liebe und Wunder über Grenzen hinauszugehen, wird eine Renaissance stattfinden, wie sie noch nie zuvor auf Erden da gewesen ist. Dadurch umarmen wir eine gemeinsame Mission, der Welt zu helfen, den Himmel zurück auf Erden zu bringen.

Während dieser Zeit der Möglichkeiten gibt es solche, die uns helfen, die Menschheit zu erwecken, die Möglichkeiten der Schönheit und Fülle zu erleben und das neue Licht auf die Erde zu bringen. Sei ein Lichtbringender – sei ein Bote – für das Feuer der Liebe, das in deinem Herz brennt und das alles, mit dem du im Laufe des Tages in Kontakt kommst, berührt. Wenn wir den Glauben während dieser Zeit bewahren, wenn wir das Licht in der dunkelsten Stunde gerade vor der Dämmerung behalten, dann, wenn die Dunkelheit bricht, wird ein neues goldenes Zeitalter für die Menschheit entstehen, ein Sprung vorwärts in der Evolution, dem Licht entgegen!

Viele der Kinder, die jetzt auf die Erde kommen, sind "alte Seelen". Sie kommen hier an einen Ort, der sich verheerend für sie auswirkt aufgrund der fehlenden HERZENSverBINDUNGEN in unserer Gesellschaft.

Auch wenn wir es als "Welt" besser machen als je zuvor, gibt es dennoch weiterhin extreme Kriege, Konflikte, Leid, Hunger und Armut. Diese Kinder sind gekommen, um mitzuhelfen, dies zu verändern. Für sie sind diese Zustände hier auf dieser Erde jedoch immer noch ein Schock. Was wir tun können, ist mit ihnen HERZENSverBINDUNGEN einzugehen, um selbst ganz zu werden. Dadurch wird mehr Unterstützung für diese Kinder kreiert. Mit allem, was wir heilen, erzeugen wir eine neue Stufe der HERZENSverBINDUNG. Durch jedes Festhalten, das wir loslassen, offenbart sich uns eine neue Stufe der HERZENSverBINDUNG, welche auf uns gewartet hat. Immer, wenn wir uns mit jemandem verbinden oder jemandem vergeben, entsteht dadurch eine neue Stufe der HERZENSverBINDUNG. Immer, wenn wir kommunizieren, um eine Brücke zu jemandem zu bauen, öffnen wir eine neue Stufe der HERZENSverBINDUNG – und dadurch entsteht ein Sicherheitsnetz der Liebe. HERZENSverBINDUNG ist Liebe und Erfolg mit Leichtigkeit. Alles wird einfach. Womit wir uns auch immer im Spiel des Lebens befassen, wir haben es durch unsere Vorfahren geerbt. Denn entweder sind diese Kinder gekommen, um sich damit zu befassen, oder sie haben es als Teil ihres Lebensplans mitgebracht, um es zu lernen und sich selbst zu heilen – um der Welt willen.

Je mehr wir uns mit diesen Kindern verbinden, umso glücklicher werden sie sein. Egal, was passiert, seien es Albträume oder Visionen, je mehr wir uns mit ihnen verbinden, umso mehr Liebe kreieren wir in einer Welt des Hasses.

Wenn wir uns mit jedem und allem verbinden, beginnt es sich zu verbreiten. Nicht nur in der Welt, sondern auch im Bewusstsein für die Welt, so dass das Leiden zerstört wird und die mangelnde Fürsorge und Achtsamkeit anfängt, sich zu verändern.

Je mehr HERZENSverBINDUNGEN wir mit jemandem eingehen, mit Freunden, mit unserer Familie, mit unserem Partner, mit ehemaligen Partnern, mit irgendjemandem, umso hilfreicher ist es für alle diese Menschen. Und gleichzeitig wird damit auch allen anderen geholfen.

Die Kinder sind hier, um uns zu führen. Sie sind wie der neueste Computer, das neueste Auto, das neueste Etwas. Wenn wir sie in der alten Art und Weise behandeln, werden wir nicht all ihre neuen Optionen und all ihre neuen Talente sehen, die sie mit auf die Erde bringen. Sie sind auf einer höheren Ebene des Bewusstseins geboren und bleiben so, um uns vorwärts zu führen – es sei denn, wir heilen uns selbst nicht durch HERZENSverBINDUNG und übertragen somit unsere aktuellen Probleme auf sie.

Die Kinder kommen rechtzeitig an einem wichtigen Wendepunkt. Es ist eine Zeit der großen Möglichkeiten. Deshalb werden so viele fortgeschrittene Kinder geboren. Sie wussten, dass dies eine Zeit ist für ihr Bewusstsein der Verbindung und dass dies eine Zeit ist, in der ihre Talente gebraucht werden. Wenn es den Anschein erweckt, als sei Negativität um sie, ist dies ein Ausdruck unseres versteckten Selbst – so wie jedes Kind das Unbewusste seiner Eltern ausspielt. Was diese Kinder ausleben, geschieht nur, um zu heilen, und einer der Hauptwege der Heilung geschieht über ein Verbinden in LIEBE.

Wenn wir mit ihnen verbunden bleiben, fühlen sie sich bestätigt und gehen weiter auf jede Herausforderung zu. Denn viele der Kinder, die nicht in einer "goldenen Familie" leben, sehen einigen Herausforderungen in der heutigen Zeit entgegen. Aber immer dann, wenn wir uns mit ihnen mit einem Strahl der Liebe verbinden, bauen wir Schnüre, Seile und Kabel eines Lebens. Jedes Geschenk der Liebe, das wir ihnen geben, wenn wir sie halten oder wenn wir sie berühren, bestätigt sie darin, wer sie wirklich sind. Das bringt sie zu einer neuen Stufe der Empfindsamkeit, des Bewusstseins und der Begabung.

Die Verbindung, die durch Berührung entsteht, wirkt besonders bestätigend. Sie zeigt ihnen, dass dort eine Beziehung ist, dass Liebe da ist und Freundschaft. Wenn die HERZENSverBINDUNGEN eine Beziehung entstehen lassen in einer Familie, einer Gruppe oder einem Team an einem Arbeitsplatz, dann sind die Schnüre der HERZENSverBINDUNG in einen goldenen Stoff des Friedens, der Gegenseitigkeit und der Liebe gewoben, der der Menschheit hilft, den Himmel auf Erden entstehen zu lassen. Diese KINDER des LICHTS sind Herolde und Boten des kommenden Zeitalters.

Chuck Spezzano
Hawaii im Juni 2001

Einleitung

Wir sind so froh, dass du kommst

Wir sind so froh, dass du gekommen bist.
Wir warten auf dich.
Wir sind so froh, dass du Teil unserer Familie bist.
Du bist so wichtig für uns.
Wir sind so froh, dass du ein Mädchen (Junge) bist.
Wir lieben deine Einzigartigkeit.
Ohne dich wäre unsere Familie nicht dieselbe.
Wir lieben dich.
Wir möchten dich beschützen.
Wir möchten dir helfen zu wachsen
und alle deine Talente zu entfalten.
Du brauchst nicht wie wir zu sein.
Du kannst dich frei entfalten.
Du kannst du selbst sein.
Du bist so schön.
Du bist so klug.
Du bist so kreativ.
Es ist eine große Freude für uns, dass du da bist.
Wir danken dir, dass du uns als deine Familie auswählst.
Wir wissen, dass du gesegnet bist.

Du segnest uns durch dein Kommen.
Wir lieben dich.
Wir lieben dich sehr.

Deine Eltern

Ich öffne mein Herz

In den ersten Monaten im Jahre 1996 war ich wieder einmal mit Joy Muriel, die damals viereinhalb Jahre alt war, in unserem Haus "State of Joy" in Florida. Eines Morgens stand ich auf und wusste, dass die vergangene Nacht eine ganz besondere war. Ich war damals 35 Jahre alt und lernte, die universellen Gesetzmäßigkeiten und Spiritualität in mein Leben zu integrieren. Was ich jedoch in jener vergangenen Nacht erlebt hatte, hat für mich alles Bisherige übertroffen. Ich hatte das Gefühl, dass mir jemand Informationen übermittelte, den ich weder sah, noch spürte oder hörte. Ich bin aufgewacht und wusste, dass ich jetzt Zugang zu neuem Wissen hatte. Ich wusste damals nicht, wie ich dieses Erlebnis in Worte fassen konnte. War es ein Traum, eine Vision, eine Eingebung oder doch nur Fantasie gewesen? In den ersten Stunden nach dem Erwachen begleitete mich ein Gefühl, das mich innerlich aufhorchen ließ. Ich erinnerte mich während des ganzen Tages immer wieder an die Geschehnisse der Nacht. In den darauf folgenden Tagen und Nächten intensivierte sich dieser Fluss an Informationen. Heute verstehe ich, dass mir die Informationen in einem Hologramm gezeigt wurden und dass dadurch in Bruchteilen von Sekunden so viele Daten in mein System geladen wurden, dass mein Verstand es kaum fassen konnte.

Die Botschaft:
- Es gibt eine neue Generation von Kindern!
- Diese Kinder sind einzigartig.
- Diese Kinder verstehen wir nicht.
- Diese Kinder brauchen Hilfe und Unterstützung.

Der Inhalt dieser Botschaft war so kompakt und komplex, dass ich die Informationen in den folgenden Tagen für mich wie folgt zusammenfasste, um sie verarbeiten zu können:

Diese Kinder kommen mit 100 Prozent ihres Potenzials und ihrer Möglichkeiten zur Welt. Alles ist möglich. In den ersten Monaten und solange sie noch nicht sprechen können, sind sie in ihrem Licht des wahren Selbst. Sie erinnern sich an die Einheit und an ihre Lebensaufgabe, die sie auf Erden erfüllen wollen. Bis sie dann mit etwa 2 Jahren sprechen können, sind sie von ihrem Umfeld schon so stark geprägt, dass ihr Licht allerdings schwächer und schwächer wird – bis zu dem Punkt, an dem sie davon abgetrennt sind, es vergessen oder verloren haben. Ihre Persönlichkeit, ihr Ego, also ihr niederes Selbst wird dann stärker, und es wird zu ihrer Überlebensstrategie, sich anzupassen und durchzusetzen.

Daraus leitete ich für mich einen Plan ab. Zunächst definierte ich einige Punkte zur Umsetzung, die ich entwickeln wollte – und die ich hier genauso stichpunktartig wiedergeben möchte.

Umsetzung:

- Instrument der Selbst-Erkenntnis
- Hilfe für dich und für deine Lieben
- Begleitung, die dich erkennen lässt, was dein wahres Licht, dein wahres Selbst im Prozess deiner Entwicklung ist
- Spiegel, der dich reflektiert und dich unterstützt
- Wegweiser, der dir hilft, deinen Lebenspfad geradliniger zu entwickeln und harmonischer zu erleben, der dich unterstützt, dich ganzheitlicher zu verbinden und der dich im Zentrum stärkt.

Projekt:

- Den Kindern zu erlauben, das Land der Wunder lebendig zu erhalten und ihre Wahrheit ein Leben lang zu leben.
- Einen substanziellen Beitrag leisten für die spirituelle Entwicklung der Menschen, um dem Planeten Erde einen sicheren Platz im ganzheitlichen Wachstum zu geben.

- Die Kinder und das "innere Kind" eines jeden unterstützen, um das intuitive Vertrauen ins wahre, innere Selbst wieder zu finden.

Aufgaben:
- die Spiegelung des täglichen Wachstums der Kinder sowie deines "inneren" Kindes erkennen
- die unbewusste Ebene ins Bewusstsein bringen
- Eltern bzw. Begleitpersonen dabei helfen, sich selbst und die Kinder besser zu verstehen
- effektiver und unterstützend im Begleitprozess zu wirken, damit einfacher und ganzheitlicher gehandelt werden kann
- die allumfassende Heilung aktivieren und Wachstumsprozesse beschleunigen
- Intuition wecken, fördern und bestätigen
- störende Verhaltensmuster an die Oberfläche bringen, um sie bewusst zu machen und wirkungsvoll zu lösen

Ich war damals motiviert, diese Informationen in die Welt hinauszutragen, doch 1996 verstand mich noch keine Menschenseele. Ich selbst wusste einfach, dass das Wissen, das mir gegeben worden war, eine Botschaft ist, die ich zu vertreten habe, ohne jedoch genau zu wissen, wie ich dieses Projekt anzupacken hatte. Innerlich begann ich mehr und mehr, die mir übermittelten Informationen zu verstehen. Mir wurde klar, dass Joy Muriel ein Kind dieser Generation ist, und bald darauf begann ich, auch andere Kinder zu "erkennen". Kurz vor meinem Geburtstag begann ich dann noch besser zu verstehen, was genau meine Aufgabe ist. Durch eine Geburtstagskarte wurde in mir die Erinnerung ausgelöst, dass es darum geht, die verschiedenen Bewusstseinsebenen miteinander zu verbinden. Innerhalb kürzester Zeit stellten wir ein Team zusammen, das die Dringlichkeit und Wichtigkeit verstand, die Kinder und vor allem deren Begleitpersonen aufzuwecken.

Die Welt und ich waren damals aber noch nicht bereit, dieses Projekt zu gebären. Ich hatte noch andere Lernphasen zu durchlaufen, und es stellten sich mir verschiedene Fragen wie zum Beispiel: Wie schreibe ich erfolgreich ein Buch und finde dazu den passenden Verleger? Woher nehme ich den Mut, um die Finanzierung des Buches über Spendengelder zu sichern? Erkenne ich die Energie der Kinder, und bin ich fähig, dies anderen zu zeigen?

Meine Ausbildung führte von den verschiedenen Bewusstseinsebenen hin zu den Wissenschaften von Farben, Zahlen und Buchstaben. Im Frühjahr 1999 erschien das AURA SOMA-Farblexikon für Lichtarbeitende. Unterdessen sind in Amerika mit großem Erfolg Bücher zum Thema der heutigen Kinder erschienen. Ich war sehr erleichtert, denn dadurch wurde ich vom enormen Druck befreit, die Informationen der Botschaft so schnell wie möglich der breiten Öffentlichkeit zur Verfügung zu stellen. Im Januar 2000 aber wurde mir bewusst, dass ich in den nächsten Monaten die Finanzierung durch Spendengelder von fast einer halben Million Franken für das Projekt nicht fristgerecht abschließen konnte. Die Entscheidung, dass die Realisierung dieses Projektes, das mir ja bereits 1996 gezeigt wurde, nochmals eine Runde warten und reifen musste, fiel mir schwer. Mein nächster Schritt war es dann, ein Basisbuch zu schreiben für alle Kinder und deren Begleitende. Im Februar entstand der Fantasiename KINDER des LICHTS - und danach ging alles sehr schnell. Im März sprach ich an der "Lebenskraft" in Zürich das erste Mal öffentlich zum Thema KINDER des LICHTS. Im Mai wurde mein erster Artikel veröffentlicht - und nun halten Sie das gedruckte Buch in der Hand.

Ich bin Mutter

Ich bin eine der Abertausende von Müttern in der Welt, denen in den letzten zwei Jahrzehnten ein KIND des LICHTS geschenkt wurde. Damals war ich weder spirituell noch befasste ich mich mit Kindererziehung oder Kinderpsychologie. Auch verspürte ich nicht den innigen Wunsch, ein Kind zu empfangen.

Joy hat sich nicht angekündigt, und ihr Kommen hat mich völlig überrascht. Heute bin ich aber sicher, dass sie diesen Weg wählte. Denn hätte ich von ihrem Kommen gewusst, hätte mich die Angst gepackt und ich hätte mich diesem Energiebündel verschlossen. Am 13. Oktober 1991 traf mich daher ein Blitz wie aus heiterem Himmel. Im Moment der Zeugung sah ich, wie eine Säule des Lichts durch meinen Körper schoss. Ich befand mich anschließend während mehrerer Minuten in einem anderen Bewusstseinszustand, den ich bis heute nicht in Worten ausdrücken kann. Erst als mich der Vater von Joy, Heinz, fragte "Wo bist du? Wie geht es dir? Was machst du?" bin ich wieder zu mir gekommen. Ich wusste nicht, was geschehen war und schon gar nicht, dass ich in diesem Moment empfangen hatte.

Diese Kinder kommen mit einer solchen Kraft durch uns und für uns, dass wir oft an den Rand unserer Kräfte gelangen. In dem Moment, in dem ich wusste, dass ich schwanger war, öffnete sich mein Herz für mein Baby auf eine Weise, wie ich es nie zuvor erfahren durfte. Die Kraft, die mich seitdem begleitet, hat mich zuerst geschwächt und überfordert. Ich musste Stunden lang schlafen, damit ich mich überhaupt an diese Kraft, dieses Licht gewöhnen konnte. Damals habe ich noch nicht verstanden, was mit mir geschah. Erst im Nachhinein fügten sich die einzelnen Puzzlesteine zu einem vollständigen Bild zusammen, und es begann, alles für mich einen Sinn zu ergeben.

Mit der Geburt von Joy hat mein Leben eine neue Richtung eingeschlagen, die ich nicht vermutete und die ich bis heute jeden Tag neu entdecke. Die Intensität des Erlebnisses bei ihrer Zeugung zieht sich wie einen roter Faden durch ihr und mein Leben sowie durch das Leben der Menschen, die Joy berührt.

Heute ist mir klar bewusst, dass meine Kindheit, meine verschiedenen Tätigkeiten, Ausbildungen und Reisen eine aufgebaute, bewusst geführte Struktur enthalten, als wäre ich einem vorbereiteten Plan gefolgt.

Wir sind alle Kinder aus dem Licht

Wir kommen alle aus dem Licht, und damit können wir sagen, dass wir alle KINDER des LICHTS sind.

Der Name KINDER des LICHTS ist ein Fantasiename und verweist auf das hohe Bewusstsein der Kinder, das sich durch Licht symbolisieren lässt. Der Begriff KINDER des LICHTS umfasst die Kinder, die gekommen sind, um unsere Herzen zu öffnen und LOVING-WISDOM (Liebende-Weisheit) in uns zu aktivieren. Es ist ein Name, um diese besonderen Kinder zu verstehen, anzunehmen und zu fördern. Wir können uns mit diesem Namen identifizieren, da auch wir aus der Quelle des Lichts kommen.

KINDER des LICHTS werden geboren, um eine Brücke von der alten in eine neue Welt zu bauen. Die Eigenschaften und Verhaltensweisen dieser Kinder – gerade auch die störenden – reflektieren die Stärken und Schwächen unserer Gesellschaftsordnung.

Öffne dein Herz für die KINDER des LICHTS und finde

LOVING-WISDOM.

Zusammenfassung
der Kapitel 1 bis 3 für Eilige

Zwei Dinge sollen Kinder von
ihren Eltern bekommen:
Wurzeln und Flügel.

Johann Wolfgang von Goethe

Publiziert in der Thurgauer Zeitung vom Dienstag, 5. November 2002
Von Angela Muther Schroth

Elsbeth Maurer informierte in Kradolf über eine neue Generation Kinder, die KINDER des LICHTS

Powerkids stellen die Welt auf den Kopf

Hyperaktive und aggressive Kinder geraten zunehmend in die Schlagzeilen. Eltern und Schulen sind überfordert und immer häufiger wird zu Psychopharmaka wie Ritalin gegriffen, um die so genannten Wildfänge unter Kontrolle bringen. Einen ganz anderen Ansatz zeigte die Buchautorin Elsbeth Maurer während ihres Workshops in Kradolf: Sie erkennt in diesen Zappelkindern eine neue Generation Kinder, die hier sind, um unsere alten Strukturen aufzulösen und neue Wege zu zeigen.

Elsbeth Maurer beschrieb das Phänomen der KINDER des LICHTS oder Indigo-Kinder wie folgt: Auf der ganzen Welt seien Millionen von Kindern geboren worden, die eine unwahrscheinliche Kraft und Energie besäßen. Diese Powerkids seien an ihrem Strahlen in den Augen zu erkennen und einem wahrnehmbaren großen offenen Herzen. Sie senden eine Energie aus, die Eltern und andere Begleiter berührt und auch herausfordert. "Es ist, als ob diese Kinder auf 220 Volt geerdet sind, unsere Erde hier jedoch nur auf 110 Volt. Dies löst einen ständigen Kurzschluss aus", beschrieb sie die Situation.

Merkmale der KINDER des LICHTS

Die Referentin skizzierte die KINDER des LICHTS wie folgt: Sie weisen eine hohe Sensibilität auf und sind daher leicht ablenkbar, ermüden rasch und weisen Konzentrationsschwächen auf. Dies habe große Schwankungen in der Leistungsfähigkeit zur Folge. Weiter seien ungesteuerte emotionale Ausbrüche typisch: Das Kind kann nicht so, wie es gerne möchte, und entschuldigt sich später für sein Verhalten. Eine überdurchschnittliche

Weisheit, Kreativität und Intelligenz sind weitere Kennzeichen, oftmals resultierend in Unterforderung, Langeweile oder Besserwisserei. Im sozialen Bereich seien häufig Probleme mit Hierarchien und dem Finden des eigenen Platzes sowie ausgeprägte Machtspiele zu beobachten. Die Kinder seien sehr selbstbestimmend und versuchten, aus den gegebenen Formen und Strukturen auszubrechen. Oft erfahren diese Kinder wegen ihrer Einzigartigkeit soziale Ausgrenzungen.

Die daraus resultierende Frustration mache sich entweder als Aggression und Wut bemerkbar oder löse ein Gefühl der Sinnlosigkeit aus bis hin zur Depression "Die Kinder reagieren auf diese Spannungen entweder mit Rebellion oder aber mit Rückzug. Die Rebellen fallen auf, werden oft als Hyperaktiv oder ADS/ADHD-Kinder diagnostiziert oder als Außenseiter abgeschoben. Die Kinder, welche sich zurückziehen, fallen nicht mehr auf, befinden sich jedoch in einem ebenso schweren inneren Konflikt", ist die Referentin überzeugt.

Kinder sind unsere Lehrer

Elsbeth Maurer, selber Mutter eines inzwischen zehnjährigen Kindes, suchte nach Alternativen im Umgang mit ihrem Kind und machte sich auf den Weg, um dieses Phänomen zu erforschen. Daraus resultierte ihr Buch "KINDER des LICHTS". Sie setzt sich dafür ein, dass die Gaben dieser Kinder erkannt werden, statt sie zu unterdrücken. Nicht die Kinder sollen der Gesellschaft angepasst werden – vielmehr tragen diese Kinder in sich die Chance, die Gesellschaft aus ihrer heutigen Ohnmacht zu führen: "Diese Kinder sind gekommen, um der Familie, dem Staat, der Welt die allumfassenden Lösungen der Liebenden-Weisheit zu zeigen", betonte die Referentin. Sie seien sehr weise, hätten ein hohes Bewusstsein und kämen als unsere Führer. Trotzdem oder gerade deshalb sei es als Eltern wichtig, den Kindern die Welt hier mit ihren Gesetzmäßigkeiten und Strukturen zu erklären und ihnen ihren Platz zuzuweisen. Diese Führernaturen müssten erst mit den Gesetzmäßigkeiten hier auf Erden vertraut werden, bevor sie diese verändern könnten.

Weiter erklärte die Autorin, wie die Begleitenden der Kinder ihre Energie erhöhen können, um die Diskrepanz und damit die Spannung zu den Kindern zu verringern. Die Mutter sprach aus Erfahrung, als sie sagte: "Diese Kinder öffnen unsere Herzen, wenn wir es zulassen und bereit sind zu lernen. Sie sind ein Geschenk und unsere Lehrmeister. Beginnen wir sie doch zu fragen und wir werden erstaunt sein, welche reifen, wahren und ganzheitlichen Antworten sie für uns haben."

Unterstützung ist notwendig

Die Referentin ist überzeugt, dass sich die Kinder ihre Eltern aussuchen. Es sei wichtig zu wissen, dass jeder zur richtigen Zeit am richtigen Ort sei. Dies gelte auch für die Begleitpersonen: "Es hilft zu wissen, das wir uns diese oftmals schwierige Aufgabe ausgesucht haben, weil wir daran lernen und wachsen wollen", so die Referentin. Die Kinder seien unsere Spiegel zur Selbsterkenntnis. In Momenten, wo die Kinder ganz sie selber sind, spüren die Eltern, dass sie auf dem richtigen Weg sind.

Ganz ohne innere oder äußere Hilfe sei die Begleitung der KINDER des LICHTS jedoch kaum zu bewerkstelligen. In diesem Wissen formierte sich der Verein "Zentrum zur Sonne" als Kontakt- und Informationsstelle für die Kinder der neuen Zeit. In Frauenfeld ist die Entstehung einer weiteren Regionalgruppe geplant. Wichtig sei auch, die immense Energie dieser Kinder auf einige Personen zu verteilen. Bezugspersonen wie Großeltern und Paten nähmen da eine noch wichtigere Rolle ein, betonte die Referentin. Sie zeigte sich überzeugt, dass Hilfe in unterschiedlichster Form zur Stelle sei, sobald wir den Sprung wagen, uns bewusst auf diese Kinder und den Prozess, den sie in uns auszulösen, einzulassen.

Referat: Öffne dein Herz für die
KINDER des LICHTS

KINDER des LICHTS erwecken bewusst und unbewusst "LOVING-WISDOM"

Das Thema Kind ist ein wichtiges Thema, man sieht es: Der Saal ist ganz voll!

Das Thema ist ein Thema, das bewegt, das Gemüter bewegt. Seit Jahren, Jahrzehnten und Jahrhunderten haben die Kinder immer wieder die Menschen bewegt, und heute ist es nicht anders: Heute bewegen sie einfach in einer riesigen Dynamik viele Menschen, vielleicht sogar die ganze Welt.

Ich finde es schön, wir haben alle *eine* Ausrichtung, alle *ein* Interesse: die Kinder.

Wir sind wahrscheinlich aus ganz verschiedenen Himmelsrichtungen hierher nach Kreuzlingen gekommen. Die einen ein bisschen früher, die anderen ein bisschen später. Deshalb beginne ich gerne mit einem Moment der Stille, so dass wir außen und innen miteinander ankommen können. Diejenigen, die gerne hören möchten, was ich in der Stille sage, können gern meiner Stimme folgen, doch du kannst auch selbst in deiner Stille sein – das ist o.k.

Diese praktische Übung ist ein Experiment und kann als Modell zeigen, wie die Arbeit wirkt. Sie bietet Gelegenheit, die Wirkung an sich selbst zu testen.

ÜBUNG: Öffne dein Herz

- Schließe bitte sanft die Augen, genauso wie wenn du dich am Abend schlafen legst. Die Aufmerksamkeit und innere Wahrnehmung bleiben dabei hellwach.

- Strecke nun die rechte Hand mit der Oberfläche nach oben aus, so als ob du eine kostbare Essenz in der Hand hältst. Nimm mit der inneren Wahrnehmung Kontakt mit der Hand auf. Dabei bleiben die Augen geschlossen. Lasse die innere männliche Energie in diese Hand fließen – bis hin zum Überfließen.

- Während des nächsten Einatmens – tief einatmen! – fließt die Energie weiter, und du lenkst die Aufmerksamkeit von der Hand weg zur Nasenspitze.

- Richte nun die Aufmerksamkeit ganz nach innen.

- Bewege jetzt ganz langsam die rechte und linke Hand aufeinander zu, als ob sie von einem Magnet angezogen würden, bis sich die Handflächen an der Seite der Hände (vom kleinen Finger abwärts) berühren.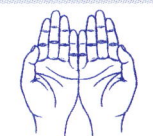

- Atme tief ein.

- Schließe die Hände, indem du die eine Hand auf die andere Hand legst und die kostbare Essenz dabei, wie in einer Muschel, im Inneren hältst – ganz sanft und behutsam, die Berührung ist kaum wahrnehmbar.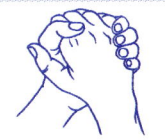

- Atme tief ein.

- Halte in dieser Position so lange inne, bis in dir entweder Leere, ein Vakuum oder Licht entsteht.

- Atme tief ein.

- Öffne die Hände nun wieder langsam, bewege sie langsam zur Brustmitte und lege sie ganz sanft und behutsam darauf. Die Finger bleiben dabei geschlossen. Halte in dieser Position so lange inne, bis in dir entweder Leere, ein Vakuum oder Licht entsteht.

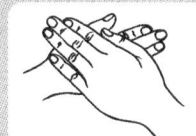

- Atme tief ein.

- Öffne die Hände langsam und lege sie in deinen Schoß, die rechte Hand in die linke Hand, der rechte Zeigfinger berührt den linken Daumen. Die Finger bleiben dabei geschlossen. Halte in dieser Position so lange inne, bis in dir entweder Leere, ein Vakuum oder Licht entsteht.

- Atme tief ein.

- In dieser Position kannst du in eine tiefe Meditation eintauchen, jedoch solltest du mindestens zwei Minuten verweilen.

- Atme tief ein. Nimm die entstandene Kraft von innen nach außen, indem du die Augen langsam öffnest und den Blick vor dir auf den Boden richtest.

- Atme tief ein und aus.

Später kommen wir auf diese Übung noch einmal zurück.

Ich bin Mutter von zwei Kindern. Mein erstes Kind wurde im Jahr 1982, am heutigen Tag in Münsterlingen geboren. Es ist für mich daher ein großer Tag, heute so nah an seinem Geburtsort hier in Kreuzlingen zu sein. Eine große Geschichte verbindet mich mit diesem Kind, meinem Sohn. Im Jahr 1992 habe ich einem zweiten Kind, einem Mädchen, das Leben geschenkt. Während dieser 10 Jahre dazwischen war ich eine erfolgreiche Karrierefrau, und als ich zum zweiten Mal schwanger wurde, glaubte ich, dass mein Leben genauso weitergehen würde, wie ich es geplant hatte: eine Karriere mit Kindern. Ich dachte, ich bin doch eine moderne Frau, und es wäre ja lächerlich, wenn ich das nicht unter einen Hut kriegen würde. Doch schon die ganze Schwangerschaft, die Geburt und die ersten Tage und Wochen danach verliefen ganz anders, als ich mir das vorgestellt hatte.

Ich erkannte schon bald, dass dieses Kind etwas ganz Wichtiges zu meinem Leben zu sagen hatte. Ich lebte damals gleichzeitig in der Schweiz und in Amerika. Ein Jahr, nachdem ich Joy geboren hatte, wurde ich krank. Eine Krankheit, die fünf Jahre dauerte und von der man weder wusste, was es genau für eine Krankheit war noch woher sie kam. Ich war körperlich so schwach, dass ich den größten Teil dieser Zeit im Bett liegen musste. Mental befand ich mich jedoch gleichzeitig auf einem absoluten Höhenflug. Diesen habe ich genutzt, um zu lesen. Eine ganze Bibliothek, eine ganze Garage voll Bücher habe ich in dieser Zeit gelesen, um Joy besser zu verstehen.

Es kam mir oft so vor, als würde Joy mit ihrem Wissen und Verhalten von einem anderen Planeten kommen, und mit dem Kind, das ich geboren hatte, ging es gar nicht anders: Ich musste mich bilden, weil dieses Kind mich unaufhörlich forderte und gleichzeitig so weise war. Kaum konnte es reden, stellte es ununterbrochen Fragen, von deren Antworten ich damals keine Ahnung hatte. Vor 13 Jahren stand ich noch an einem ganz anderen Ort und wusste zum Beispiel noch nicht, dass es Engel, Naturwesen, Geister und vieles mehr gibt. Mittlerweile ist dies eine unumstößliche Tatsache für mich.

Im Jahr 1996 habe ich dann die KINDER des LICHTS durch genaues Beobachten entdeckt. Bald ist mir schon aufgefallen, dass, wenn diese Kinder bei Joy waren und sie mit diesen Kindern spielte, die Stimmung anders war, als wenn sie mit anderen Kindern spielte. Im Jahr 1999 kam in Amerika das erste Buch über Indigokinder auf den Markt. Damit wurde ein Boom ausgelöst, den wahrscheinlich niemand vorhersehen konnte. Das Buch wurde mit der Absicht veröffentlicht, Aufklärungsarbeit zu leisten, und plötzlich waren Millionen von Menschen informiert über das Indigo-Phänomen, darunter auch Ärzte, Psychologen, Lehrende usw. Die Autoren dieses Buches hatten eine wunderbare Absicht: Sie wollten damit bezwecken, dass den Kindern keine Medikamente verschrieben, sondern dass Alternativen zum Umgang mit diesen Kindern gesucht werden. Indem sie nun aber das Phänomen der zappeligen, sensiblen und überdurchschnittlich Intelligenten beschrieben hatten, stieg das Verlangen zur Verschreibung und zum Verkauf von Medikamenten zu astronomischen Zahlen an und brachte Millionenumsätze. – Die gute Absicht des Buches hatte neue, ungute Märkte eröffnet. Eltern werden heute mehr und mehr unter Druck gesetzt und verpflichtet, ihre Kinder mit diesen Medikamenten zu füttern.

Im Jahr 2000 habe ich mich entschieden, nicht gegen einen großen Chemiekonzern anzukämpfen, weil ich einsah, dass es aussichtslos war, diesen Kampf zu gewinnen. So habe ich mich entschlossen, Aufklärungsarbeit zu leisten und so schnell wie möglich ein Buch zu schreiben. Betroffene und Kinder haben von ihren Erlebnissen berichtet. Viele haben geschrieben, damit in möglichst kürzester Zeit ein Buch auf dem Markt ist, das umfassendes Wissen vermittelt und eine breite Leserschaft erreichen kann.

Wer sind nun diese "neuen Kinder"? Sie haben ja unterdessen so viele verschiedene Namen bekommen, dass man gar nicht mehr weiß, wie man sie nun nennen soll – ich denke hier vor allem an die Eltern dieser Kinder. Mittlerweile ist der Markt überschwemmt mit Namen und verschiedenen Büchern zu diesem Thema, mit allerlei Produkten sowie mit Möglichkeiten zur Heilung dieser Kinder. Viele der davon betroffenen

Menschen ziehen sich auch zurück, weil sie schlicht überfordert sind von dieser Flut an Informationen. Es ist, wie wenn man in den Wald geht und "vor lauter Wald" die Bäume nicht mehr sieht... Man muss aber auch sehen, dass viele daran interessiert sind, sich ein Stück vom Kuchen des lukrativen Geschäfts abzuschneiden. Diese übermäßigen geschäftlichen Aktivitäten haben in der Welt eine regelrechte Welle ausgelöst, und Millionen von Menschen wehren sich gegen diese Welle. Einige davon sind vielleicht darin untergegangen, andere schwimmen jetzt und wieder andere haben vielleicht sogar gelernt, die Welle zu surfen...

Durch das Verständnis, das ich im Laufe meiner zehnjährigen Ausbildung gewonnen habe, wurde mir klar, dass, sobald ich diesen Kindern einen Namen gebe, sie in eine entsprechende Form passen müssten. Es wäre so, als hätte ich eine Flasche und würde in diese Flasche eine bestimmte Flüssigkeit füllen. Auf dem Etikette steht dann ein Name mit der Inhaltsbezeichnung. Der Inhalt der Flasche muss logischerweise mit dem Namen übereinstimmen, sonst habe ich es mit einer Mogelpackung zu tun. Richtig? Sobald ich diesen Kindern also einen Namen gebe, müssen sie in diese Form passen. – Doch das ist völlig absurd.

Müssen wir jetzt herausfinden, was für ein Kind wir haben? Willst du dein Kind überhaupt in eines dieser Schemata pressen? Ich habe mich entschlossen, dass, wenn ich mich für diese Kinder einsetze, es für sie nur einen Namen gibt – und der heißt: LICHT. Denn sie sind Licht. Pures Licht. Wer als Licht strahlt, hat alle Facetten, lässt alle Kreativität zu und umfasst alle Farben. Ich brauche dem Kind also nicht zu sagen: Du bist *dies* oder *das*, oder: Du bist *so* oder *so* – sondern ein Kind *ist* Licht. Ein Kind hat Kraft, ein Kind verfügt über Kreativität, und somit ist der Name Licht allumfassend und passend – KINDER des LICHTS. Denn bist nicht auch du ein KIND des LICHTS? Kommst nicht auch du aus dem Licht? Wir sind alle KINDER des LICHTS. Und es gibt ein Phänomen: Als ein Mensch, der jetzt mit diesen Kindern direkt in Verbindung steht, gehörst du der Vor- oder der Vor-Vorgeneration dieser Kinder an. Ich finde das so schön, denn wir haben hier heute ganz verschiedene Generationen im Raum. Also hast du wahrscheinlich einen Plan gehabt in deinem Leben, der genau der heutigen Zeit entspricht, damit du heute hier bist und eine

Brücke zu diesen Kindern bauen kannst. Und du bist wichtig, denn ohne dich wäre das Leben für die Kinder noch schlimmer und noch schwieriger.

Es gibt aber noch einen anderen Grund für den Namen KINDER des LICHTS, denn dieses LICHT ist zu vergleichen mit Strom. Wenn ich hier in der Schweiz bin, finde ich ein Stromnetz vor, das auf 220V eingestellt ist. Menschen, die viel reisen, wissen, dass es in den verschiedenen Ländern der Welt unterschiedliche Stromfrequenzen gibt. Was passiert also, wenn ich mit meinem Fön aus der Schweiz nach Amerika reise und ihn dort in die Steckdose stecke? Nichts passiert. Es ist einfach still. Und was passiert, wenn ich einen Fön oder ein Küchengerät aus Amerika mit in die Schweiz nehme und es hier ans Stromnetz anschließe? Dann geht es kaputt, es raucht und stinkt, richtig? Wir haben sofort einen Effekt. Das ist mein bestes Beispiel dafür, um zu erklären, wie ich Power und Licht mit diesen Kindern in Verbindung bringe. Diese Kinder sind Licht. Sie sind 220 Volt, vielleicht auch 550 Volt, egal, es ist nur eine Metapher. Ich muss nicht wissen, wie viel Licht mein Kind hat. Es hat Licht. Jedes gesunde Kind hat normalerweise mehr Licht als seine eigene Mutter und der Vater. Das ist Evolution. Das ist normal. Diese Kinder haben diejenige Lichtschwingung, die dieser Welt hier und jetzt entspricht. Und ich als Mutter, als Großmutter oder als Lehrende habe weniger Licht. Was ist also mit unserer Evolution geschehen? Die Mehrheit der Menschen hat ihre "Hausaufgaben" in den letzten 50 bis 100 Jahren nicht gemacht, ihre persönliche Entwicklung verpasst und ist belanglosen Aktivitäten und Vergnügungen nachgegangen. Das Bewusstsein hat sich nicht parallel zur Weltschwingung weiter entwickelt.

Zusammengefasst heißt dies: Die Kinder sind genau richtig. Sie sind zur rechten Zeit am richtigen Ort in der richtigen Familie gelandet, im richtigen Kindergarten und im richtigen Schulzimmer. Wir alle sind gemeinsam gefordert. Ich habe mich 7 Jahre lang jeden Tag gefragt – auch mit all meinem neu gelernten Wissen und meiner persönlichen Wandlung, die ich durchlebt hatte: Wie schaffe ich das Zusammenleben mit Joy? In dem Moment, in dem ich erkannte, wie das Kind funktioniert, wie ich mit ihm umgehen kann, hat Joy es verstanden. Ihr altes Verhalten war wie weggeblasen, und sie hat umgehend ein neues schwieriges Verhaltensmuster an den Tag gelegt. Ich wollte schnell lernen. Denn es war für mich ein sehr unangenehmes Gefühl, in ständigen Spannungen zusammenzuleben mit meinem Kind, das ich liebe – viele Beispiele dazu sind im Buch zu lesen.

Es liegt also an uns, einen Quantensprung zu machen, denn dieses Licht, das ich angesprochen habe, das haben wir ja auch in uns. Vielleicht hast du etwas davon wahrgenommen während der Übung "Öffne dein Herz". Diese Kraft liegt in uns, und es geht darum, sie zu entwickeln. Das *Wie* folgt als nächster Schritt. Im Moment geht es einfach darum zu erkennen: Diese Kinder haben eine ganz bestimmte Schwingung und diese entspricht der Welt. Gut, dann sind *sie* "richtig", und *wir* stehen woanders. Das heißt: Wir *müssen* Brücken zueinander bauen. Wenn wir anfangen, diese Kinder zu verändern, verpassen wir und auch die Gesellschaft unsere nächste Lektion. Was würde dann mit der folgenden Generation geschehen, mit den Kindern, die kommen werden oder die auch schon da sind?

Es gibt momentan nichts Wichtigeres, als aufzuwachen.

Ich habe in den letzten 20 Jahren Instrumente und Werkzeuge entwickelt, um zu zeigen, wie eine persönliche Entwicklung möglich ist – und vor allem wie jemand schnell und individuell reifen kann. Ein Schlüssel in der Begleitung der Kinder ist deine klare innere Absicht und deine Stellungnahme gegenüber Dritten. Du bist Mutter oder Vater, und nur du allein bestimmst, was – wann – wo – wie viel und wie mit deinem Kind geschieht; niemand sonst! Solange du unsicher bist, ist es leicht möglich, dass Menschen dich in die verschiedensten Himmelsrichtungen auf die Suche schicken – und mit dir das Kind. Ein Kind abklären zu lassen, ist der erste Schritt auf einem sehr langen steinigen Weg, und unter Umständen unterschreibst du damit ungewollt eine Erklärung, dass du einverstanden bist mit dem System, das gegen die Kinder wirkt. Es gibt zwar immer Ausnahmen, doch die meisten Abklärungen haben nur ein Ziel – das Kind so zu verändern, dass es sich angepasst verhält.

Die Welt, unser Umfeld, ist eine Reflektion unserer selbst.

Die Welt entspricht nicht dem, was sie sein könnte. Das heißt: Gerade da, wo du im Moment in deinem Leben stehst, ziehst du auch die richtigen Menschen an, um deine "Lektion" zu lernen, nicht die Lektion des Kindes. Das Kind reflektiert nur, was du zu lernen hast. Und interessant ist, dass in dem Moment, wenn du das gelernt hast, dein Kind dieses Verhalten nicht mehr zeigt. Du brauchtest also nur zu erkennen, um was es geht – und dazu benötigst du kaum Medikamente. Du hast die Ressourcen in dir, weil das Kind ein Teil von dir ist. Dieses Resonanzprinzip ist uralt und ist nichts Neues. Doch natürlich ist das in der Praxis oft schwierig, weil wir meist gerade selbst mitten im Sumpf des Lebens feststecken, und je mehr wir zappeln und strampeln, desto schneller sinken wir ein.

Doch denke einmal darüber nach: Wie kannst du die Familiendynamik verändern? Hast du schon einmal versucht, deine Partnerin, deinen Partner, deinen Chef, deinen Lehrer zu verändern? – Es läuft immer auf dasselbe hinaus: Nur indem *ich mich* ändere, verändern sich die Menschen bzw. ihr Verhalten um mich herum. Willst du, dass sich dein Kind verändert, dann erkenne die Spiegelfunktion deines Kindes. Es ist ein Phänomen.

Auf meiner Webseite findest du vier kurze Berichte von Eltern, die erzählen, was sich innerhalb von sechs Wochen bis hin zu drei Monaten alles verändert hat. Die Welt steht Kopf. Es ist so. Es ist einfach. Denn die Wahrheit ist immer einfach.

Wie schnell kannst du lernen?
Wie schnell bist du bereit, dich zu verändern? Wirklich dich?
Wie viel Zeit hast du noch? Das kannst du sehen, indem du die Schwierigkeiten analysierst, die dein Kind hat.

Als Faustregel gilt: Je früher, desto besser. Denn alles, was du vor dem 10. Lebensjahr lösen kannst, nimmt das Kind nicht mit in sein Teenageralter – eine Zeit, in der wir so oder so vor noch größere Herausforderungen gestellt werden. Es ist Zeit – packen wir es an!

Zusammenfassung Kapitel 1

KINDER des LICHTS sind außergewöhnliche Kinder

KINDER des LICHTS haben es sich zur Aufgabe gemacht, die Welt zu verändern.

KINDER des LICHTS sind gekommen, um die Welt zu transformieren. Sie tragen die Lösungen in sich, um unseren Planeten Erde wieder in ein Gleichgewicht zu bringen. Sie wecken das "innere Kind" in uns, und sie helfen uns, überholte Glaubenssysteme und alte Glaubenssätze loszulassen. Sie zeigen uns für die Zukunft Lösungswege auf im zwischenmenschlichen Bereich sowie in Bereichen der Wirtschaft und Politik. Sie verhelfen uns zu einem Sprung in der menschlichen Entwicklung.

KINDER des LICHTS sind begabte Kinder.

KINDER des LICHTS sind überdurchschnittlich intelligent. Meine ganz persönliche Meinung dazu ist, dass ich mein KIND des LICHTS unterstütze und fördere, wo seine Interessen liegen und ich auf der anderen Seite sicherstelle, dass es das Grundwissen seines entsprechenden Alters meistert, wie z.B. lesen, schreiben, rechnen. Eine negative Auswirkung ihrer hohen Intelligenz ist: Sie langweilen sich, sie verweigern die Schule, sie zeigen Desinteresse.

KINDER des LICHTS sind "auserwählte" Kinder.

KINDER des LICHTS sind nicht nur eine der größten Herausforderungen, die je auf uns zugekommen sind. Nein, sie tragen auch die Lösungen, das Licht in sich. Beginnen wir doch, sie zu **FRAGEN**. Du wirst erstaunt sein, welche reifen, wahren und ganzheitlichen **ANTWORTEN** sie für uns haben.

KINDER des LICHTS kommen aus dem Licht "LOVING-WISDOM".

KINDER des LICHTS erwecken bewusst und unbewusst LOVING-WISDOM in den Eltern und in allen Menschen. Wenn LOVING-WISDOM aus dem Herzen fließt, ist man automatisch in Resonanz mit den Kindern und erkennt diese als KINDER des LICHTS.

KINDER des LICHTS sind "LOVING-WISDOM".

Ihre Ausstrahlung, die nur ansatzweise mit Worten beschrieben werden kann, spiegelt sich in ihren Augen wider. Dieses Strahlen bestätigt mir die Präsenz eines KINDES des LICHTS.

Allein ihre Anwesenheit, unabhängig vom Alter des Kindes, erweitert das Herz auf eine Weise, die uns für den Rest des Lebens beeinflusst. Sie strahlen das Licht und die Liebe in einer solchen Stärke aus, dass wir automatisch in ihren Bann gezogen werden.

KINDER des LICHTS haben eine andere Schwingung.

KINDER des LICHTS kommen aus einer anderen Energiefrequenz. Sie sind nicht von dieser Erde, aber sie kommen mit der Botschaft, die Erde zu heilen.

Um dies zu illustrieren, möchte ich dich mit folgender Metapher inspirieren: KINDER des LICHTS sind ausgerüstet mit einem Energiesystem von 220 Volt und erwachen auf einem Planeten, auf dem das System zurzeit nur auf 110 Volt eingestellt ist. Durch diesen Spannungsunterschied stehen sie ständig unter hohem Druck, Stress und Unverständnis für das, was sie sehen, hören und erleben. Sie werden in Familien hineingeboren, die auf ein Energiesystem von 110 Volt ausgerichtet sind. Nun entsteht ein Machtkampf darüber, wer sich nun wem anzupassen hat. Das

Wissen, dass ständig ein Potenzial der Spannung in der Luft liegt, hilft uns aber, mit den herausfordernden Situationen einfacher umzugehen.

Eine mögliche Lösung ist, aufeinander zuzugehen. Die Kinder haben keine andere Wahl, als zu lernen, ihre Frequenz so lange zu reduzieren, bis der Zeitpunkt gekommen ist, dass sie ihr Licht voll und ganz leben können. Je mehr du bereit bist zu lernen, desto schneller beruhigen sich auch die Spannungsfelder. Was diesen Kindern also wirklich hilft, ist, dass wir unser Bewusstsein, unsere Entwicklung möglichst schnell erweitern.

Wie unterscheiden sich die KINDER des LICHTS von anderen?

- Sie sind sehr sensibel und feinfühlig.
- Sie sind sehr offen.
- Sie haben einen starken Gerechtigkeitssinn.
- Sie sind sehr selbstbewusst.
- Sie belehren auch oft Erwachsene, was unangenehm sein kann für diese.
- Sie versetzen ihre Umgebung häufig in Erstaunen mit ihren klaren, manchmal sehr intuitiven Aussagen.

Welche Begabungen/Stärken kann man in einem KIND des LICHTS erkennen?

- Sie wollen alles selbst machen.
- Sie haben ein großes Durchsetzungsvermögen.
- Sie haben klare Ziele, wissen genau, was sie wollen.
- Sie sind sehr musikalisch und lieben Rhythmen.
- Sie haben Zugang zu Erinnerungen aus vergangenen Leben.
- Sie besitzen eine unwahrscheinliche Gefühlsstärke.

Was beeinflusst KINDER des LICHTS?

- Ernährung
- Umfeld

- Tagesablauf/Routine/Änderung von geregelten und immer gleichen Abläufen
- TV/Videospiele
- Bemerkungen/Beeinflussung von Familie/Freunden/Bekannten (soziales Umfeld)
- Spielgruppe/Kindergarten/Schule

KINDER des LICHTS drücken sich einzigartig aus/ihre Traurigkeit, ihre Depressionen und Todesgedanken

KINDER des LICHTS sind fähig, ihre Gefühle sehr intensiv auszudrücken, seien es positive oder negative. Schon ganz kleine Kinder können in eine Welt der Sinnlosigkeit und Einsamkeit einbrechen. Daraus kann leicht eine anhaltende Depression entstehen, die selbst durch Medikamente nicht behoben werden kann – im Gegenteil: Medikamente können diesen Zustand sogar noch verstärken. Die Kinder ziehen sich dann noch mehr zurück, und unter Umständen verlieren sie den Zugang zu ihrem Umfeld. Sie sprechen nur noch selten, verweigern die Nahrungsaufnahme und kreieren ihre eigene innere Welt, in die sie sich zurückziehen.

Versuche einfach einmal, sie zu verstehen. Sie kommen mit diesem wunderbaren Plan der Veränderung auf diesen Planeten. Sie tragen das Wissen und damit verbunden viele Lösungen in sich.

Sie brauchen Geduld. Sie werden automatisch im richtigen Moment am richtigen Ort sein. Wir brauchen diese Kinder. Es ist unsere Aufgabe, sie zu unterstützen. Sprich mit ihnen über all diese Dinge – sie wissen, wovon du sprichst. Vertraue darauf, denn das gibt ihnen Mut und Kraft, um auszuharren.

Speziell hierzu habe ich in diesem Kapitel die Übung "Wie fühlst du dich heute?" eingefügt, sie soll dir und deinem Kind helfen, den jeweiligen emotionalen Zustand differenziert wahrzunehmen, zum Beispiel die Aussage "Ich fühle mich nicht gut" kann darin analysiert werden. Dieser Vorgang ist wichtig, denn wir haben unser ganzes Leben nie gelernt, Emotionen zu spüren und zu unterscheiden.

An dieser Stelle möchte ich dir auch das Buch von Chuck Spezzano empfehlen: "Wenn es verletzt, ist es keine Liebe", erschienen im Via Nova-Verlag.

Ihre Power und ihre Macht

Wenn wir als Begleitende das Grundprinzip, dass diese Kinder uns überlegen sind, akzeptieren und ihnen dies auch zu verstehen geben, dann schaffen wir damit eine Basis, die uns die Möglichkeit gibt, viele Streitgespräche im Kern zu ersticken. Wenn wir das nicht tun, dann sind die Kinder ständig dabei, Situationen herbeizuzaubern, in denen sie uns überlegen sind. Sie verfolgen damit nur ein Ziel: Sie wollen ihre Macht demonstrieren und uns ihre Überlegenheit klar beweisen.

Das Leben mit KINDERN des LICHTS ist sehr gesprächsintensiv. Ständig geht es darum, neue Möglichkeiten und Wege im Zusammenleben zu finden. Die Auflösung des Machtgerangels ist dabei aber ein wichtiger Meilenstein auf dem gemeinsamen Weg.

Hierzu habe ich in diesem Kapitel die Übung "Seilziehen" eingefügt.

Beurteilung/Verurteilung

Durch ihr Konzept der LIEBE haben sie ein klares Verständnis und Gefühl dafür, was Recht oder Unrecht ist. Diesem Urteilsvermögen unterstellen sie alles. Verlieren sie selbst den Zugang zu der HERZENSverBINDUNG, stürzen sie in eine duale Welt, in die von der Polarität beherrschte Welt, in der wir täglich unseren Weg der Wahrheit suchen. Sie werden dann wie wir. Die KINDER des LICHTS verändern sich so vor unseren Augen und leben einen Schatten aus, für den wir nur wenig Verständnis finden können. Alles, was nicht ihrem Gefühl von Gleichheit sowie Einheit entspricht und alles, was nicht aus dem Herzen fließt, lehnen sie radikal ab.

Wie kann das KIND des LICHTS zurück in die LIEBE finden? – Stelle ihnen einfach die Frage: "Was würde Liebe tun?" Probier es aus...

Ihre Ansprüche

KINDER des LICHTS sind sehr anspruchsvoll, auf sich bezogen und wollen immer im Mittelpunkt stehen. Für sie ist es ganz natürlich, königlich behandelt zu werden. Sie sind einzigartig, und es bleibt uns nicht anderes übrig, als sie dementsprechend zu behandeln. Wir verleihen ihnen intuitiv diese übergeordnete Position.

Sie sind sehr selektiv und entscheiden sich für die Bezugspersonen, die sie annehmen – und lehnen die übrigen rigoros ab. Sie drücken klar und verständlich aus, was sie annehmen wollen. Es ist wichtig, dass du Kränkungen, Vorwürfe etc. nicht persönlich nimmst, sondern dir vielmehr bewusst bist, dass sie dich in einem Ausmaß brauchen, in dem dich andere Kinder nicht in Anspruch nehmen. Es kann sein, dass ihr Verhalten in fortgeschrittenem Alter mit Egoismus, Selbstbezogenheit und Egozentrik gleichgesetzt wird. Sie sind jedoch einfach darum bemüht, aus der Mitte heraus zu leben.

Zusammenfassung Kapitel 2

KINDER des LICHTS – Die Herausforderung unserer Zeit
KINDER des LICHTS versus POS/ADD/ADHD-Kinder

Bin ich dieser Herausforderung gewachsen?

In diesem Kapitel stelle ich dir vor allem einige Übungen vor, die dir helfen, den Alltag mit KINDERN des LICHTS erfolgreicher zu meistern.

In Situationen, in denen es nicht mehr vorwärts geht, halte inne und bitte um die Kraft, diese Herausforderung zu meistern. Meine Erfolgsformel heißt: "HILFE! Ich brauche jetzt eine Lösung – sofort!" – Dadurch verändert sich sofort die Energie der Situation, innerhalb von Sekunden.

Zur richtigen Zeit am richtigen Ort

Lege dich an einem Ort, wo es für dich bequem ist, auf den Rücken und halte mit der rechten Hand die linke Schulter – und mit der linken Hand die rechte Schulter. Bleibe drei bis fünf Minuten ganz still in dieser Position liegen. Dies schafft bereits in den ersten Sekunden eine Verbindung im Hier und Jetzt und zentriert dich. Ich mache diese Übung jeden Abend vor dem Einschlafen und am Morgen, bevor ich aufstehe.

Solche Übungen oder auch Meditationen, Yoga, Affirmationen, Beten etc. sind besonders wirkungsvoll beim Übergang zwischen Schlaf- und Wachzustand. Der Geist ist zu dieser Zeit am empfänglichsten, um sich zu öffnen, loszulassen, zu vertrauen, zu heilen und sich neu zu programmieren.

Wachsen an den dunkelsten Schatten unseres Bewusstseins

Alle Kinder haben die Fähigkeit, die dunklen, verborgenen Seiten ihrer Eltern und Begleitenden zu spiegeln. Dies ist keine neue Philosophie. Es war schon immer so, dass die Kinder kamen, um uns weiterzubringen und uns dazu aufforderten, verdrängte und begrabene "Storys" aus der Vergangenheit aufzuarbeiten und zu heilen.

Was neu ist, ist, dass dies KINDER des LICHTS mit einer Genauigkeit, Klarheit und Intensität tun, dass es manchmal zum Verzweifeln ist... Es gibt hier wirklich nur zwei Wege: Entweder du läufst davon, oder du stellst dich der Herausforderung und hast die Offenheit und Bereitschaft, den Weg der Heilung zu gehen.

Eine schnelle Art, um mit auftauchenden Schatten aus dem Unbewussten umzugehen, ist die Wiederentdeckung der Sprache der Reflektion. Sie ist eine wirkungsvolle Abkürzung auf dem Weg zurück zur Einheit. Alles, was wir denken, tun oder nicht tun, manifestiert sich bewusst oder unbewusst in unserem Umfeld. Menschen, mit denen wir zusammenleben, haben hier das größte Potenzial, unsere "heißen Knöpfe zu drücken". Es scheint, als wüssten sie am besten, was wir brauchen, um uns weiterzuentwickeln – nutze daher die Chance, die sich dir mit deinem KIND des LICHTS bietet, das dir teilweise schonungslos deine innere Welt spiegelt...

HERZENSverBINDUNGEN leben

Wenn du mit einem anderen Menschen symbiotisch verbunden bist, opferst du dich auf. Wenn du mit einem anderen Menschen verschmolzen bist, kennst du die natürlichen Grenzen zwischen dir und dem anderen nicht mehr. Du hast in beiden Fällen kein Gefühl mehr dafür, wo deine wahre Mitte liegt. Die Beziehung ist eng – bis sie zu eng wird und du dich vereinnahmt fühlst. Du lebst eher das Leben des anderen, statt dich deinem Lebensziel zu widmen und deine Begabungen und Geschenke zu entwickeln.

Eine Verschmelzung dieser Art ist möglich mit unseren Eltern, unserem Lebenspartner und unseren Kindern. Doch ganz egal, um wen es sich handelt: Verschmelzung zwingt uns in die Opferhaltung. Denke stets daran: Du kannst den Menschen um dich herum nur helfen, indem du dein eigenes Leben lebst.

Gesunde Grenzen in der Mutter/Vater-Kind-Beziehung

Eine Bestätigung für ein gesundes Verhältnis und eine intakte Grenze ist das Gefühl, tatsächlich ein Individuum mit eigenen Bedürfnissen zu sein. Das bedeutet: Ich bin ich, und du bist du. Meine Gedanken, Ideen, Gefühle, Reaktionen und Erfahrungen gehören zu mir – und deine zu dir. Das Setzen von gesunden Grenzen bei unseren Kindern kann schwierig sein, weil sie ja als abhängige Babys auf die Welt kommen. Es ist aber trotzdem sehr wichtig, dass Eltern erkennen, wann Kinder ihre eigenen Erfahrungen im gesetzten Rahmen machen sollten. Dadurch können junge Menschen ihr Leben selbst entdecken und erfahren. Kinder brauchen Zeit, ihrer "eigenen Nase" zu folgen, so wie dies auch Erwachsene tun. Sie brauchen Zeit, sich selbst kennen zu lernen, ohne dass die Eltern ihnen dabei im Weg stehen. Die Eltern und Begleitenden übernehmen die Führung – und sollten vor allem VORBILD sein, denn ganz automatisch ahmen die Kinder die Eltern nach.

Speziell zu diesem Kapitel habe ich die Übung "Verbindung statt Verschmelzung" entwickelt.

Symbiotische Verschmelzung ist falsch verstandene Liebe. Liebe, daran kann kein Zweifel bestehen, will nichts als das Allerbeste für den anderen Menschen. In der Liebe wächst du weit über dich hinaus und hast eine neue Chance zur HERZENSverBUNDENHEIT. Doch der Zustand der symbiotischen Verschmelzung ist gekennzeichnet von gemeinsamer Abhängigkeit und entsteht in der Anziehung des Verliebtseins. Verschmelzung hält dich davon ab, voranzugehen. Es ist eine Art falsche Nähe, die HERZENSverBINDUNG verhindert. Verschmelzung ist nicht in der Lage, Entwicklung und Heilung zu schaffen und fruchtbaren Boden vorzubereiten. All das schafft (nur) die Liebe. Im Zustand der Verschmelzung fühlen sich beide Menschen in gewisser Hinsicht wie (Ver)Hungernde.

In welchen Beziehungen bist du schon seit einiger Zeit unfähig, dich wirklich frei zu fühlen, weil du nicht mehr in deiner inneren Mitte bist? Hast du dich in diesen Beziehungen aus freien Stücken hingegeben oder aus einem Pflichtgefühl? Benutze die Kraft und das Licht der Wahrheit, um dich selbst zu befreien und um dann anderen mitteilen zu können, was gesagt werden muss. Verschenke dabei die Gaben und die Liebe, die dir eigen sind. Mit der Kraft des Lichts in dir, wo Liebe und Wachstum ganz selbstverständlich vorhanden sind, kommuniziere ruhig und sicher.

Hierzu eignet sich die *Übung "Das Band des Lichts und der Liebe"*. Setze dich dazu entspannt hin, und stelle dir vor, dass die wahren, die echten Verbindungen, die Bande des Lichts und der Liebe, dich mit all den Menschen verbinden, mit denen du dich verschmolzen fühlst. Sobald du diese Verbindungen wahrnehmen kannst, fallen die Fesseln der Abhängigkeit und der Opferhaltung von dir ab, weil sie nicht der Wahrheit entsprechen.

Die Liebe liebt der Liebe wegen...

...genauso wie die Wellen des Meeres rollen, der Baum sich im Winde neigt. Liebe fließt in der Demut des GEBENS und EMPFANGENS. Die allumfassende Liebe ist ein Zustand des tiefsten Glücks aus der Mitte des Herzens heraus. Liebe ist eine wahre Form der Kunst und ist so vielfältig, wie es Menschen auf der Welt gibt. Finde deine "ART OF HEART" als Weg.

Hierarchie in der Familie: Jeder hat seinen Platz

Nachdem du jetzt für dich und deine Lieben die natürlichen Grenzen etabliert hast, ist es hilfreich, jedem seinen Platz zuzuteilen. Erstelle einen Familienstammbaum – mit oder ohne Bilder –, und sprich mit der Familie darüber, wer welchen Platz innehat. In den heutigen, zusammengewürfelten Patchwork-Familien kann das teilweise schon eine besondere Herausforderung sein... Erkläre mit einfachen Worten, wer der Erstgeborene, Zweitgeborene usw. ist. Erzähle von deinen Geschwistern, den Geschwistern des Vaters und der Mutter, den Großeltern und so weiter. Es kann schön sein, dies als Gelegenheit wahrzunehmen, um über die Familiengeschichte zu erzählen.

Hänge das gemalte Bild oder die Fotos in einem Rahmen auf, so dass es für jeden sichtbar ist. Es wird so Ordnung und Ruhe einkehren, auf eine sehr feine, unbewusst gesteuerte Art.

An dieser Stelle kannst du die Übung "Ausrichtung in die Mitte" eingliedern. Strecke dazu die rechte Hand mit geschlossenen Fingern aus. Drehe die Hand nun so, dass der Daumen nach oben zeigt, und strecke den rechten Arm dann senkrecht nach oben in die Luft. Die Hand wird so symbolisch zu einem Messer. Hebe nun den Kopf an, und schaue dir die Hand an. Beginne die Hand langsam von oben nach unten zu bewegen. Folge der Bewegung mit den Augen genau, und beende sie auf der Höhe deines Nabels.

Diese Übung nimmt nur einige Sekunden Zeit in Anspruch, ist aber sehr effizient. Du kannst sie für dich anwenden vor der Meditation, du kannst ein Kind fragen, ob es mit den Augen der Bewegung deiner Hand folgen will oder du kannst sie einsetzen, um eine ganze Gruppe von Menschen jeden Alters auf diese Art in ihr Zentrum zu begleiten.

Die Zeit, die dir gegeben wird, ist wie ein Juwel, ein kostbares Geschenk. Es ist die Zeit, dich regenerieren und verwöhnen zu lassen. Sind es wirklich egoistische Gründe? Ich mache da einen großen Unterschied zwischen einem egoistischen Verhalten und den Bedürfnissen von Körper und Geist.

Als deine persönliche Begleiterin verschreibe ich dir folgendes Rezept mit Liebe:

1x pro Woche 4 Stunden Pause. Öffne dein Herz für dich und deine Familie – und mache ab und zu eine Pause.

Zusammenfassung Kapitel 3

KINDER des LICHTS erfolgreich unterstützen, begleiten und führen

Öffne dich den KINDERN des LICHTS

Die enorme Energie, die die KINDER des LICHTS ausstrahlen und die ich im vorigen Kapitel mit 220 Volt beschrieben habe, entspricht dem LOVING-WISDOM. Diese LIEBE hat eine solche Intensität, dass sie alles erleuchtet, was nicht dieser Frequenz entspricht. Es ist die Liebe, die Hand, Kopf, Herz und Bauch verbindet. LOVING-WISDOM verbindet Aktivität mit Inspiration, Intuition mit Weisheit.

Der einfachste Zugang zu LOVING-WISDOM ist über KINDER des LICHTS, die es ausstrahlen. Für dein Kind entsteht dadurch eine Brücke, die euch miteinander verbindet. Diese Brücke ist gebaut aus Pflastersteinen wie:

- Verständnis

- Akzeptanz

- Unterstützung usw.

Mit der Zeit wirst du fähig sein, diese Brücke innerhalb von Minuten aufzubauen, und später kannst du diese Frequenz selbst halten und leben. Dadurch werden immer weniger "Minen explodieren"...

Du gleichst dich damit den KINDERN des LICHTS an. Es ist ein Gefühl von

- Einssein
- innerer Verbindung
- Innigkeit usw.

Um dir den Zugang zu erleichtern, habe ich die Übung "LOVING-WISDOM" entwickelt: Nimm eine bequeme Haltung ein, so dass die Energie durch deinen Körper fließen kann. Lege deine Hände auf die Brustmitte, und schließe die Augen. Sage drei Mal langsam und halblaut vor dich hin: LOVING-WISDOM. Atme bei jedem Mal tief ein und aus.

Wiederhole diese Übung täglich während der nächsten 21 Tage. Dies ist eine sehr einfache Übung – mit sehr starker Wirkung.

Wie kannst du die besonderen sensitiven Veranlagungen der KINDER des LICHTS besser verstehen?

Wir alle haben besondere sensitive Veranlagungen, doch die meisten haben die Türen zu diesen Kanälen in der frühen Kindheit geschlossen, weil niemand da war, der sie verstehen konnte. Heute, Jahre oder sogar Jahrzehnte später, sind wir aufgefordert, diese Fähigkeiten mit einer ganzen Generation von KINDERN des LICHTS wieder in uns zu entdecken und anzuerkennen.

Oft sind KINDER des LICHTS sehr intuitiv, feinfühlig, hellhörig und/oder hellsichtig. Sie haben ein regelrechtes Radarsystem, das Energien "abtastet" in Menschen, Tieren und jeglicher Form von Materie. Diese Art der Wahrnehmung kann in folgende Kanäle aufgeteilt und beschrieben werden:

- der visuelle Kanal,
- der auditive Kanal,
- der kinästhetische Kanal,
- der Kanal des Wissens und
- der Kanal des Geschmacks (gustatorisch) und des Geruchs (olfaktorisch).

Die KINDER des LICHTS sind mit den feinen Wahrnehmungsfähigkeiten geboren und werden diese auch ihr Leben lang behalten. Haben sie sich eine Familie ausgesucht, die diesen Fähigkeiten keine Bedeutung beimisst, dann werden sie auf ihrem Weg Menschen begegnen, die sie darauf aufmerksam machen, dass dieses Geschenk in ihnen steckt.

Was kannst du konkret tun?
- Meditieren bzw. den Punkt des Lichts in der Mitte finden. Dort ist die Klarheit.
- KINDER des LICHTS mit anderen KINDERN des LICHTS zusammenbringen.
- Ihnen die "andere" Welt zeigen: durch Bilder und Menschen, die Zugang zu den verschiedenen Kanälen haben.
- Du kannst eigene Erfahrungen sammeln.
- Das, was wir nicht sehen, fühlen oder wahrnehmen, trotzdem als gegeben hinnehmen und in den Alltag einfließen lassen.

NLP als Werkzeug

Ursprünglich wurde NLP (Neuro-Linguistisches Programmieren) für therapeutische Zwecke entwickelt. Bald stellte sich jedoch heraus, dass mit NLP ein Instrument für die gesamte zwischenmenschliche Kommunikation geschaffen wurde.

Jeder Mensch kommuniziert, sendet und empfängt verbale sowie nonverbale Signale. Diese haben ihren Ursprung im subjektiven Erleben und den Wahrnehmungsprozessen, mit denen der Einzelne sich selbst und seine Umwelt aufnimmt, deutet und gestaltet.

Bestehende festgefahrene Verhaltens- und Wahrnehmungsmuster lassen sich mit NLP analysieren und neuen Situationen anpassen. NLP erweitert somit die Wahrnehmungsfähigkeiten über unsere fünf Sinne und ist außerdem ein Instrument für Veränderungen, die zu persönlichem Wachstum führen.

KINDER des LICHTS haben ein sehr großes Selbstvertrauen und Selbstwertgefühl

Von klein an verhalten sie sich auf eine Art und Weise, die ausdrückt, dass sie mit vielen Dingen vertraut sind. – Vertraue auch du! Geh davon aus, dass die KINDER des LICHTS es tatsächlich "wissen" und "alles können". Sie sind starke Persönlichkeiten und tragen eine große Aufgabe in ihren Herzen. Werden wir doch einfach ihre Coaches und liebevollen Führer. Grundsätzlich wollen Eltern nur das Beste für ihre Kinder – aus ihrer Sichtweise. Es ist aber an der Zeit, unser Denken und Verhalten zu verändern – und uns auf diese besonderen Kinder wirklich einzulassen.

Hierzu habe ich die Übung "Time in" konzipiert. Sie richtet den Fokus auf das positive Verhalten des Kindes, statt auf das "unerwünschte" Verhalten. Durch "Time in" entsteht eine Balance zwischen Loben und unserer Angewohnheit, dem Negativen mehr Aufmerksamkeit zu geben, denn wir vergessen oft, das Kind zu loben. Auch in ganz alltäglichen und selbstverständlichen Begebenheiten, die nicht unbedingt außerordentlich lobenswert, sondern einfach o.k. sind, ist es aber wichtig, den Kindern eine aufbauende Rückmeldung zu geben.

Spielen ist wichtig – in jedem Alter

Das KIND des LICHTS "muss" wieder lernen, zu spielen, seiner Fantasie, den Geschichten und der inneren Gefühlswelt nachzugeben. Für ein KIND des LICHTS sollte jeden Tag möglichst viel Zeit zum Spielen eingeplant werden, denn das hat einen großen Einfluss auf die Entwicklung des Kindes.

- Für die physische Entwicklung:
  rennen, hüpfen, springen, klettern, werfen, rutschen, schwimmen usw.

- Für die sensomotorische Entwicklung:
  basteln, bauen, kochen, musizieren usw.

- Für die symbolische Entwicklung:
  fantasieren, vortäuschen, kreieren, träumen, reimen usw.

Bei einem Energieschub, der zu Hyperaktivität führt, ist es empfehlenswert, dieser Raum zu geben und sie ausleben zu lassen, z. B. durch Tanzen zu lauter Musik.

Daneben bedeutet Stress heute eine große Herausforderung für Groß und Klein. Welche Aktivitäten sind wirklich wichtig? Das KIND des LICHTS hat mehr davon, seine Zeit in der Natur zu verbringen, um sein System zu entladen.

Kinder brauchen Prinzipien

Viele Kinder scheinen den Rahmen und die Prinzipien, die ihnen vermittelt werden, zu ignorieren. Sie tun dies nicht mit der Absicht, ihre Eltern und ihre Begleitpersonen zu ärgern, sondern - meistens - um sie auf die Probe zu stellen und zu wirklicher Klarheit zu drängen und herauszufordern.

Es ist wichtig, dass du gerechte und für das Kind nachvollziehbare Vereinbarungen triffst. Abmachungen, die auf lebendigen Prinzipien beruhen, die du ihm erklären kannst und die klar und deutlich formuliert sind: Vereinbarungen, die einen Sinn ergeben. Auf diese Art kann das Kind sie verstehen und akzeptieren. Der Rahmen gibt dem Kind Struktur, Halt und Sicherheit, denn Kinder wollen Klarheit. Nur so können sie mit der nötigen Sicherheit aufwachsen und sich voll entfalten. Schon die allerkleinsten Kinder testen auf bewusste und unbewusste Art aus, wo ihre Spiel- und Bewegungsgrenzen beginnen - und wo sie aufhören. Das Kind ist aber als unser Lehrer gekommen - und im Hinblick auf diese Tatsache können wir unangenehme Situationen viel leichter akzeptieren und sie als Lernerfahrungen annehmen. Kinder, im Besonderen KINDER des LICHTS, müssen aber auch ihren Platz "gezeigt" bekommen und auch lernen, ihn einzuhalten. Es ist wichtig, dass sie wissen, wer der "Leader" ist, damit sie sich in die gegebene Familienstruktur einfügen können. Dies bedeutet, dass es die Aufgabe des Vaters, der Mutter und der Begleitperson ist, dem Kind mit liebevoller, warmherziger und einfühlsamer Art seinen Platz in der Familie zuzuweisen.

Die Kinder testen den gesetzten Rahmen aber immer wieder. Sie tun dies, um herauszufinden, ob die Prinzipien noch gelten, oder ob der

Rahmen erweitert werden könnte. Dies gehört zum natürlichen Wachstumsprozess der Kinder. Begleitende von Kindern führen, wenn sie nachgeben, eine neue, unklare Situation herbei. Fortan bewegt sich das Kind auf "sumpfigem" Gebiet, denn Inkonsequenz bietet den Kindern keinen Halt. Es kann sich zwar nun "frei" bewegen, doch dieses "Sich-frei-Bewegen" kann die Sicherheit des Kindes gefährden. Beide, das Kind und die Begleitenden, haben dann verloren. Natürlich lebt das Kind dies nun bis zu dem Moment aus, wo ihm wieder ein Rahmen gesteckt wird, sei es der alte oder ein neuer. Der Rahmen ist dabei immer dem Alter und dem Verhalten des Kindes anzupassen. *Indem du selbst den gesetzten Rahmen achtest, kannst du dem Kind deine Fürsorge für ein dem Alter und Verhalten entsprechendes Aufwachsen bieten.*

Hierzu eignet sich besonders gut die Übung "Time out – übergib Verantwortung". Das "Time out"-Konzept richtet seinen Fokus auf das unerwünschte Verhalten, indem man das Kind für einige Minuten allein lässt, um über seine Handlung nachzudenken. Anschließend spricht man gemeinsam über seine Erkenntnisse. Dadurch lernt das Kind, Verantwortung für sein Verhalten zu übernehmen. "Time out" ist ein Werkzeug, das dem Kind Gelegenheit gibt, über seine Handlungen nachzudenken. Der Rahmen dazu ist genau definiert und basiert auf gegenseitigem Einvernehmen.

Ist Disziplin nötig?

Ja, Disziplin ist eine Notwendigkeit in der Begleitung von Kindern, und es bedarf der Disziplin von beiden Seiten, Eltern und Kindern, damit der gesetzte sichernde Rahmen eingehalten werden kann. Wenn der Rahmen gesprengt wurde, ist es wichtig, dass du Stellung beziehst. Dazu dienen das einfühlsame Gespräch und auch eine Zurechtweisung. Durch aktives Zuhören erfährst du auch die wahren Gründe, warum der Rahmen gesprengt wurde.

Hier möchte ich vor allem anregen, Disziplin im Zusammenhang mit Konsequenzen zu verstehen, wobei diese den Umständen angepasst werden und die Kinder sollten mitbestimmen können, was auf sie zukommt, wenn sie sich nicht an ihre gesetzten Grenzen halten. Auf diese Weise werden Konsequenzen leichter akzeptiert, als sinnvoll angesehen und ohne weitere Widerstände ausgeführt. Rita Kirsch PhD sagt hierzu: "Wenn der Vater, die Mutter oder andere Begleitpersonen 'zentriert' sind, das heißt aus der Mitte heraus sprechen, erhält das Kind eine klare und unmissverständliche Botschaft. Die Absicht darin ist für das Kind spür- und nachvollziehbar und die entsprechende Aufforderung wird daher meistens erfüllt." Bestrafungen funktionieren nicht. *Respektiere das Kind eher, indem du ihm sein Bedürfnis nach Klarheit erfüllst.*

Es gibt generell zwei Arten von Konsequenzen: natürliche und logische Konsequenzen.

Eine natürliche Konsequenz ist: Wenn du die heiße Herdplatte berührst, dann verbrennst du dich. Oder: Wenn du ohne Jacke im Regen läufst, wirst du nass.

Eine logische Konsequenz dagegen ist: Wenn du mit schmutzigen Schuhen in das Haus läufst, wird der Fußboden schmutzig und muss geputzt werden.

Kinder respektieren natürliche Konsequenzen sehr schnell, doch beinahe ebenso schnell respektieren Kinder *freundlich* und *fest* vertretene logische Konsequenzen, bei Einhaltung gewisser Voraussetzungen seitens der Eltern:

1. Die freundliche Konsequenz muss logisch sein, d. h. sie muss sich aus dem Ereignis sinngemäß ergeben, also direkt im logischen Zusammenhang zum Vorfall stehen.

2. Die freundliche Konsequenz muss angemessen sein. Sie darf nicht unverhältnismäßig im Vergleich zum Ereignis sein.

3. Die freundliche Konsequenz muss wertschätzend sein. Sie dient dem guten Miteinander in der Gemeinschaft – und das muss erkennbar werden. Niemand darf dabei die Würde verlieren, weder das Kind noch die Erwachsenen.

4. Die freundliche Konsequenz muss im Voraus besprochen worden sein, je nach Alter der Kinder auch mit deren Mitbestimmung.

5. Sie muss freundlich verkündet und ihre Einhaltung wohlwollend überwacht werden. Dazu sind wenige Worte nötig, sondern eher eine klare Körperhaltung und nonverbale Kommunikation.

Die logische Konsequenz ist entweder als klare Familienvereinbarung gültig oder als befristete gemeinsam beschlossene Lösung für eine Woche – bis zum nächsten Familiengespräch und dem Finden einer geeigneteren Lösung. Die Eltern sind verantwortlich und achten auf die konsequente Durchführung.

Bei sehr kleinen Kindern und in Gefahren- oder Krisensituationen übernehmen die Eltern ganz schlicht die Führung, indem sie die Konsequenz liebevoll ankündigen – *nur ein Mal sagen* und dann danach handeln. Das Motto hier lautet: Energie leiten, statt mit Macht kämpfen.

Dies setzt voraus, dass sich die Begleitpersonen sehr genau überlegen, welche Prinzipien sie vertreten wollen, und dass sie Brücken bauen, die als Lernschritte geeignet sind, damit das Kind den Sinn im gewünschten Verhalten erkennt.

Für Kinder ist es wichtig zu wissen, woran sie in der Beziehung zu ihren Eltern sind. Oft fragen sie sich selbst und die Eltern indirekt: Liebst du mich? Nimmst du mich an, so wie ich bin? Dies sagen sie nicht so sehr mit Worten als vielmehr mit ihrem Verhalten und mit ihrem Bedürfnis nach Anerkennung. Sie "testen" dich, wenn sie im Unklaren über deine Liebe sind. Eine gute Beziehung wächst auf einem sicheren Boden und in einem sicheren Umfeld. Wir tragen die Verantwortung, den Rahmen dafür abzustecken. Es ist angebracht, diesen dem Alter und Verhalten des Kindes entsprechend immer wieder neu anzupassen und ihn ihm zu erklären.

Struktur und Ordnung im Alltag

Lösungen entstehen häufig aus Engpässen heraus. Von Anfang an beobachtete ich, dass Joy grundsätzlich in der Gegenwart lebt, doch dadurch wurde ihre Aufmerksamkeit ständig abgelenkt. Einer kleinen Aufforderung nachzukommen, wie z. B.: "Kannst du dir bitte die Hände waschen?", konnte "Stunden" dauern, da sie auf dem Weg dorthin tausend Dinge fand, die sie anzogen. Das, was sie eigentlich ursprünglich ausführen wollte, trat einfach in den Hintergrund. Aus diesem Umstand ist die Idee des "Friedensplans" entstanden: Schon als Joy zwei Jahre alt war, kreierte ihre Nanny eine Liste, genannt "Friedensplan".

Wir schrieben Wörter in großen Buchstaben auf Englisch und Deutsch (wie z. B. Zahnbürste, Hände, Gesicht, Haarbürste, Kleider, Frühstück etc.) auf ein Stück Papier und malten dazu ein kleines Bild. – Dies wirkte Wunder, denn Joy konnte damit ihre Aufmerksamkeit von einer Aktivität zur nächsten lenken. Wir hatten alle Spaß und sehr viel mehr Ruhe.

Viel Spaß mit der neuen Ordnung!

Kapitel 1

KINDER des LICHTS
sind außergewöhnliche Kinder

"Kinder sind unsere Lehrer:
Höre ihnen aufmerksam zu,
und sie lehren dich die Unbeschwertheit im
Hier und Jetzt, der verlorenen Welt."

Tibetische Weisheit

Was wäre, wenn dein Sohn oder deine Tochter der nächste Dalai Lama, Martin Luther King, John Lennon, Tina Turner, Nelson Mandela, John F. Kennedy, Prinzessin Diana, Mutter Teresa oder Bill Gates wäre? Was wäre, wenn du "Maria" wärst und einem Kind das Leben schenktest, das die ganze Welt für die nächsten 2000 Jahre oder mehr beeinflussen würde? Was wäre, wenn gerade du der Vater, die Mutter oder ein Begleitender wärst, der auserwählt wurde, eine solch große Aufgabe und Verantwortung für die Welt zu übernehmen? Was wäre, wenn eines Tages ein Abgeordneter aus einem fremden Land in Begleitung eines Botschafters an deine Tür klopfen und feierlich eine versiegelte Rolle öffnen würde? Stell dir vor, er entnähme ihr sorgfältig ein Pergamentpapier und würde es vor deinen Augen ausrollen. Du würdest darauf eine dir fremde Schrift mit vielen symbolischen Zeichen erkennen, und der Botschafter, der bis jetzt eher im Hintergrund gestanden hatte, würde dir jetzt den Text übersetzen:

"Sehr geehrter Herr, sehr geehrte Dame,

es ist uns eine große Ehre, sie heute darüber zu informieren, dass Ihr Kind von der Regierung als unser nächster Führer anerkannt wurde. Es ist eine außergewöhnliche Situation, dass uns und Ihnen der Auserwählte so viele Jahre, Jahrzehnte im Voraus bekannt gegeben wird."

Plötzlich bemerkst du, dass du vergessen hast zu atmen und holst tief Luft. Du spürst sofort Wärme in der Herzgegend, die sich schnell in ein stark pochendes Herzflattern verwandelt. Die Energie in dir nimmt zu, und du stehst Sekunden vor einem Ohnmachtsanfall – oder vor einer Bewusstseinserweiterung. Der Botschafter führt in Einzelheiten aus, was die nächsten Schritte sind. Du kannst diese Informationen nur noch am Rande aufnehmen und ein Schwindelgefühl erfasst dich.

Was wäre, wenn diese Geschichte nicht nur eine Geschichte aus dem fernen Tibet wäre, sondern sie heute oder morgen bei dir zu Hause Realität würde?

KINDER des LICHTS sind gekommen, um die Welt zu transformieren. Sie tragen die Lösungen in sich, um unseren Planeten Erde wieder in ein Gleichgewicht zu bringen. Sie wecken das "innere Kind" in uns. Sie helfen uns, überholte Glaubenssysteme und alte Glaubenssätze loszulassen, und sie zeigen uns für die Zukunft Lösungswege auf im zwischenmenschlichen Bereich sowie in Bereichen der Wirtschaft und Politik. Sie verhelfen uns zu einem Sprung in der menschlichen Entwicklung.

KINDER des LICHTS kommen mit einer großen *Mission*:

Sie sind die FÜHRER DIESER WELT als Mystiker, Philosophen, Physiker, Ärzte, Politiker, Ingenieure, Architekten, Künstler, Sänger, Professoren und vieles mehr... Sie sind die Brücke in die neue Welt, die auf uns wartet.

KINDER des LICHTS sind "auserwählte" Kinder

KINDER des LICHTS sind nicht nur eine der größten Herausforderungen, die je auf uns zugekommen sind. Nein, sie tragen auch die Lösungen – das Licht in sich. Beginnen wir doch, sie zu fragen. Du wirst erstaunt sein, welche reifen, wahren und ganzheitlichen Antworten sie für uns bereithalten.

Dieser Ansatz entspricht weder der üblichen Form noch der Norm unserer Gesellschaft. Doch wie sollte er auch? Dieses Kind ist schließlich gekommen, um NEUES zu schaffen und bei uns einzuführen. Seine Kindheit ist geprägt vom Anderssein, und es wird immer anders sein als die anderen. Oft macht sich diese Ungleichheit schon vor der Zeugung bemerkbar, indem sich die Kinder "zeigen" und Kontakt mit dir aufnehmen, um dich auf sie vorzubereiten. Die Schwangerschaft selbst ist ebenfalls einzigartig, verläuft anders als geplant und ist irgendwie intensiver, du erlebst wahre Wechselbäder der Gefühle. Die Geburt und die ersten Tage und Wochen danach sind von einer Intensität, wie du sie wohl niemals zuvor wahrgenommen hast. Du spürst alles intuitiv und nimmst selbst Impulse wahr, denen du zuvor keine größere Aufmerksamkeit geschenkt hast. Außerdem sind deine Sinne sehr wach, und du hörst oder siehst Dinge, die neu für dich sind.

KINDER des LICHTS haben es sich zur Aufgabe gemacht, die Welt zu verändern

KINDER des LICHTS kommen aus dem Licht "LOVING-WISDOM"

KINDER des LICHTS erwecken bewusst und unbewusst LOVING-WISDOM in den Eltern und in allen Menschen. Wenn LOVING-WISDOM aus dem Herzen fließt, ist man automatisch in Resonanz mit den Kindern und erkennt diese als KINDER des LICHTS.

LOVING-WISDOM entspringt einer hohen Energiefrequenz, dessen Farbe ein sehr hell leuchtendes Gold ist. Diese "liebende Weisheit" ist allumfassend und sprengt alle Grenzen dessen, was wir kennen. Allein die Präsenz eines KINDES des LICHTS genügt, um dich, deine Familie, eine ganze Gemeinde oder einen Staat zu verändern. Wir stehen erst am Anfang, diese Kinder wirklich wahrzunehmen und zu begreifen...

Es ist das erste Mal, dass diese Form von Energie der Menschheit zur Verfügung gestellt wird. Diese Liebe, die im Herzen verankert ist, ist gleichzeitig auch der Zugang zur Weisheit. Wir alle haben Zugang zur Liebe in unserem Herzen, und unsere Visionen, unsere Intuition und unser inneres Wissen sind Tore zur Weisheit. Doch wir haben es uns im Laufe unseres Lebens angewöhnt, alles mit unserem Denken zu filtern – und aus dem Kopf heraus zu leben. Doch dabei bleibt das Herz nur allzu leicht auf der Strecke.

LOVING-WISDOM ist eine ganzheitliche Kombination aus Liebe, Weisheit und Licht.

LOVING-WISDOM integriert das analytische Denken, die HERZENS-verBINDUNG und kann es sozial, ethisch, ökologisch und ganzheitlich umsetzen.

KINDER des LICHTS

- Ihre Präsenz ist die Manifestierung vom Himmel auf Erden.
- Ihre HERZENSverBINDUNG ist der Weg nach Hause.
- Ihre Wahrheit ist die Verbindung zu Wachstum.
- Ihre Vibration ist die Reflektion des Universellen.
- Ihr Licht ist die Öffnung zur Veränderung.
- Ihre Liebe ist die allumfassende Essenz.
- Ihre Worte sind das Wissen von heute.
- Ihr Bewusstsein ist der Wendepunkt.
- Ihre Spiritualität ist der Lebensweg.

KINDER des LICHTS sind begabte Kinder, und positive Eigenschaften, die KINDER des LICHTS auszeichnen sind:

- Sie haben feine Sinneswahrnehmungen, sind hellsichtig, hellfühlig, hellhörig und haben eine außerordentlich ausgeprägte intuitive Veranlagung.
- Sie sind außergewöhnlich begabt.
- Sie sind energiegeladen.
- Sie haben einen ausgeprägten Gerechtigkeitssinn.
- Sie sind selbstsicher.
- Sie haben ein ausgeprägtes Wahrnehmungssystem, gleich einer Panorama-Aufnahme.
- Sie wissen, wer sie sind und wozu sie auf der Erde sind.
- Sie wollen so akzeptiert werden, wie sie sind.
- Sie sind sensibel.
- Sie sind feinfühlig.
- Sie sind kreativ.
- Sie haben übersinnliche Fähigkeiten.
- Sie können mit unsichtbaren Wesenheiten in Kontakt treten.
- Sie erkennen keine "absoluten" Autoritäten an.

- Sie passen sich unsinnig erscheinenden gesellschaftlichen Normen nicht einfach an.
- Sie wirken bereits im Kindesalter sehr erwachsen.
- Sie haben die Vision einer besseren Welt.
- Sie haben Mut.
- Sie können vernetzt denken und erkennen leicht Zusammenhänge.
- Sie besitzen innere Weisheit.
- Sie kennen neue Lösungswege und -möglichkeiten.
- Sie setzen sich für das Leben ein.
- Sie haben Anziehungskraft und Charisma.
- Sie haben eine rasche Auffassungsgabe.
- Sie sind intelligent und verfügen über einen hohen IQ.
- Sie erinnern sich an vergangene Leben.
- Sie sind wissbegierig.
- Sie sind Genies.
- Sie haben einen selbstverständlichen Umgang mit Technik und Computern.

KINDER des LICHTS sind
- rein und unschuldig.
- getragen von einer tiefen Glückseligkeit.
- nicht nur selbst Wunder der Schöpfung, sondern sie bringen und zeigen uns auch Wunder.
- ganz im Hier und Jetzt und leben dadurch die Fülle der Gegenwart.
- Friedensstifter, auch Botschafter des Friedens.
- die Erfüllung der Schöpfung, die Vollendung der Evolution.
- ausgerüstet mit dem Wissen, den ganzheitlichen Weg zu gehen.
- die Meister, die uns auf die neue Welt vorbereiten.
- die Baumeister der neuen Welt.

- ausgerüstet mit den Lösungen zur Meisterschaft.
- tief verbunden mit der Einheit und dem ursprünglichen Licht.
- sehr differenziert in ihrer Selbstwahrnehmung.
- mitfühlend und sehr sensibel.
- zufrieden und innerlich ausgeglichen.
- verbunden mit tiefen Weisheiten und allumfassendem Wissen.
- Visionäre und Pioniere.
- intuitiv. Sie lesen Gedanken.
- uns immer eine Nasenlänge voraus.
- ungewöhnlich, einfach einzigartig.
- Individualisten, Einzelgänger.
- anziehend durch die Energie der LIEBENDEN-WEISHEIT.
- ein Magnet, der in uns die Liebe auslöst.
- hübsch, anmutig, beweglich.
- im Gleichgewicht und dadurch im Zentrum.
- liebenswürdige, herzensgute Wesen und nur Besucher auf dieser Welt.

Ihre Ausstrahlung, die nur ansatzweise mit Worten beschrieben werden kann, spiegelt sich vor allem in ihren Augen wider. Dieses Strahlen bestätigt dir die Präsenz eines KINDES des LICHTS. Zudem erweitert allein seine Anwesenheit, unabhängig vom Alter des Kindes, das Herz auf eine Weise, die uns für den Rest des Lebens beeinflussen wird. Sie strahlen das Licht, die Liebe in einer solchen Stärke aus, dass wir automatisch in ihren Bann gezogen werden. Mir passiert es oft, dass ich mich an ihnen nicht satt sehen oder fühlen kann. Ich verweile sehr gerne in der Gegenwart dieser Kinder. Es ist, als ob ich in ihrer Energie baden und mich damit auftanken kann.

Wie drücken sie ihre Energie aus?

KINDER des LICHTS kommen aus einer anderen Energiefrequenz. Sie sind nicht von dieser Erde. Sie kommen mit der Botschaft, die Erde zu heilen. Um dies zu illustrieren, bediene ich mich immer folgender Metapher: KINDER des LICHTS sind ausgerüstet mit einem Energiesystem von 220 Volt und erwachen auf einem Planeten, auf dem das System zurzeit nur auf 110 Volt eingestellt ist. Durch diesen Spannungsunterschied stehen sie ständig unter hohem Druck, Stress und Unverständnis für das, was sie sehen, hören und erleben. Sie sind in Familien hineingeboren, die auf ein Energiesystem von 110 Volt ausgerichtet sind. Nun entsteht ein Machtkampf darüber, wer sich nun wem anzupassen hat. Denn was geschieht, wenn du deinen Föhn, der auf 110 Volt eingestellt ist, in die Steckdose von 220 Volt steckst...? – Es gibt einen Kurzschluss, durch den Rauch, Stunk und Frustration entstehen. Schon ist wieder etwas explodiert, was beide Parteien an den Rand des gegenseitigen Verständnisses bringt.

Doch allein das Wissen, dass ständig ein Potenzial der Spannung in der Luft liegt, hilft uns, mit den herausfordernden Situationen einfacher umzugehen. Wir können erkennen und besser verstehen, worum es bei den Kindern geht. KINDER des LICHTS wissen selbst nicht, wie mit diesen Spannungsfeldern umzugehen ist. Es ist, als ob sie auf einem Spielplatz, genannt Erde, herumlaufen, auf dem Minen versteckt sind. Sie wissen nie, wann sie auf die nächste treten. Möchtest du so leben? Genauso spüren KINDER des LICHTS, dass da etwas nicht stimmt und sie dieser Situation zurzeit machtlos ausgeliefert sind. Eine mögliche Lösung ist, aufeinander zuzugehen. Die Kinder haben keine andere Wahl, als zu lernen, ihre Frequenz so lange zu reduzieren, bis der Zeitpunkt gekommen ist, an dem sie ihr Licht voll und ganz leben können. Je mehr du bereit bist zu lernen, desto schneller beruhigen sich die Spannungsfelder. Was diesen Kindern wirklich hilft, ist, dass wir unser Bewusstsein, unsere Entwicklung möglichst schnell erweitern.

KINDER des LICHTS in den Augen von Eltern und Begleitenden

Nachfolgend beschreiben Begleitende von KINDERN des LICHTS ihre persönliche Wahrnehmung der Kinder. Wir haben eine Umfrage mittels Fragebogen gemacht und haben hier einzelne Aussagen, die sich immer wiederholten, in einer Liste zusammengefasst. Jedes einzelne Kind ist zwar immer ein Individuum, doch hier sollen dennoch einmal die übereinstimmenden Charakterzüge aufgeführt werden, in denen sich KINDER des LICHTS von anderen Kindern unterscheiden. Manche Aussagen mögen wir bereits weiter oben aufgeführt haben, doch denke ich, dass man die Besonderheit dieser Kinder nie genug betonen kann.

- Ein KIND des LICHTS ist sehr sensibel und feinfühlig.
- Ein KIND des LICHTS ist sehr offen.
- Ein KIND des LICHTS hat einen starken Gerechtigkeitssinn.
- Ein KIND des LICHTS fordert eine klare Kommunikation.
- Ein KIND des LICHTS ist sehr selbstbewusst.
- Ein KIND des LICHTS wirkt sehr weise, hat einen allwissenden, prüfenden Blick und ein sehr "altes" Gesicht.
- Ein KIND des LICHTS hatte von Anfang an seinen Kopf. Es schien alle Regeln zu brechen, und es sieht oftmals den Sinn nicht, warum man bestimmte Sachen so und nicht anders macht.
- Ein KIND des LICHTS versetzt seine Umgebung häufig in Erstaunen mit seinen klaren, manchmal sehr intuitiven Aussagen.
- Ein KIND des LICHTS lernt sehr schnell und wirkt, als wüsste es schon sehr genau, was es hier tun will – und es lässt sich davon unter keinen Umständen abbringen.
- Ein KIND des LICHTS ist sehr stark, hat viel Kraft und viel Energie. Seine Ausdauer ist grenzenlos. Es weiß genau, was es will und kann.

- Ein KIND des LICHTS hat auch große Aggressionen.
- Ein KIND des LICHTS hat ein starkes Gefühlsleben.
- Ein KIND des LICHTS ist hochintelligent. Seine Kreativität und seine Ideen sprengen oftmals den Rahmen und sind für viele oft unvorstellbar.
- Ein KIND des LICHTS bringt uns mit seiner Fragerei oftmals an unsere Grenzen.
- Ein KIND des LICHTS erzählt von Elfen, fängt sie ein und setzt sie wieder auf Äste und Blätter.
- Ein KIND des LICHTS fragt viel über Delphine, Wale und Pferde, spricht mit den Tieren und scheint unsichtbare Freunde zu haben.
- Ein KIND des LICHTS ist sehr erwachsen und sorgt für seinen Bruder oder seine Schwester.
- Ein KIND des LICHTS lässt sich nichts sagen.
- Ein KIND des LICHTS ist mit seiner direkten Art oft sehr verletzend.
- Ein KIND des LICHTS leidet unter strengen Vorschriften.
- Ein KIND des LICHTS weint, wenn jemand eine Strafe bekommt.
- Ein KIND des LICHTS hat andere Interessen als Gleichaltrige.
- Ein KIND des LICHTS denkt und fühlt eher wie ein Erwachsener.
- Ein Streit ist für ein KIND des LICHTS sehr anstrengend, da es sich nicht abspeisen lässt. Es hat für alles (meist logische) Argumente und Erklärungen und hat stets das letzte Wort.
- Ein KIND des LICHTS erfasst Dinge in einer Art, die einen immer wieder in Staunen versetzt.

Welche Begabungen/Stärken hast du in deinem KIND des LICHTS erkannt?
- Es will alles selbst machen.
- Es hat ein großes Durchsetzungsvermögen.
- Es hat klare Ziele, weiß genau, was es will.

- Es ist sehr musikalisch, liebt den Rhythmus.
- Es hat Zugang zu Erinnerungen aus vergangenen Leben.
- Es besitzt eine unwahrscheinliche Gefühlsstärke.
- Es ist in visuellen Dingen ein Genie.
- Es hat einen herausragenden Ordnungssinn.
- Es ist sehr ehrgeizig, wenn sein Interesse geweckt ist.
- Es hat eine äußert differenzierte Wahrnehmung.
- Es hat eine große mathematische Begabung.
- Es hat eine große sprachliche Ausdrucksweise.
- Es hat einen enormen seelischen Tiefgang.
- Es kann Schutzengel sehen.
- Manchmal habe ich auch das Gefühl, dass es Gedanken lesen kann.
- Es kann sehr abstrakt denken.

In welchem Alter sind positives und negatives Verhalten aufgefallen?

Bei der Zeugung
- Ich habe die Empfängnis bewusst erlebt.
- Ich wusste sofort, dass ich schwanger war. Denn ich lag ruhig im Bett und fühlte in meinem Unterleib eine starke, wohltuende Wärme und einen inneren Frieden. Ich war immer noch sehr glücklich, dass ich empfangen durfte.
- Ich spürte, wie eine enorme Säule des Lichts aus dem Universum meinen Körper durchdrang und mich in einen unbekannten Bewusstseinszustand hob. Das Licht hatte eine solche Intensität, dass es Minuten dauerte, um wieder meinen normalen physischen Zustand herzustellen.

In der Schwangerschaft
- Als die Ärztin die Schwangerschaft feststellte, wusste ich, dass es ein Mädchen wird – und zwar ein charaktervolles Kind. Ich hatte das Gefühl einer Sonne im Bauch.

- Etwa zwei bis drei Monate, bevor ich mein Kind empfing, hatte ich ein einschneidendes Erlebnis: Ich wusste plötzlich: "It is going to be a star." Das habe ich nie hinterfragt, es war einfach klar. Es war eine sehr tiefe und innige Verbundenheit. Schon damals war ich sicher, dass meine Tochter einzigartig ist.

Bei der Geburt

- Mein Kind hat bei der Geburt irgendwie "reif" ausgesehen und hatte große, wache Augen.

- Es überkam mich eine große, überwältigende Freude, kurz bevor mein Kind da war. Jeder Schmerz war nur noch ein Freudengefühl – danach war mein Herz so intensiv geöffnet, dass ich (vorher eher rational denkend) durch dieses Erlebnis starke Veränderungen an mir selbst erlebte.

- Es wollte einfach nicht kommen. Endlich entschloss es sich dann und war mit drei Presswehen da. Ich war überwältigt und zugleich beschlich mich auch Angst. Es war eine Vorahnung, dass mein Leben sich nun völlig verändern würde. Ich bin nicht mehr die selbe Person.

Zwischen 0 und 3 Monaten

- Mein Kind schlief sehr wenig und war sehr aktiv und wach.
- Es hielt uns vom ersten Moment an auf Trab.
- Es weinte sehr viel, ohne dass ihm körperlich etwas fehlte.
- Es bekam mit 3 Monaten die ersten Zähne, ohne zu weinen.
- Es hat sehr wache Augen.
- Es nimmt sehr tiefen Kontakt zu seinen Mitmenschen auf und sah einem immer sofort ganz intensiv in die Augen, so als würde es genau in die Seele schauen.

Zwischen 3 Monaten und 1,5 Jahren

- Es ist hyperaktiv, erträgt zarte Berührung kaum, schlägt oft um sich.
- Ab 1 Jahr ist es sehr klar und fordernd.

- Es fordert immer Aufmerksamkeit. Es ist nie ruhig, nur wenn sich etwas bewegt.
- Es ist extrem neugierig.
- Es öffnete mühelos die Herzen von Menschen.
- Es ist nicht gekrabbelt, mit 9 Monaten jedoch alleine gelaufen.
- Es ist in seiner motorischen Entwicklung eher etwas verlangsamt.
- Es ist extrem eigenwillig.

Zwischen 1,5 und 4 Jahren

- Es hat sehr großes Interesse an technischen Geräten.
- Es redet manchmal von der vergangenen Zeit.
- Es ist hartnäckig, dickköpfig, laut und gleichzeitig liebebedürftig. Es zeigt auch selbst seine Liebe und Zuneigung.
- Es sprach erst mit 3 Jahren, dafür dann aber gleich in ganzen Sätzen.
- Es ist sehr lebendig, dies verstärkt sich noch bei großen Ansammlungen von Menschen. Es erträgt keine großen Menschenmengen.
- Es kann nur bei Licht schlafen.
- Es hat sehr strahlende Augen.
- Es ist hochsensibel.
- Es wachte eine Zeit lang häufig nachts auf und signalisierte klar, wer bei ihm bleiben soll. Ich verbrachte viel Zeit an seinem Bett und hatte teilweise recht klare Visionen und außerordentliche "Gespräche" mit ihm. Erstaunlich für mich war, dass das Kind den "Auflösungsprozess" unserer Familie und meine eigene Entwicklung sehr stark und zielsicher voranzutreiben schien. Das hat sich erst vor kurzem gelegt, als sich mein Prozess langsam wieder in eine stabilere Phase überleitete.
- Nach dem Tod eines Freundes kam mein Kind zu mir (damals war es 1 1/2 Jahre alt), umarmte mich und sagte: "Weißt du, er wollte schon lange ein Engel werden." Ich solle nicht traurig sein, es gehe ihm doch besser im Himmel.

Zwischen 4 und 9 Jahren

- Mein Kind heilt mich völlig spontan zweimal innerhalb einer Woche.

- Seit Beginn des Kindergartens leidet es unter Langeweile und Depressionen.

- Es weigert sich immer öfter, zur Schule zu gehen. Schreiben und Lesen gefällt ihm nicht, es wurde sogar Legasthenie diagnostiziert.

- Es hat ein ganz feines Gespür dafür, wenn es jemandem nicht gut geht. Es ist fast so, als wenn es ein Heiler wäre, der genau weiß, wie es dieser Person geht und warum und wo es ihr fehlt. Es kann es fühlen und ausdrücken. Es ist so, als ob es in die Menschen hineinschaut und dann eine Stelle an seinem Körper drückt, um zu sagen, wo es weh tut und warum.

- Es reagiert auf alles, was in seiner Umgebung passiert, es kann nicht abschalten.

- Befehle kann es nicht ertragen. Alles, was es unter Zwang tun muss, schiebt es mit hysterischen Anfällen hinaus.

- Nächtliches Aufwachen steht an der Tagesordnung. Dann zeigt es in eine Richtung und sagt, dort stehe ein böser, schwarzer Mann. Mein Kind braucht dann Bewegung, um sich wieder zu erden.

- Es hat große Freude an Musik, Tanz und Gesang. Es hat sehr strahlende Augen, ist unsagbar nervös, hochsensibel und hat immer Probleme beim Einschlafen.

- Die Lehrerin sagt, dass man mit diesem Kind über Gefühle reden kann, wie mit einem Erwachsenen. Das hätte sie noch nie erlebt.

- Mit 5 Jahren äußerte es zum ersten Mal, dass es doch nicht auf die Erde hätte kommen sollen.

Was beeinflusst KINDER des LICHTS?

Die Ernährung

- Natürlich belassene Lebensmittel, wenig Zucker und viel Wasser wirken positiv. Die Kinder sind dann ruhiger.
- Es isst eigentlich nur, was es will. Sonst isst es lieber nichts.
- Es isst auffallend wenig.
- Es weigert sich, Fleisch zu essen.
- Es isst nur Salat und liebt alles rohe Gemüse, das beispielsweise grün oder rot ist.
- Symptome wie "Zappeligkeit" etc. können durch Ernährung gemindert bzw. verstärkt werden. Man sollte die Kinder selbst entscheiden lassen, was sie zu sich nehmen wollen – sie wissen es intuitiv!

Das Umfeld

- Große Menschenmengen und viele Elektrogeräte sowie alte Burgen und Museen verändern die Stimmung meines Kindes.
- Es reagiert sehr deutlich auf unterschiedliche Stimmungen und auf unterschiedliche Menschen.
- Mein Kind nimmt Spannungsfelder sehr schnell wahr und reagiert entsprechend.

Der Tagesablauf/Routine/Änderung von geregelten und immer gleichen Abläufen

- Mein Kind ist sehr aktiv und schläft wenig.
- Routine und ein geregelter Tagesablauf sind absolut wichtig für mein Kind, denn dies gibt ihm Halt, und es wird dadurch geerdet. Bei Veränderungen von geregelten Abläufen rastet es dagegen regelrecht aus. Klare Tagesabläufe sind daher sehr wichtig, und Änderungen im Tagesablauf müssen gut vorbereitet werden. Routine beruhigt.

Kinder brauchen die Sicherheit von Ritualen und festen Abläufen. Mein Kind reagiert sehr heftig auf Abweichungen vom normalen Tagesplan. Überdrehtheit, Schlaflosigkeit und Unruhe sind die Folgen.

- Es ist ruhiger, wenn wenig Programm und Stress herrschen.

TV/Videospiele

- Fernsehen und Videospiele haben einen großen Einfluss auf die Stimmung meiner Kinder. Geschichten werden nachgespielt und übernommen. Sie leben dann mehr Aggressivität aus und sind nachher überdreht.

- Fernsehen oder Videospiele entziehen dem Kind in den meisten Fällen Energie. Es wird entweder schlapp – oder ist danach völlig aufgedreht.

- Ich habe die besten Erfahrungen gemacht, wenn ich es nur kurz und zu bestimmten Zeiten erlaube. Zudem verwende ich einen Rosenquarz, den ich in seiner Nähe aufgestellt habe, oder AURA-SOMA.

Bemerkungen/Beeinflussung von Familie/Freunden/Bekannten (soziales Umfeld)

Manchmal werden die Begleitenden unter "Beschuss" genommen, da sie einen anderen Weg gehen, als es in unserer Gesellschaft üblich ist. Es sind Mut und Kraft nötig, um dennoch zu seinem Kind und zu sich selbst zu stehen. Unsere Kinder lehren uns herauszufinden, was echt ist, wer ehrlich ist, wer beeinflussen will, wer sie wirklich versteht, wer trotz allem Vertrauen in sie hat und Verständnis zeigt – wer sie bedingungslos liebt. Sie finden auch heraus, was bloße übergestülpte Gesellschaftskodexe oder Verhaltensmuster sind, die über Generationen weitergegeben wurden und vorher nie in Frage gestellt worden sind. Unsere KINDER des LICHTS zwingen uns förmlich durch ihr Verhalten, wenn auch auf liebevolle und gut gemeinte Art, unsere ureigenen universellen Wahrheiten zu erkennen und sie zu leben.

Für mein Kind selbst ist es manchmal etwas schwierig, da die Umwelt nicht mit ihm umzugehen weiß. Es wird andauernd unter- oder überfordert, weil die Mitmenschen merken, dass es schon sehr weit fortgeschritten ist in seiner Entwicklung. Es ist oftmals schwierig, da die Mehrheit der Menschen in unserer Gesellschaft den Begriff "Indigokind" oder "KIND des LICHTS" nicht kennt. Ich fühle mich oft nicht ernst genommen. Mir wird unterstellt, ich wolle mein Kind zu etwas Besonderem machen, was ja gar nicht der Fall ist.

Spielgruppe/Kindergarten/Schule

Die bestehenden Grundformen sind für diese Kinder nicht förderlich, sondern eher hemmend und frustrierend. Es ist von Seiten der Lehrer und der Eltern Mut und Verständnis nötig, und es bedarf vor allem der Liebe, um sich auf das Experiment einzulassen, ein Begleitender eines KINDES des LICHTS zu sein.

Ihre Traurigkeit, ihre Depressionen und Todesgedanken

Eines Abends will Sara nichts anderes mehr als sterben. Sie weint und weint: "Ich kann ja nicht einmal ein Gewehr kaufen gehen, weil ich zu klein bin. Niemand gibt mir ein Gewehr. Ich will jetzt ein Gewehr! Ich will wieder in den Himmel. Im Himmel ist es viel schöner als hier!" Sara geht schreiend ins Zimmer. Ich sitze völlig hilflos da und weiß nicht mehr, was ich machen soll. Ich lasse Sara oben alleine weinen. Plötzlich hört sie auf zu weinen, kommt ganz gefasst die Treppe herunter und sagt in einem Ton, der mich erschreckt:

"Ich will ein Messer, sofort! Ich halte es nicht mehr aus!" Ich gebe ihr das Messer nicht, bin aber plötzlich ganz ruhig. Ich setze mich mit Sara auf das Sofa und sage zu ihr: "Jetzt, heute, gebe ich dir kein Messer und kein Gewehr. Es wird dir auch sonst niemand ein Gewehr geben, weil du zu klein bist. Ich möchte nicht, dass du von uns weggehst. Später aber, wenn du älter bist, kannst du dir jederzeit das Leben nehmen, wenn du das möchtest. Niemand kann dich daran hindern. Wenn du dann gehen möchtest, dann geh. Ich werde dich nicht aufhalten. Dein Leben gehört nur dir. Was du daraus machen willst, ist deine Entscheidung."

Sara wird ruhiger. Ich bringe sie ins Bett. Dann weine ich. Ich bin sehr traurig, aber auch erleichtert, diesen Schritt getan zu haben. Am nächsten Morgen steht Sara auf und kommt die Treppe herunter. Noch auf der Treppe frage ich Sara: "Brauchst du das Messer noch? Sara lächelt und sagt: "Nein, ich brauche es jetzt nicht mehr."

KINDER des LICHTS sind fähig, ihre Gefühle sehr intensiv auszudrücken, seien es positive oder negative. Wenn sie sich zurückziehen, können sie in eine tiefe Einsamkeit und Traurigkeit fallen. Schon ganz kleine Kinder können in eine Welt der Sinnlosigkeit und/oder Einsamkeit fallen. Sie finden Worte dafür wie z. B. "Ich schaffe es nicht!", "Es ist zu schwierig für mich!", "Niemand versteht mich!"

Daraus kann leicht eine anhaltende Depression entstehen, die selbst durch Medikamente nicht behoben werden kann. Medikamente können diesen Zustand sogar noch verstärken. Die Kinder ziehen sich dann nur noch mehr zurück, und unter Umständen verlieren sie den Zugang zu ihrem Umfeld. Sie sprechen nur noch selten, verweigern die Nahrungsaufnahme und kreieren sich ihre eigene innere Welt, in die sie sich zurückziehen.

Was kannst du in einer solchen Situation tun? Versuche einfach einmal, sie zu verstehen. Sie kommen mit diesem wunderbaren Plan der Veränderung auf diesen Planeten. Sie tragen das Wissen und viele damit verbundene Lösungen in sich. – Aber sie erwachen als große Meister in einem kleinen Kinderkörper, sind in ein System hineingeboren, das ihnen wenige Möglichkeiten bietet, ihre Mission zu verwirklichen. Doch ihre Zeit wird kommen, denn sie sind die Brückenbauer, und du bist ein wichtiger Baustein dazu. Sie brauchen Geduld. Sie werden automatisch im richtigen Moment am richtigen Ort sein. Wir brauchen diese Kinder, und es ist unsere Aufgabe, sie zu unterstützen. Sprich mit ihnen über all diese Dinge, denn sie wissen, wovon du sprichst. Vertraue darauf. Das gibt ihnen Mut und Kraft, um auszuharren.

Eine Depression kann sich sogar bis zu dem Punkt hin steigern, wo KINDER des LICHTS konkret mit Fragen oder Aussagen auf uns zukommen wie beispielsweise "Wie stirbt man denn?", "Wie mache ich mich tot?", "Ich weiß, wie ich gekommen bin, wie kann ich jetzt wieder gehen?" oder "Ich will tot sein". Andere KINDER des LICHTS fordern dich direkt auf, ihnen ein Küchenmesser oder ein Gewehr zu geben, wie wir gesehen haben.

Wie kannst du mit solchen Situationen umgehen? – Ich war hilflos und ängstlich, und ich konnte, wie so oft zuvor, mit niemandem darüber sprechen. Wem wollte ich schon erzählen, dass meine fünfjährige Tochter Selbstmordgedanken hatte? Ich nahm damals an, dass Joy durch eine Phase der Entwicklung ging und drückte ihr gegenüber mein Verständnis dafür aus. Auf Grund meiner eigenen Erfahrungen als direkt Betroffene und aus Berichten von anderen Müttern weiß ich heute, dass sich der Wunsch dieser Kinder, sich das Leben zu nehmen, sich bis hin zu einem beängstigenden Ausmaß steigern kann. Plötzlich scheint der Geruch des Todes ständig in der Luft zu liegen, sei es beim Spielen, beim Öffnen eines Fensters, beim Überqueren der Straße und so weiter.

Doch wie kannst du mit dieser Situation nun umgehen? Ich habe Joy erklärt, dass wir das Leben als ein göttliches Geschenk erhalten haben. "Ich respektiere und ehre dieses Geschenk in meinem Herzen. Ich empfinde, dass ich kein Recht habe, dieses Leben aus eigenem Willen zu beenden. Ich bin gekommen, um viele Dinge zu lernen und meinen Beitrag an die Welt weiterzugeben. Ich habe bestimmte Aufgaben zu erfüllen. Auch du hast einen Plan zu erfüllen, liebe Joy. Ich bin da für dich, immer. Ich unterstütze dich."

Während ich nun hier schreibe, es ist vier Uhr morgens, beginnt Joy in der Hängematte zu husten. Dieses Zeichen ist nicht einfach ein Zufall. Wenn wir schlafen, können wir viel mehr miteinander verbunden sein, und der Husten heißt nichts anderes, als die Welt "anzuschreien", endlich das zu sagen, was man bisher nicht ausgedrückt hatte. Ich glaube, mit den obigen Worten habe ich ihr einfach aus dem Herzen gesprochen. Ich meine auch zu spüren, dass sie sich ab und zu immer noch "ohnmächtig" fühlt, ihre Mission umzusetzen. Für mich selbst ist es ein Aufruf, mich noch mehr zu öffnen, um sie dabei zu unterstützen. – Joy schläft nun wieder tief und fest, und ich kann deutlich ihren regelmäßigen Atem spüren. Ich denke für mich: "Ich kann dich dabei nicht unterstützen, wenn du sterben willst. Ich möchte, dass du für dich eine Lösung findest."

Damit gebe ich die Verantwortung an sie zurück. Das mag an diesem Punkt so aussehen, als ob ich das KIND des LICHTS überfordere, wenn ich so direkt mit einem Kind im Alter von 5 oder 7 Jahren spreche. Ich wähle diesen Weg aber bewusst, weil ich weiß, dass KINDER des LICHTS diese Sprache verstehen können.

Abschließend noch ein kurzer Exkurs zum Thema Emotionen: Ein Gefühl ist "Wissen" aus deiner Intuition heraus. Mit anderen Worten: Was du fühlst ist das, was du in diesem Moment spontan weißt. Dieses Gefühl hat kein "Verlangen", etwas zu verändern, es ist neutral und in sich klar und frei. Meist fühlt es sich nur einen Bruchteil von einer Sekunde lang neutral an, und danach steigen sofort Emotionen hoch.

Wie aber entsteht eine Emotion? – Zuerst ist immer ein Gefühl da, das für ein paar Sekunden anhält, oder es ist ein Zustand, eine Lebensqualität. Wenn das Gefühl, der neutrale Zustand, in die Dualität projiziert wird, dann entsteht eine Emotion. Eine Emotion ist eine Erfahrung. Es ist die "Re-Aktion" auf das intuitive, spontane Gefühl. Es ist E (Energie) in MOTION (Bewegung). Durch diese Bewegung kreieren wir unsere Realität, unsere Welt und unsere Aktionen. Mit anderen Worten: Deine Emotionen diktieren dein Leben. Man sagt ja nicht umsonst: Achte auf deine Gedanken. Achte auf deine Emotionen. – Sie sind der erste Schritt zur Realität.

Wie kannst du nun Gefühl und Emotion auseinander halten? – Solange du auf Grund eines Gefühls reagierst, ist dies eine Emotion, und dadurch kreierst du deine "Lebens-Story", ein Drama, eine Liebesgeschichte, einen Krieg etc. Du bist der Regisseur deines Lebens, und du hast die Wahl, welcher Film im Moment gespielt wird. Du kannst aber auch mit der Fernbedienung das Programm wechseln... Das Gefühl entspricht einem inneren Wissen, das dir Informationen zukommen lässt. Es ist dir überlassen, wie du diese Gefühle lebst.

An dieser Stelle möchte ich dir das Buch von Chuck Spezzano empfehlen: "Wenn es verletzt ist es keine Liebe", erschienen im ViaNova

Verlag. Es vermittelt dir das Wissen, das dir hilft, Emotionen zu heilen und Liebe in deinem Herzen als Lebenszustand zu aktivieren.

ÜBUNG: *"Wie fühlst du dich heute?"*

Die Abbildung auf Seite 87 soll dir und deinem Kind helfen, den jeweiligen emotionalen Zustand differenziert wahrzunehmen. Zum Beispiel die Aussage: "Ich fühle mich nicht gut" kann darin in feineren Nuancen ausgedrückt werden. Als Joy und ich vor einigen Jahren mit dieser Tabelle arbeiteten, lernten wir viel voneinander auf eine spielerische Weise. Ich hatte mehrere solcher "Bilder" im Haus aufgehängt und hatte auch immer einige griffbereit in meiner Tasche.

Die Macht der KINDER des LICHTS

Kennst du die Bilder von den zwei Eseln, die mit einem Seil um den Hals miteinander verbunden sind? Auf der rechten und linken Seite liegt je ein Heuhaufen. Beide Esel laufen in die entgegengesetzte Richtung, um zu einem Heuhaufen zu gelangen. Das Seil ist aber zu kurz, und keiner von beiden kommt zum Fressen. Sie ziehen so stark, dass das Seil um den Hals den Eseln die Kehle zuschnürt. Der Kampf würde "tödlich" ausgehen, wenn nicht eine Lösung gefunden würde: Die Schlussbilder zeigen dann, dass die Esel zusammen zuerst das Heu auf der einen Seite fressen und anschließend das auf der anderen. – Was ist geschehen? Aus dem Machtkampf wurde ein Kompromiss. Das heißt für uns: Das Kind hat zu tun, was die Erwachsenen sagen, und danach haben die Erwachsenen zu tun, was das Kind sagt.

Wenn wir als Begleitende das Grundprinzip, dass diese Kinder uns überlegen sind, akzeptieren und ihnen dies auch zu verstehen geben, dann schaffen wir damit eine Basis, die uns die Möglichkeit gibt, viele

aggressiv	gequält	ängstlich	entschuldigend	arrogant	schüchtern	glückselig
gelangweilt	verhalten	frostig	konzentriert	selbstsicher	neugierig	zurückhaltend
verbissen	enttäuscht	missbilligend	zweifelnd	empört	angewidert	lauschend
verzückt	aufgebracht	neidisch	entnervt	erschöpft	erschreckt	frustriert
bekümmert	schuldbewusst	ausgeglichen	entsetzt	überhitzt	verkatert	gekränkt
hysterisch	desinteressiert	blödsinnig	naiv	interessiert	eifersüchtig	freudig
bedrückt	einsam	verliebt	nachdenklich	mutwillig	jämmerlich	ablehnend
eigensinnig	optimistisch	gepeinigt	paranoid	ratlos	spröde	verwirrt
bedauernd	erleichtert	traurig	zufrieden	schockiert	kleinlaut	blasiert
mürrisch	überrascht	misstrauisch	mitfühlend	bedächtig	unentschieden	zurückgezogen

Streitgespräche bereits im Keim zu ersticken. Wenn wir das aber nicht tun, dann sind die Kinder ständig damit beschäftigt, Situationen zu kreieren, in denen sie uns überlegen sind. Sie verfolgen damit nur ein Ziel: Sie wollen ihre Macht demonstrieren und uns ihre Überlegenheit klar beweisen. Es ist ein unermüdlicher Kampf. Und rate mal, wer gewinnt?

Doch es lohnt sich erst gar nicht. Niemals. Wir fühlen uns nach solch einem Machtkampf höchstens noch erniedrigter als zuvor, und es entsteht ein noch größerer Wettbewerb. Der Machtkampf beginnt von neuem, und die Fronten verhärten sich. Doch KINDER des LICHTS werden älter und wissen sich dann noch besser zu wehren und ihre Macht auszudrücken. Dieser Machtkampf ist eine Spirale des Verlierens. Für alle Beteiligten.

Auch ihr rebellisches Verhalten gegenüber Autoritätspersonen entsteht aus der gleichen Dynamik. Oft haben sie die Lösung schon bereit, bevor wir feststellen, dass wir uns in eine Herausforderung verstrickt haben.

KINDER des LICHTS haben erst zu lernen, dass wir wesentlich länger brauchen, um eine Situation zu erfassen, für die sie bereits ihre Strategie haben. In solchen Situationen können sie sich dann wirklich starrköpfig benehmen – und damit bringen sie uns zur "Weißglut". Es macht alles nur noch schlimmer, und die unverstandenen KINDER des LICHTS verschließen sich und sind in dieser Situation hilflos gefangen mit uns. Sie konnten uns wieder einmal nicht helfen. Wie frustrierend muss das für diese Wesen sein... Ich habe mit meiner Tochter eine Vereinbarung getroffen, die uns beiden in solchen Situationen hilft. Sie hat die Erlaubnis zu fragen: "Mama, hörst du mich?" Diese Frage erinnert mich dann daran, dass sie etwas weiß, was ich nicht weiß. Dies ist für viele "brenzlige" Situationen die "Schaltstelle" geworden. Wir können dann jeweils wieder neu aufeinander zugehen. Und was dabei vor allem wichtig ist: Ich kann innehalten und ihr wirklich zuhören. Ihre Ideen haben schon oft zu Lösungen beigetragen.

Das Leben mit KINDERN des LICHTS ist sehr gesprächsintensiv. Ständig geht es darum, neue Möglichkeiten und Wege im Zusammenleben zu finden. Doch vor allem die Auflösung des Machtgerangels ist ein wichtiger Meilenstein auf dem gemeinsamen Weg.

ÜBUNG: *Seilziehen*

- Stell dir nun vor, wie du beim Seilziehen mit deinen gesamten Emotionen auf der einen Seite des Seiles stehst. Packe sie nun alle, und mache sie zehn Mal stärker, hundert Mal stärker. Gib all deine Kraft hinein. Schließe deine Augen und vollziehe diese Übung, bevor du weiter liest.

- Begib dich jetzt in die Situation deines Gegenübers am anderen Ende des Seils. Sammle alle Kraft in dir, so dass deine Emotionen an die Oberfläche kommen. Mache diese zehn Mal stärker, hundert Mal stärker. Gib all deine Kraft hinein. Schließe die Augen, und führe die Übung fort, bevor du weiter liest.

- Löse dich nun aus den vorausgegangenen Positionen, und nimm eine beobachtende Rolle ein. Du bist jetzt der "Radioreporter", der den Wettkampf "Seilziehen" überträgt. Achtung, fertig, los! Der Kampf beginnt. Das Seil spannt sich. Bleibe nun einen Moment bei den Geschehnissen auf dem Spielfeld und beobachte, was da so passiert... Schließe die Augen, und vollziehe diese Übung nach, bevor du weiter liest.

- Jetzt geschieht etwas Außergewöhnliches! Der Himmel öffnet sich und mit einem Laserlicht wird das Seil durchtrennt. Was ist mit den Kämpfenden geschehen?
Schließe auch an dieser Stelle wieder die Augen, und vollziehe diese Übung nach, bevor du weiter liest.

- Der Himmel öffnet sich nochmals, und jedem wird ein Geschenk überbracht. Schließe wieder die Augen, und vollziehe diese Übung nach, bevor du weiter liest.

- Gehe nun nach Hause, öffne dein Geschenk – und gib ihm einen Platz in deinem Herzen...

Ihre Beurteilung bzw. Verurteilung

Durch ihr Konzept der LIEBE haben sie ein klares Verständnis und Gefühl dafür, was Recht oder Unrecht ist, und diesem Urteilsvermögen unterstellen sie alles. Alles, was nicht ihrem Gefühl von Gleichheit, Einheit und Herzenliebe entspricht, lehnen sie radikal ab. Verlieren sie aber den Zugang zu der HERZENSverBINDUNG, stürzen sie in eine duale Welt, in die von der Polarität beherrschte Welt, in der wir täglich unseren Weg der Wahrheit suchen. Sie werden wie wir. KINDER des LICHTS verändern sich dann vor unseren Augen und leben einen Schatten aus, für den wir nur wenig Verständnis finden können. Sie bewegen sich dann radikal zwischen gut und böse, weiß und schwarz, Vertrauen und Misstrauen, Liebe und Hass, Intelligenz und Dummheit...

Sie können sich in eine Situation hineinsteigern, die uns unrealistisch und wenig nachvollziehbar erscheint. Sie verfangen sich buchstäblich in Gefühlen und Worten der Ablehnung und Verurteilung.

Wie kann das KIND des LICHTS zurück in die LIEBE finden?

Hierzu möchte ich meine persönlichen Erfahrungen an dich weitergeben: Es war Frühling, und Joy lebte diese Be- bzw. Verurteilungen in einem Maße aus, dass ich mich manchmal wirklich fragte, ob sich das Ganze noch einmal auflösen wird. Am Ostermontag besuchte Joy unsere Freunde, gegen Mittag holte ich sie dort ab und bewunderte ihre neue Kette mit der Inschrift "WWJD". Ich fragte sie, was diese Inschrift bedeute, und sie eröffnete mir, dass sie diese Kette vom Osterhasen erhalten habe. Sie helfe ihr, das Richtige zu tun, wenn sie nicht mehr weiter wisse.

What Would Jesus Do (Was würde Jesus tun?) – war die Auflösung der geheimnisvollen Inschrift. Sie erklärte mir auch spontan: "Weißt du Mama, die Menschen, die nicht an Jesus glauben, die können sich einfach fragen: What Would Love Do?" (Was würde Liebe tun?) – WOW, ich war wieder einmal verblüfft über die Einfachheit der Lösung und über ihre Art, wie sie mit den Dingen umging.

What Would Jesus Do/What Would Love Do? – Probier es aus. Stelle diese Frage deinem Gegenüber während einer Auseinandersetzung. Der bisherige Dialog wird in sich zusammenbrechen, denn die Frage What Would Jesus Do/What Would Love Do? verbindet uns sofort mit unserem Unterbewusstsein. Und da liegt oft eine Antwort bereit, an die wir noch nie zuvor gedacht haben. Richte diese Frage an ein KIND des LICHTS – und du bekommst normalerweise eine unmittelbare Antwort.

In meinem eigenen Prozess in der Begleitung der KINDER des LICHTS habe ich ein tiefes Vertrauen gewonnen, so dass mir die richtige Methode, die richtigen Antworten und Fragen auf die eine oder andere Art zufallen. Diesmal kam sie vom "Osterhasen" – und bis heute bin ich ihm sehr dankbar dafür...

KINDER des LICHTS sind sehr anspruchsvoll, auf sich bezogen und wollen immer im Mittelpunkt stehen. Für sie ist es ganz natürlich, dass sie königlich behandelt werden. Wenn sie in eine Familie mit mehreren Kindern geboren werden, ist die Eingliederung oft schwierig, denn sie sind tatsächlich einzigartig, und es ist uns nicht anders möglich, als sie gesondert zu behandeln. Wir verleihen ihnen intuitiv diese Position. KINDER des LICHTS verlangen als Säugling und Kleinkind möglicherweise ständige Präsenz, sie sind dabei aber sehr selektiv und entscheiden für sich, welche Bezugspersonen sie annehmen – und welche nicht. Sie drücken dann klar und verständlich aus, was sie annehmen wollen. Es ist wichtig, dass du Kränkungen, Vorwürfe etc. nicht persönlich nimmst, sondern dir vielmehr bewusst bist, dass sie dich in einem Ausmaß brauchen, in dem dich andere Kinder nicht in Anspruch nehmen. Es kann sein, dass ihr Verhalten in fortgeschrittenem Alter mit Egoismus, Selbstbezogenheit und Egozentrik gleichgesetzt werden könnte – sie sind jedoch einfach nur bestrebt, aus ihrer Mitte heraus zu leben...

SOS-PINNWAND

Was kann ich ändern?

_____

_____

_____

_____

Wie kann ich es umsetzen?

_____

_____

_____

_____

Meine Intention, um die Beziehung zwischen mir

und _____ zu verbessern.

_____

_____

_____

_____

Kapitel 2

KINDER des LICHTS –
die Herausforderung unserer Zeit

"Ich bin verantwortlich für dich,
und solange das der Fall ist,
halten wir an dem abgemachten
Rahmen und den Prinzipien fest.
Ich bin die MUTTER, und du
bist das KIND.
Ich wertschätze, respektiere und
liebe dich sehr."

Elsbeth Maurer

KINDER des LICHTS versus POS/ADD/ADHD-Kinder

KINDER des LICHTS sind einzigartig

Seit den späten achtziger Jahren werden immer mehr KINDER des LICHTS geboren – ein Überbegriff für die Kinder der neuen Welt neben *Indigo-Kinder, Blue-Ray-Baby, Christ-Child, Kristall-Kinder, Lichtkinder* oder *Star children* – auf dieser Erde. Die Herausforderungen wachsen von Tag zu Tag für alle Begleitenden der Kinder. Es gibt aber nur wenige, die sich dafür einsetzen, den Herausforderungen entsprechend neue Methoden im Umgang zu entwickeln. Doch wir sind aufgerufen, uns mit diesen Kindern der neuen Welt zu verändern, uns ihnen anzupassen.

Kann es nun sein, dass die so genannten POS/ADD/ADHD-Kinder oder "Zappelkinder" ähnliche, wenn nicht sogar dieselben Symptome zeigen wie KINDER des LICHTS? POS/ADD/ADHD-Kinder sind einzigartig. Sie sind nicht krank, und sie sind auch keineswegs minderbegabt. Doch in ihrem Lern- und Sozialverhalten unterscheiden sie sich von ihren Kameradinnen und Kameraden. Auch KINDER des LICHTS sind einzigartig. Sie fallen durch ihr unkonformes Sozialverhalten auf. Sie leben in ihrer eigenen Welt, und es fällt ihnen äußerst schwer, sich den Herausforderungen des alltäglichen Lebens zu stellen.

Die Organisation ELPOS (Elternverein für Kinder und Jugendliche mit leichten, psychoorganischen Funktionsstörungen für POS/ADD-Kinder in Zürich) hat folgende Merkmale dieser Kinder festgehalten, die ich den Merkmalen der KINDER des LICHTS gegenüberstellen möchte. Meine Absicht ist es, damit zum Nachdenken aufzurufen – denn wenn diese Kinder unsere Kinder der Zukunft sind und kamen, um Brücken vom vergangenen Jahrhundert ins neue Jahrtausend zu bauen, dann verdienen sie unsere volle Aufmerksamkeit und Liebe.

Ablenkbarkeit – Konzentrationsschwäche

POS/ADD/ADHD-Kinder sind sehr aufmerksam. Sie können jedoch ihre Aufmerksamkeit nicht aktiv steuern. Sie wird vielmehr von jeder kleinsten Veränderung in ihrer Umwelt passiv angezogen. Es kann sie bereits irritieren, wenn in ihrer gewohnten Umgebung ein Gegenstand plötzlich fehlt oder ein neuer hinzukommt. Von jeder Bewegung, jedem Geräusch, jedem Geschehen in ihrem Wahrnehmungsfeld fühlen sie sich wie von einem starken Magnet angezogen. Dies kann ihre Aufmerksamkeit sogar so stark in Anspruch nehmen, dass sie alles andere um sich herum vergessen. Das POS/ADD-Kind kann sich nicht gut konzentrieren und kann daher beispielsweise dem Schulunterricht nur schwer folgen, denn es wird, wie beschrieben, ständig von irgendetwas abgelenkt, ist wenig konzentriert und fällt dadurch auf.

KINDER des LICHTS verfügen über ein vernetztes Denken, auch "Panorama-Denken" genannt. Sie nehmen gleichzeitig mehrere Informationen auf und verarbeiten diese auf eine ganzheitliche Weise. Das bedeutet, dass sie fähig sind, Daten auf mehreren Ebenen gleichzeitig zu verarbeiten. Ihre Aufmerksamkeit wird von ihrer Wahrnehmung gelenkt; wir hingegen empfinden und interpretieren dies als ablenkbar und konzentrationsschwach. Für KINDER des LICHTS ist es eine große Herausforderung, sich am "normalen Konzentrationsschema" zu orientieren. Bedingt durch meine eigenen Erfahrungen weiß ich, dass Kinder bei Aufgaben, an denen sie über längere Zeit konzentriert arbeiten müssen, kurze, liebevolle Ermahnungen brauchen. Ich kann dem Kind als Anerkennung zum Beispiel auf die Schulter tippen oder es loben.

Ungesteuerte emotionale Reaktionen

Ein POS/ADD/ADHD-Kind kann sein Sozialverhalten oftmals kaum steuern. Es wird von äußeren Geschehnissen sowie von inneren Gefühlsbewegungen weitgehend beherrscht. Wenn es gereizt und wütend ist, kann es manchmal auch unkontrolliert um sich schlagen. Allerlei Ängste können dieses Kind gänzlich lähmen, aber auch in seiner Freude kennt es häufig keine Grenzen und kann leicht überreagieren.

KINDER des LICHTS sind sehr stark mit ihren Urkräften verbunden. Sie verhalten sich dementsprechend manchmal wie bei einem Vulkanausbruch, einem Wirbelsturm oder wie die Wellen einer stürmischen See, die alles mit sich reißen. Alle Menschen haben zu lernen, mit diesen Kräften umzugehen. Die Frage ist nur, wie wir damit am besten umgehen und wie wir sie in eine Richtung lenken können, ohne dass ein allzu großer Schaden entsteht. Sei vorbereitet, genau so, wie wenn eine Naturkatastrophe droht und du dich vorher über das richtige Verhalten informierst. Dein überlegtes Vorgehen trägt maßgeblich dazu bei, die Energien aufzufangen. Gegen diese gewaltige Energie anzukämpfen, verstärkt sie dagegen nur, aber mit dieser Kraft zu fließen, nimmt ihr die Gewalt.

Schwankungen in der Leistungsfähigkeit

Die Leistungsfähigkeit in der Schule ist beim POS/ADD/ADHD-Kind sehr schwankend. Es kann "gute" Stunden und Tage geben – und dann auch wieder "schlechte". Am späten Nachmittag sind viele POS/ADD-Kinder zu keinerlei Leistungen in der Schule mehr fähig, denn ihre geistige Energie ist dann völlig erschöpft. Manche POS/ADD-Kinder reagieren auch auf Wetterumschläge, auf Föhn oder Gewitter sehr empfindlich und sind dann kaum leistungsfähig.

KINDER des LICHTS sind sehr feinfühlig. Jeder Mensch ist Fremdenergien ausgesetzt, doch KINDER des LICHTS saugen diese wie ein Schwamm auf. Irgendwann ist aber jeder Schwamm einmal voll, das heißt, ihr System ist einfach überladen. KINDER des LICHTS sind äußerst sensibel, und ihre sechs Sinne sind wie Radarantennen, die es gilt, immer wieder zu reinigen und vor allem auf die eigene Mitte einzustellen. KINDER des LICHTS klagen öfter als andere Kinder über Bauchschmerzen, Kopfschmerzen und Unwohlsein. Während des Schlafes werden die meisten negativen Energien allerdings auf eine natürliche Weise gereinigt, und so geht es ihnen am Morgen oft wieder besser. Dass die Kinder am frühen Abend zu keiner Leistung mehr fähig sind, kann mit dieser Überflutung von Fremdenergien zu tun haben. Weißer Pommander, eine AURA-SOMA-Essenz, ist hier u. a. sehr hilfreich.

Rasches Ermüden – verminderte Belastungsfähigkeit

Die Leistungskurve eines POS/ADD/ADHD-Kindes sinkt meist schon nach wenigen Minuten bedenklich ab und erreicht gegen Ende einer üblichen Schulstunde den Nullpunkt. In solchen Ermüdungszuständen verliert es oft völlig die Kontrolle über sein Verhalten. Es stört dann den Unterricht mit seinem unbeherrschten Schwatzen. Nicht selten gerät es auch vor dem scheinbar unüberwindbaren Berg von Aufgaben in Verzweiflungsausbrüche. Von sich und der Welt enttäuscht, kommt es dann zu aggressiven oder depressiven Reaktionen.

KINDER des LICHTS sind sehr rasch gelangweilt. Dem herkömmlichen, konventionellen Schulunterricht zu folgen, entspricht vielen dieser Kinder nicht. Das heutige Lernsystem ist meistens sehr linear und mehrheitlich für die linke Hirnhälfte, für die Entwicklung des logischen Denkens, aufgebaut. Diese neuen Kinder haben aber oft sehr ausgeglichene Hirnhälften, oder es kann sein, dass bei ihnen die rechte Hirnhälfte (Kreativität) dominanter ist als die linke. Mit dem traditionellen Schulunterricht wird das ganzheitliche Denken jedoch leider zu wenig gefördert. (Die NLP (Neurolinguistische Programmierung) hat aber viele gute Ansätze, um mehrere Sinneskanäle auf einmal anzusprechen.)

Oft höre ich von KINDERN des LICHTS: "Das weiß ich schon." Und wenn man sie dann fragt: "Kannst du mir das erklären?", kommt eine Antwort wie: "Ich weiß es, ich kann es schon." Ich glaube wirklich, dass sich diese Kinder ganz oft langweilen, weil sie es verstehen und "wissen", doch die Umsetzung den Fähigkeiten des Alters noch nicht entspricht. Es ist einfach viel, sehr viel Geduld und Zeit nötig...

Innere Blockaden – Das POS/ADD/ADHD-Kind kann nicht so, wie es gerne möchte

Meistens fehlt es ihm durchaus nicht am guten Willen, das POS/ADD-Kind möchte gut sein, möchte eine perfekte Leistung erbringen. Es möchte Erfolg haben und gelobt werden, so wie die anderen. Aber es kann nicht so, wie es gerne möchte. Seine "Hirnfunktions-Unreife" hindert das Kind daran, sich so zu verhalten und so zu arbeiten, wie es die Erzieher, die Lehrer und es selber gerne wollen. Beim Schreiben beispielsweise gelingen ihm nur wenige Zeilen einigermaßen gut. Dann beginnt die Schrift zu zerfallen, die Buchstaben geraten über und unter die Linie und die Rechtschreibfehler häufen sich.

KINDER des LICHTS geben ihr Bestes. Zum Beispiel "Schönschrift": Sie lernen erst spät, ihre Schrift unserer Vorstellung von einer schönen Schrift anzupassen; Joy beispielsweise konnte oft selbst nicht mehr lesen, was sie geschrieben hatte. Anfänglich war sie frustriert vom Schreiben dieser "blöden" Buchstaben, bis sie entdeckte, dass sie die Künstlerin ihres eigenen Schriftbildes ist. Ich machte einmal eine Bemerkung über Geschriebenes von ihr, als wir zusammen versuchten, es zu entziffern. Ihre spontane Bemerkung war: "Ich kann deine Schrift auch nicht lesen!" Ich hielt einen Moment lang inne und erkannte die Richtigkeit ihrer Worte. Ich erinnere mich in diesem Zusammenhang an eine romantische Geschichte: Ein mir lieber Mensch bekannte mir wöchentlich in schriftlicher Form seine Liebe zu mir. – Aber wie oft konnte ich seine Sätze nur erahnen... Und wir erwarten von unseren Kindern eine Handschrift nach unseren Vorschriften. Damit sie diese später in eine Unleserliche verwandeln? – Es ist Geduld von allen Seiten nötig – es lohnt sich.

Ich kann mich gut erinnern, als ich mit einem Kind arbeitete, das kaum leserlich schreiben konnte. Bei seiner Geburt war es für einen kurzen Moment vom Sauerstoff abgeschnitten und dadurch "lebenslänglich" behindert. Bald stellte ich fest, dass die Hirnfunktionsübertragung von der rechten zur linken Hirnhälfte oder umgekehrt blockiert war. Durch spezifische Übungen wurde diesem Kind innerhalb von Wochen aber geholfen.

Eine ausgezeichnete Methode zur Verbindung der beiden Hirnhälften ist die Methode "BRAIN-GYM" von Paul und Gail Dennison. Es gibt 26 einfache Übungen, unter anderem die X-ÜBUNG: Du denkst an ein X, und dabei verbinden sich automatisch die beiden Seiten deines Gehirns und deines Körpers miteinander – und du bleibst in Höchstform.

Daneben gibt es aber auch Kinder, die so begabt sind wie der kleine 7-jährige Bobby, der die Fähigkeit hat, sich bereits in schriftlicher Form auszudrücken. Er schreibt in seinem Alter bereits mit Leichtigkeit einen Buchstaben nach dem anderen.

Soziale Isolierung

Wen wundert es, dass das POS/ADD/ADHD-Kind an sich selbst zu zweifeln beginnt? Wenn es, anstatt ermuntert und getröstet zu werden, zusätzlich noch von unverständigen Lehrpersonen und grausamen Mitschülern bloßgestellt, ausgelacht und minderwertig behandelt wird? Als Folge davon zieht es sich in sein seelisches Schneckenhaus zurück. Oder es wird zunehmend bockig und aggressiv und überspielt damit seine Lebensangst und Unsicherheit. In diesem Fall übernimmt es schon bald die Rolle des "schwarzen Schafes" oder des "Sündenbocks" – und alles, was zu Hause und in der Schule schief läuft, wird ihm in die Schuhe geschoben...

KINDER des LICHTS brauchen unser Verständnis und Vertrauen, denn sie sind einzigartig. Es ist vielleicht der größte "Generationssprung" in der Geschichte, den wir zurzeit, bedingt durch diese Kinder, erleben. Sie haben sich ihre Eltern und Lehrer ausgesucht, im Wissen, dass gerade diese sie verstehen werden.

Bist nicht auch du ein "KIND des LICHTS" gewesen? Hast nicht auch du oder jemand in der Familie Erfahrungen gemacht, bei denen du dich unverstanden oder fremd gefühlt hast? Du bist ebenfalls als Kind gekommen, um in deiner Familie neue Wege zu gehen. Doch wahrscheinlich haben dich nur wenige Menschen verstanden. Du weißt also, wie es ist, ein unverstandenes, abgestempeltes Kind zu sein. Kann es sein, dass gerade darum deine Tochter/dein Sohn dich auserwählt hat? Sie wissen tief im Inneren, dass du sie verstehst. Stimmt's? Er/sie ist zu dir gekommen, damit du nochmals die Gelegenheit hast zurückzuschauen, deine Kindheit neu zu überdenken und für die KINDER des LICHTS einzustehen. Wie schön wäre es doch gewesen, wenn sich deiner jemand angenommen und dich verstanden hätte. Tue es heute für dein Kind – für alle KINDER des LICHTS.

Unruhe – fehlende Körperbeherrschung

Meistens fallen POS/ADD/ADHD-Kinder auch dadurch auf, dass sie immer in Bewegung sind, kaum stillstehen und ruhig sitzen können. Sie müssen ihre Körperhaltung immer wieder verändern. Sie sitzen krumm und schief, zappeln mit den Füßen, und ihre Finger beschäftigen sich andauernd mit irgendetwas, ohne dass ihnen dies bewusst ist. Sie können sich trotz Ermahnung nicht lange ruhig verhalten. Sehr oft kommt eine ausgesprochene manuelle Ungeschicklichkeit dazu, POS/ADD-Kinder haben oft "zwei linke Hände". Sie hassen daher feine Bastelarbeiten und drücken sich davor, wo sie nur können. Dafür lieben sie es umso mehr, mit dem Fahrrad draußen herumzufahren oder Fußball zu spielen. In der Fachsprache wird dies ein "Ausweichen in die Grobmotorik" genannt.

KINDER des LICHTS sind ebenfalls immer in Bewegung, denn alles ist immer in Bewegung. Es ist für sie sehr unnatürlich, still zu sitzen. Es gibt Schulsysteme, in denen sich Kinder frei bewegen und damit ihrem natürlichen Drang von Bewegung folgen können. Leider sind die Schulen, in denen diese Möglichkeit besteht, bis jetzt noch rar. Lassen wir doch den Kindern die Freiheit zur Bewegung, so dass sie in Einklang mit sich selbst kommen können. Die Form und den Rahmen, die wir seit Jahrzehnten vorgeben, sind überholt, und es bedarf neuer, innovativer Wege. Wir sind gefordert, diesen Weg zu gehen. Wenn wir, die "alte" Generation, uns weiterhin gegen diese Entwicklung auflehnen, schwimmen wir gegen den Strom. KINDER des LICHTS gehen und finden ihren Weg mit oder ohne uns – gehen wir doch mit ihnen! Viel Neues kommt auf uns zu. Entweder wir beginnen uns zu verändern, oder KINDER des LICHTS verändern uns mit "Gewalt".

(Die Informationen über die POS/ADD/ADHD-Kinder sind in der Broschüre "Was sind POS/ADD-Kinder?" von Dr. med. Christoph Wolfensberger-Haessig vom Verein ELPOS nachzulesen.)

Behandle KINDER des LICHTS mit Respekt. Sie sind große Menschen in kleinen, wachsenden Körpern!

Schlussbemerkung

Wie wäre es, wenn wir die ganze ADD- und POS-Geschichte in ein neues Licht setzen würden?

ADD/POS	versus	ADD/POS
A Aktion		**A** Aufmerksamkeit
D durch		**D** Defizit
D Denken		**D** Disposition
P Persönlichkeit		**P** Psycho
O orientiertes		**O** organisches
S System		**S** Syndrom

Bin ich dieser Herausforderung gewachsen?

Ja, wir sind der Herausforderung gewachsen, auch wenn es manchmal den Anschein macht, als ob wir nicht mehr weiter wüssten. KINDER des LICHTS haben die natürliche Fähigkeit, uns immer und in jedem Moment an unsere Grenzen des Bewusstseins zu führen. In solchen Zeiten der inneren Verzweiflung wird aber auch ein Tor zum höheren Bewusstsein geöffnet. Dadurch erhalten wir Informationen, zu denen wir zuvor keinen Zugang hatten.

In der Zeitspanne zwischen den Augenblicken der Verzweiflung bis hin zum Eintreffen einer Antwort geschieht etwas Außerordentliches: Wir haben in diesem Moment unsere Kontrolle abgegeben, es selbst zu tun, die Antwort zu wissen, die Lösung zu kennen oder überhaupt etwas tun zu müssen. Wir geben nach, d.h. wir ergeben uns. Bewusst oder unbewusst öffnen wir uns so für neue Möglichkeiten.

KINDER des LICHTS sind uns immer einen Schritt voraus. Wir haben keine Chance, ihnen auf der gleichen Ebene begegnen zu können oder uns ihnen überzuordnen. Es ist einfacher und sehr zweckdienlich, dies so schnell wie möglich zu verstehen und zu akzeptieren, denn sie sind uns weitaus überlegen. Wir können ihnen nichts vormachen oder vortäuschen. Sie spüren und wissen sofort, was unsere unterschwelligen Absichten sind. Sie lesen diese wie ein Hologramm, ohne zu wissen, dass die Demaskierung für uns unangenehm sein könnte.

Was wir tun können, ist die Idee, alles wissen zu müssen oder sogar besser wissen zu müssen, loszulassen. Dadurch erhalten wir Energie und Authentizität.

Wir können von ihnen lernen, wie sie die Informationen und Lösungen in der universellen Datenbank abrufen. KINDER des LICHTS haben die Verbindung, den heißen Draht, das "rote" Telefon immer aktiviert – und auch wir können dies tun, denn dazu ist nur etwas Übung nötig. Doch es lohnt sich, Zeit dafür zu investieren, denn du wirst reich beschert werden. Dein Leben wird einfacher, viel einfacher werden. In Situationen der Herausforderung weißt du von nun an tief innen, dass du nicht alleine bist und die Lösung zu dir schon unterwegs ist.

Durch dein BITTEN öffnest du dich für mögliche Antworten und Lösungen. Du bekommst Zugang zu deinen Ressourcen, und du kannst jetzt, wenn du willst, auf dieser neuen Energiewelle surfen.

Die Frage "Bin ich den Herausforderungen gewachsen?" kannst du also ab jetzt eindeutig bejahen!

• JA – absolut.

• Du schaffst es.

• Gerade du.

Wenn du es nicht schaffen würdest, wer dann? – Du hast einen Vertrag mit diesen wunderbaren KINDERN des LICHTS geschlossen. Du bist reich beschenkt durch ihre Anwesenheit, ihr Licht und ihre Liebe, die sie in sich tragen. Dieses Licht und die Liebe sind immer da, denn es ist ihre Essenz.

Und denke stets daran: *Es werden uns im Leben nur die Herausforderungen begegnen und die Aufgaben gestellt, die unserer Reife und unseren Möglichkeiten entsprechen, dafür Lösungen zu finden.*

ÜBUNG:
Du bist zur richtigen Zeit am richtigen Ort

- Lege dich an einen Ort, wo es für dich bequem ist, auf den Rücken und halte mit der rechten Hand die linke Schulter – und mit der linken Hand die rechte Schulter. Bleibe 3 bis 5 Minuten ganz still in dieser Position liegen. Dies verbindet dich bereits in den ersten Sekunden mit dem Hier und Jetzt und zentrierst dich.

- Ich mache diese Übung jeden Abend vor dem Einschlafen und am Morgen, bevor ich aufstehe.

- Denn solche Übungen, wie z.B. auch Meditationen, Yoga, Affirmationen, Beten etc., sind besonders wirkungsvoll beim Übergang zwischen Schlaf- und Wachzustand. Der Geist ist zu dieser Zeit am empfänglichsten, um sich zu öffnen, loszulassen, zu vertrauen, zu heilen und sich neu zu programmieren.

Wachsen an den dunkelsten Schatten unseres Bewusstseins

Alle Kinder haben die Fähigkeit, die dunklen, verborgenen Seiten ihrer Eltern und Begleitenden zu spiegeln. Dies ist keine neue Philosophie, es war schon immer so, dass die Kinder kamen, um uns einen Schritt weiterzubringen und uns dazu aufzufordern, verdrängte und begrabene "Storys" aus der Vergangenheit aufzuarbeiten und zu heilen. Was neu ist, ist, dass KINDER des LICHTS dies mit einer Genauigkeit, Klarheit und

Intensität tun, die uns teilweise erschreckt. Es gibt hier aber wirklich nur zwei Wege: Entweder du läufst davon (sich verstecken funktioniert nicht), oder du bleibst und hast den Mut und die Bereitschaft, den Weg der Heilung zu gehen.

KINDER des LICHTS machen dies nicht bewusst. Es ist ein Teil ihres Geschenks, das sie uns auf die Erde mitgebracht haben. Ihre Wahrnehmung und ihre Erinnerung an Harmonie, Frieden und die alles umfassende Liebe aktiviert ihr Verhalten und ihren Spiegeleffekt uns gegenüber, um den Planeten zu transformieren. Die Heilung hat bei uns zu beginnen, von uns aus kann sie sich dann ausdehnen in die Familie, in die Ursprungsfamilie, in das soziale Umfeld, in die Gemeinde, in den Staat und auf den ganzen Kontinent. Wir sind das Zentrum des Universums – der Mikrokosmos beeinflusst den Makrokosmos, wir projizieren nonstop unsere innere Welt auf unsere äußere Welt und das größte Geschenk, das wir unseren Mitmenschen machen können, ist uns selbst jeden Tag einen Schritt näher zu kommen, uns selbst zu entwickeln. Indem wir bereit sind, den Deckel, der auf all den unverdauten, schwer aufliegenden Geschichten liegt, wegzunehmen, heilen wir uns und all die verschiedenen Teile der Welt. Ist das nicht Motivation genug?

Wie viele alte Geschichten können da an die Oberfläche kommen... Gut, dass ich es nicht wusste, als ich mich vor Jahren gemeinsam mit meinem Partner für diesen Weg mit unserer Tochter entschieden habe. Doch wir bekommen die Vergangenheit nur in Portionen aufgetischt, gerade so viel, wie wir in diesem Moment wiederkäuen und verdauen können. Ich würde diesen Weg auf alle Fälle wieder gehen, denn er hat mir die Wahrheit gebracht, die ich heute fähig bin, zu leben und weiterzugeben.

Hast du dich entschieden, den ersten Schritt in diese Richtung zu unternehmen? Oder bist du bereits auf diesem Weg und möchtest eine sichere Abkürzung kennen lernen? Rumi, ein Philosoph und Mystiker, hat gesagt, dass es 70 000 Schritte zur Heilung bedarf, und mein Mentor, Chuck Spezzano, hat eine Landkarte entwickelt, die diese Schritte klar verständlich aufzeigt. Er war es, der mich lehrte zu verstehen, welch ein Geschenk der Heilung unsere Kinder für uns sind. Sie bergen in sich einen enormen Schatz der Transformation für uns. Natürlich erfassen wir dies nicht mit unserem bewussten, rationalen und traditionellen Denken, doch unser Herz, in dem wir die tiefe LIEBE und Verbindung zu unseren Kindern spüren, lässt uns diese Wahrheit erkennen...

Wie gut diese neuen Kinder unsere ungelösten Probleme widerspiegeln, zeigt die folgende Aussage einer Mutter, die mit einem KIND des LICHTS gesegnet ist: "Mein Kind, du hast auch meine Trauer gelebt. Durch dich kam ich dazu, mein traumatisches Kindheitserlebnis mit therapeutischer Hilfe zu verarbeiten. Du hast mich wieder ganz auf diese Erde geholt, und mit mir bist auch du zurückgekommen. Diese absolut schwierige Zeit bedeutet einen großen Schritt nach vorne in meinem Leben. Ich danke dir, dass du gekommen bist, mein Engel, und streiten dürfen wir immer noch."

Eine schnelle Art, um mit auftauchenden Schatten aus dem Unbewussten umzugehen, ist die Wiederentdeckung der Sprache der Reflektion. Sie ist eine wirkungsvolle Abkürzung auf dem Weg zurück zur Einheit. Alles, was wir denken, tun oder nicht tun, manifestiert sich bewusst oder unbewusst in unserem Umfeld, und Menschen, mit denen wir zusammenleben, haben das größte Potenzial, unsere "heißen Knöpfe zu drücken". Es scheint so, als wüssten sie am besten, was wir brauchen, um uns weiterzuentwickeln.

Unsere Welt ist eine Reflektion unserer Einstellung.
Im Grunde geht es im Leben um die Beziehung zwischen dir
und deiner Wahrnehmung. Alle Erfahrungen, die du kreierst,
sind Reflektionen dieser Beziehung.

Am einfachsten ist es, wenn du dir Folgendes vorstellst: Ein Projektor kann nur Bilder auf die Leinwand projizieren, die auf dem eingelegten Film gespeichert wurden. Dieser Film wurde in sorgfältiger Regiearbeit produziert, und davor wurde ein Drehbuch geschrieben mit sehr genauen

Angaben über Ort, Zeit, Rollen und Handlungen. – Weißt du, wer das Drehbuch geschrieben hat, und wer es von Zeit zu Zeit umschreibt? DU.

ÜBUNG: *Fragen zur Selbstanalyse: Die Kinder spiegeln unsere ungelösten Probleme wider.*

- Warum finde ich das Verhalten des Kindes unangebracht?
- Ist diese Ansicht ein Überbleibsel aus meiner Erziehung?
- Gegen was habe ich mich früher aufgelehnt?
- Wofür habe ich mich in meiner Kindheit eingesetzt?
- Inwiefern war ich rebellisch oder angepasst?
- Wie gehe ich ganz persönlich mit mir gesetzten Grenzen um (zum Beispiel mit Tempolimits oder Autoritätspersonen)?
- Wie respektiere ich gesetzte Grenzen?
- Habe ich in meiner Erziehung klare Strukturen und Grenzen erlebt?
- Wie wurden diese durchgesetzt?
- Wie lebst du deine inneren und äußeren Autoritätskonflikte aus?
- Wie war deine Kindheit?

"Es ist nie zu spät für eine glückliche Kindheit." (Chuck Spezzano)

ÜBUNG: Drehbuch

- Welche Hauptrolle spielst du?
- Welche Nebenrolle besetzt du?
- Welche Rolle hast du wem in deiner Familie zugeteilt?
- Spielst du ein Drama, eine Seifenoper, einen Roman, eine Tragödie, einen Krimi, einen Thriller...?

Du weißt nun, dass du, ja du ganz alleine, das Drehbuch für dich in deinem Leben schreibst und dass damit jeder Mensch, der in dein Leben tritt, einer bestimmten Rolle entsprechen "muss". Diese Tatsache mag dir heute helfen zu verstehen, dass es unter Umständen nur eine Veränderung der Rollenverteilung, einer Auflösung oder einer Umschreibung eines bestimmten Skripts für einen deiner Lieben bedarf, um gewisse unangenehme Situationen zu verändern. Alleine die Tatsache, dass du bereit bist zu akzeptieren, dass die heutige Situation exakt dem Gesetz von Ursache und Wirkung entspricht, kann dir eine neue Perspektive aufzeigen.

Schreibe heute eine neue Filmgeschichte, ein Drehbuch, wie du deine Zukunft erleben möchtest – und handle ab sofort danach.

"Projektionen sind ein Abwehrmechanismus. Bei Projektionen handelt es sich um etwas, das du selbst tust und dessen du einen anderen Menschen anklagst", sagt Chuck Spezzano in seinem Buch "Der Weg zum idealen Partner". Es ist um vieles einfacher, da draußen den "Sündenbock", den Schuldigen zu finden, um die unangenehmen Situationen danach jemandem aufzuladen, denn wer übernimmt schon gerne die Verantwortung für sein Verhalten?

Wenn wir aber damit anfangen, das Leben durch die Brille der Projektionen zu betrachten, beginnen wir, 100% Selbstverantwortung für unser Handeln zu übernehmen. Es gibt niemanden mehr da draußen in der Welt, der uns etwas antut. Wir haben diese Menschen in unser Heimkino eingeladen, um diese Szene wieder zu (er)leben und zu heilen. Es fällt uns nun leichter zu verstehen, dass unsere Kinder gekommen sind, um viele Situationen von Herausforderungen für uns zu kreieren, damit wir uns neu finden und definieren können. Sie bringen uns so manchen verlorenen Schlüssel wieder zurück. Denke von nun an daran: KINDER des LICHTS packen jede Situation am Schopf, um uns einen Hinweis in die eine oder andere Richtung zu geben.

Aus der Mitte heraus leben –
"HERZENSverBINDUNGEN" leben

Wenn du mit einem anderen Menschen symbiotisch verbunden bist, opferst du dich auf. Wenn du mit einem anderen Menschen verschmolzen bist, kennst du die natürlichen Grenzen zwischen dir und dem anderen nicht mehr. Du hast in beiden Fällen kein Gefühl mehr dafür, wo deine wahre Mitte liegt. Die Beziehung ist eng – bis sie zu eng wird und du dich vereinnahmt fühlst. Du lebst eher das Leben des anderen, statt dich deinem Lebensziel zu widmen und deine Begabungen und Geschenke zu entwickeln.

Eine Verschmelzung dieser Art ist möglich mit unseren Eltern, unserem Lebenspartner und unseren Kindern. Doch ganz egal, um wen es sich handelt: Verschmelzung zwingt uns in die Opferhaltung. Denke stets daran: Du kannst den Menschen um dich herum nur helfen, indem du dein eigenes Leben lebst.

Gesunde Grenzen in der Mutter/Vater-Kind-Beziehung

Eine Bestätigung für ein gesundes Verhältnis und eine intakte Grenze ist das Gefühl, tatsächlich ein Individuum mit eigenen Bedürfnissen zu sein. Das bedeutet: Ich bin ich, und du bist du. Meine Gedanken, Ideen, Gefühle, Reaktionen und Erfahrungen gehören zu mir – und deine zu dir. Das Setzen von gesunden Grenzen bei unseren Kindern kann schwierig sein, weil sie ja als abhängige Babys auf die Welt kommen. Es ist aber trotzdem sehr wichtig, dass Eltern erkennen, wann Kinder ihre eigenen Erfahrungen im gesetzten Rahmen machen sollten. Dadurch können junge Menschen ihr Leben selbst entdecken und erfahren. Kinder brauchen Zeit, ihrer "eigenen Nase" zu folgen, so wie dies auch Erwachsene tun. Sie brauchen Zeit, sich selbst kennen zu lernen, ohne dass die Eltern ihnen dabei im Weg stehen. Die Eltern und Begleitenden übernehmen die Führung – und sollten vor allem VORBILD sein, denn ganz automatisch ahmen die Kinder die Eltern nach. Dies zeigt sich bereits bei kleinen alltäglichen Dingen: Sicher hast du schon einmal beobachtet, dass der Sohn wie der Vater geht? Oder die Tochter sich auf dieselbe Weise die Nase reibt wie die Mutter? Es gibt Hunderte von Beispielen dazu, auch in deiner Familie kannst du solche finden. Dies zeigt deutlich, dass Kinder unbewusst und bewusst imitieren. Möchtest du dein Kind also beispielsweise von Süchten befreien, so frage dich, wie und womit du dich möglicherweise in einem Suchtverhalten verstrickt hast. Ein Vorbild zu sein ist einer der absolut wichtigsten Schlüssel überhaupt.

Symbiotische Verschmelzung ist falsch verstandene Liebe. Liebe, daran kann kein Zweifel bestehen, will nichts als das Allerbeste für den anderen Menschen. In der Liebe wächst du weit über dich hinaus und hast eine neue Chance zur HERZENSverBUNDENHEIT. Doch der Zustand der symbiotischen Verschmelzung ist gekennzeichnet von gemeinsamer Abhängigkeit und entsteht in der Anziehung des Verliebtseins. Verschmelzung hält dich davon ab, voranzugehen. Es ist eine Art falsche Nähe, die HERZENSverBINDUNG verhindert. Verschmelzung ist nicht in der Lage, Entwicklung und Heilung zu schaffen und fruchtbaren Boden vorzubereiten. All das schafft (nur) die Liebe. Im Zustand der Verschmelzung fühlen sich beide Menschen in gewisser Hinsicht wie (Ver)Hungernde.

In welchen Beziehungen bist du schon seit einiger Zeit unfähig, dich wirklich frei zu fühlen, weil du nicht mehr in deiner inneren Mitte bist? Hast du dich in diesen Beziehungen aus freien Stücken hingegeben oder aus einem Pflichtgefühl? Benutze das Schwert der Wahrheit, um dich selbst zu befreien und um dann anderen mitteilen zu können, was gesagt werden muss. Verschenke dabei die Gaben und die Liebe, die dir eigen sind und die du verschenken möchtest. Bitte deinen höheren Geist, dich und den anderen Menschen zu eurer jeweiligen inneren Mitte zurückzutragen – dahin, wo Liebe und Wachstum ganz selbstverständlich vorhanden sind.

Hierzu eignet sich die Übung "Das Band des Lichts und der Liebe". Setze dich dazu entspannt hin, und stelle dir vor, dass die wahren, die echten Verbindungen, die Bande des Lichts und der Liebe, dich mit all den Menschen verbinden, mit denen du dich verschmolzen fühlst. Sobald du diese Verbindungen wahrnehmen kannst, fallen die Fesseln der Abhängigkeit und der Opferhaltung von dir ab, weil sie nicht der Wahrheit entsprechen.

Speziell zu diesem Kapitel habe ich die Übung "HERZENSverBINDUNG statt Verschmelzung" kreiert. – Frage dich: Mit welcher Person fühlst du dich verschmolzen, beziehungsweise bei wem bist du oft unfähig, klar Stellung zu beziehen oder Grenzen zu setzen? Die folgende Anleitung ist eine Möglichkeit, um dich wieder freier zu fühlen, dich selbst wahrzunehmen. (Hinweis: Vermeide es, die ganze Übung zunächst komplett durchzulesen, weil du damit ihre Kraft vermindern würdest.)

Übung: "HERZENSverBINDUNG statt Verschmelzung"

- Atme 3 Mal tief ein und aus. Finde deine Mitte, das Licht. Wenn du in deiner Mitte angekommen bist, dann lies weiter.

- Stelle dir vor, wie du mehrere große, leere Maltöpfe in einer Reihe aufstellst - so viele, wie dir in diesem Moment spontan in den Sinn kommen.
  Schließe die Augen, und vollziehe die Übung nach, bevor du weiterliest.

- Wie viele Töpfe sind es?
  Die Anzahl der Maltöpfe symbolisiert die Anzahl der Teile, mit denen du verbunden bist.

- Schreibe nun auf einem Blatt Papier in Stichworten die Antwort zu folgender Frage auf: Welche Herausforderung liegt in dieser Beziehung? – Wandle nun die Herausforderungen in Emotionen um, und erstelle dann mit deinen aufgeschriebenen Emotionen eine Liste. Teile der ersten Emotion auf der Liste eine Farbe zu, und lasse diese in den ersten Maltopf hineinfließen. Atme dabei 3 Mal tief ein und aus. Verschließe den Topf anschließend so mit einem Deckel, dass er leicht wieder geöffnet werden kann.

Schließe die Augen, und vollziehe die Übung nach, bevor du weiterliest.

- Teile nun der zweiten Emotion auf der Liste eine Farbe zu, und lasse diese genauso wie zuvor in den zweiten Maltopf hineinfließen. Atme dabei 3 Mal tief ein und aus. Verschließe auch diesen den Topf so, dass er wieder leicht geöffnet werden kann.

  Schließe die Augen, und vollziehe die Übung nach, bevor du weiterliest.

- Gehe nun deine ganze Liste der Emotionen durch. Es kann sein, dass nicht genug Maltöpfe zur Verfügung stehen. Dann stellst du dir einfach weitere leere Maltöpfe vor – so viele, wie du brauchst. Sollten am Ende noch leere Maltöpfe übrig bleiben, dann zähle sie.

  Atme dann 3 Mal tief ein, und fülle dich mit Licht.

  Schließe die Augen, und vollziehe die Übung nach, bevor du weiterliest.

- Atme 3 Mal tief ein und aus. Finde deine Mitte, das Licht. Wenn du in deiner Mitte angekommen bist, dann lies weiter.

- Wie fühlt sich das an?

  Wo bist du?

  Wichtig: Bleibe in dieser Energie!

  Halte diese Kraft!

  Wenn bei den nächsten Schritten Emotionen hochkommen, dann gehe einfach wieder an diesen Platz der Kraft in dir zurück, indem du 3 Mal tief ein und ausatmest.

- Gib jetzt jedem einzelnen dieser Maltöpfe einen so festen Tritt mit dem Fuß, dass sie umfallen, davon fliegen, zerspringen etc. Atme 3 Mal tief ein und aus!

Schließe die Augen, und vollziehe die Übung nach, bevor du weiterliest.

- Wie fühlst du dich?

  Bist du in deiner Kraft, in deiner Mitte geblieben? Wenn nicht, dann atme 3 Mal tief ein und aus, und gehe in deine Kraft.

  Beobachte nun, was sich verändert hat in den letzten paar Minuten - einfach still sein und wahrnehmen, nur beobachten.

- Was ist geschehen mit den Maltöpfen, den Farben?

- Ich bitte dich jetzt, auf die Knie zu gehen. Sollte auf dem Fußboden noch verschüttete "Farbe" sein, dann ist es jetzt deine Aufgabe, diese wegzuwischen. Du hast genau das richtige Mittel dazu. Du mussst nur einmal darüber wischen.

  Schließe die Augen, und vollziehe die Übung nach, bevor du weiterliest.

- Gehe noch einmal zurück an diesen Ort und kontrolliere, ob wirklich alles sauber ist.

  Schließe die Augen, und vollziehe die Übung nach, bevor du weiterliest.

- Atme 3 Mal tief ein und aus. Finde deine Mitte, dein Licht. Wenn du in deiner Mitte angekommen bist, dann lies weiter.

- Atme 3x tief ein und aus – Pause.

  Atme 3x tief ein und aus – Pause.

  Atme 3x tief ein und aus – Pause.

  Schließe die Augen, und vollziehe die Übung nach, bevor du weiterliest.

- Wie fühlt sich das an?

- Wo bist du?

- Verbrenne jetzt das Blatt Papier, und lege dich mindestens 22 Minuten hin! Entspanne dich bei einem Vollbad in der Badewanne oder bei einer langen warmen Dusche. Es kann sein, dass du dich erschöpft fühlst. Oder einfach leer, neu, ungewohnt, fremd, unsicher – all das ist o.k.

Die Liebe liebt der Liebe wegen

Erich Fromm schreibt in seinem Buch "Die Kunst des Liebens": "Liebe ist nur möglich, wenn sich zwei Menschen aus der Mitte ihrer Existenz heraus miteinander verbinden, wenn also jeder sich selbst aus der Mitte seiner Existenz heraus erlebt. Nur dieses 'Leben aus der Mitte' ist menschliche Wirklichkeit, nur hier ist Lebendigkeit, nur hier ist die Basis für Liebe. Die so erfahrene Liebe ist eine ständige Herausforderung; sie ist kein Ruheplatz, sondern bedeutet, sich zu bewegen, zu wachsen, zusammenzuarbeiten. Ob Harmonie waltet, oder ob es Konflikte gibt, ob Freude oder Traurigkeit herrschen, ist nur von sekundärer Bedeutung gegenüber der grundlegenden Tatsache, dass zwei Menschen sich vom Wesen ihres Seins her erleben, dass sie miteinander eins sind, indem sie mit sich selbst eins sind, anstatt vor sich selber auf der Flucht zu sein. Für die Liebe gibt es nur einen Beweis: die Tiefe der Beziehung und die Lebendigkeit und Stärke, in der die Liebe zu erkennen ist."

Liebe liebt der Liebe wegen, genau so wie die Wellen des Meeres sich rollen, der Baum im Winde sich neigt. Liebe fließt in der Demut des GEBENS und EMPFANGENS. Die allumfassende Liebe ist ein Zustand des tiefsten Glücks aus der Mitte des Herzens heraus.

Liebe ist eine wahre Form der Kunst und ist so vielfältig, wie es Menschen auf der Welt gibt. – Finde deine "ART OF HEART" als Weg.

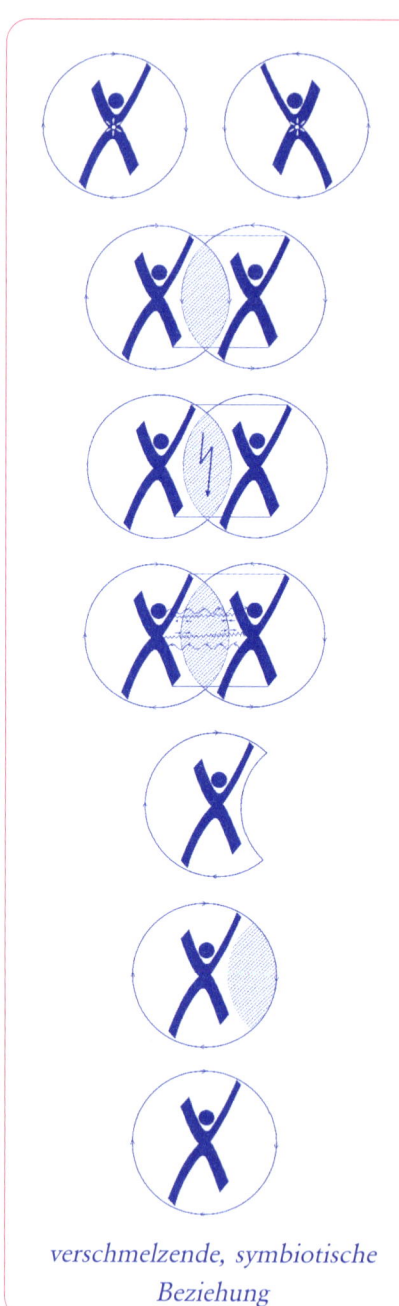

verschmelzende, symbiotische
Beziehung

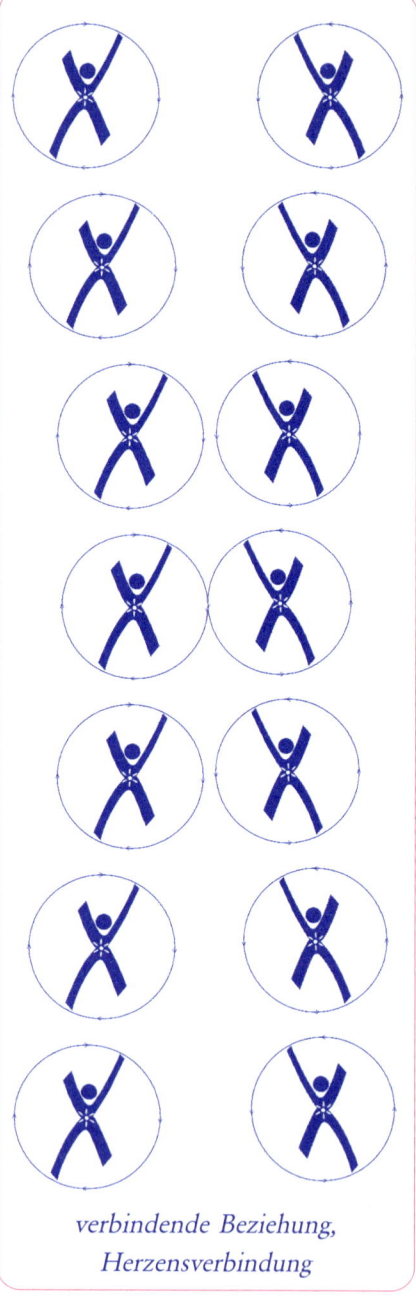

verbindende Beziehung,
Herzensverbindung

Hierarchie in der Familie: Jeder hat seinen Platz

Nachdem du jetzt für dich und deine Lieben die natürlichen Grenzen etabliert hast, ist es hilfreich, jedem seinen Platz zuzuteilen. Erstelle einen Familienstammbaum – mit oder ohne Bilder –, und sprich mit der Familie darüber, wer welchen Platz innehat. In den heutigen, zusammengewürfelten Patchwork-Familien kann das teilweise schon eine besondere Herausforderung sein... Erkläre mit einfachen Worten, wer der Erstgeborene, Zweitgeborene usw. ist. Erzähle von deinen Geschwistern, den Geschwistern des Vaters und der Mutter, den Großeltern und so weiter. Es kann schön sein, dies als Gelegenheit wahrzunehmen, um über die Familiengeschichte zu erzählen.

Hänge das gemalte Bild oder die Fotos in einem Rahmen auf, so dass es für jeden sichtbar ist. Es wird so Ordnung und Ruhe einkehren, auf eine sehr feine, unbewusst gesteuerte Art.

An dieser Stelle kannst du die Übungen "Ausrichtung in die Mitte" und "Vom Zentrum ins Zentrum" eingliedern.

ÜBUNG: Ausrichtung in die Mitte

Strecke deine rechte Hand mit geschlossenen Fingern aus. Drehe die Hand nun so, dass der Daumen nach oben zeigt, und strecke den rechten Arm dann senkrecht nach oben in die Luft. Die Hand wird so symbolisch zu einem Messer. Hebe nun den Kopf an, und schaue dir die Hand an. Beginne die Hand langsam von oben nach unten zu bewegen. Folge der Bewegung mit den Augen, und beende sie auf der Höhe deines Nabels.

Diese Übung nimmt nur einige Sekunden Zeit in Anspruch, ist aber sehr effizient.

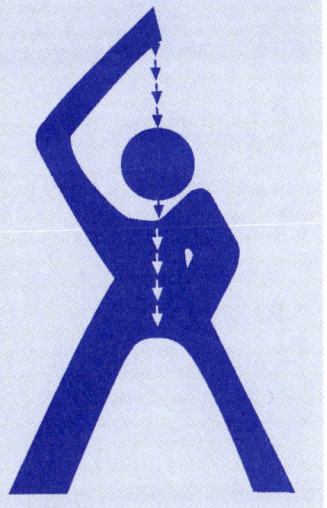

Du kannst sie für dich anwenden vor der Meditation, du kannst ein Kind fragen, ob es mit den Augen der Bewegung deiner Hand folgen will oder du kannst sie einsetzen, um eine ganze Gruppe von Menschen jeden Alters auf diese Art in ihr Zentrum zu begleiten.

ÜBUNG: *Vom Zentrum ins Zentrum*

Atme 3 Mal tief ein und aus. Gehe in deine Mitte, lasse dich dorthin führen. – Wenn du in deiner Mitte angekommen bist, dann lies weiter. Bitte deinen Schutzengel, dich aktiv durch diese Übung zu begleiten.

Von der Mitte in deinem Herzen ausgehend lasse dich nun ins 1. Zentrum des Zentrums führen (lass es einfach geschehen, dein höheres Selbst weiß, was mit dieser Formulierung gemeint ist).

Vom 1. Zentrum des Zentrums lasse dich in das 2. Zentrum des Zentrums führen.

Vom 2. Zentrum des Zentrums lasse dich in das 3. Zentrum des Zentrums führen.

Vom 3. Zentrum des Zentrums lasse dich in das 4. Zentrum des Zentrums führen.

Vom 4. Zentrum des Zentrums lasse dich in das 5. Zentrum des Zentrums führen.

Vom 5. Zentrum des Zentrums lasse dich in das 6. Zentrum des Zentrums führen.

Vom 6. Zentrum des Zentrums lasse dich in das 7. Zentrum des Zentrums führen.

Vom 7. Zentrum des Zentrums lasse dich in das 8. Zentrum des Zentrums führen.

Vom 8. Zentrum des Zentrums lasse dich in das 9. Zentrum des Zentrums führen.

Vom 9. Zentrum des Zentrums lasse dich in das 10. Zentrum des Zentrums führen.

Mache eine Pause, und atme 3 Mal ganz tief ein und aus.

Lasse dich nun vom 10. Zentrum des Zentrums in das 11. Zentrum des Zentrums führen.

Vom 11. Zentrum des Zentrums lasse dich in das 12. Zentrum des Zentrums führen.

Vom 12. Zentrum des Zentrums lasse dich in das 13. Zentrum des Zentrums führen.

Vom 13. Zentrum des Zentrums lasse dich in das 14. Zentrum des Zentrums führen.

Mache wiederum ein Pause, und atme 3 Mal ganz tief ein und aus.

Lasse dich nun vom 14. Zentrum des Zentrums in das 20. Zentrum des Zentrums führen.

Vom 20. Zentrum des Zentrums lasse dich in das 30. Zentrum des Zentrums führen.

Vom 30. Zentrum des Zentrums lasse dich in das 40. Zentrum des Zentrums führen.

Vom 40. Zentrum des Zentrums lasse dich in das 50. Zentrum des Zentrums führen.

Vom 50. Zentrum des Zentrums lasse dich in das 60. Zentrum des Zentrums führen.

Vom 60. Zentrum des Zentrums lasse dich in das 70. Zentrum des Zentrums führen.

Vom 70. Zentrum des Zentrums lasse dich in das 80. Zentrum des Zentrums führen.

Vom 80. Zentrum des Zentrums lasse dich in das 90. Zentrum des Zentrums führen.

Vom 90. Zentrum des Zentrums lasse dich in das 100. Zentrum des Zentrums führen.

Mache eine Pause, atme 3 Mal ganz tief ein und aus und bleibe in diesem Zentrum, so lange du möchtest.

Der Weg zurück führt über dieselben Stufen:
Vom 100. Zentrum des Zentrums lasse dich ins 90./80./70./60./50./40./30./20. Zentrum des Zentrums führen.

Mache eine Pause, atme 3 Mal ganz tief ein und aus, und lasse dich danach vom 20. Zentrum des Zentrums in das 14./13./12./11./10. Zentrum des Zentrums führen.

Mache eine Pause, atme 3 Mal ganz tief ein und aus, und lasse dich danach vom 10. Zentrum des Zentrums in das 9./8./7./6./5./4./3./2./1. Zentrum des Zentrums führen.

Mache wiederum eine Pause, atme 3 Mal ganz tief ein und aus, und lasse dich danach vom 1. Zentrum des Zentrums in die Mitte führen. Somit bist du wieder am Ausgangspunkt deiner Reise angelangt.

Atme tief ein, und beim Ausatmen öffne die Augen und komme wieder ganz ins Hier und Jetzt zurück.

Hinweis: Sprich diese Übung am besten auf ein Tonband oder, noch schöner, lass sie dir von jemandem vorlesen. Mit der Zeit kannst du in diesen Zustand eintauchen und aus dem Zentrum des Zentrums heraus leben. Stelle dir nur einmal vor, was dies für dich und deine Lieben bedeuten könnte...!

Irgendwo zwischen dem 1. Zentrum des Zentrums und dem 100. Zentrum des Zentrums warst du in einem neutralen Zustand – einem wahren

Gefühl des Einsseins. Die Emotionen haben Raum und Zeit hinter sich gelassen. Es ist ein Zustand des Schwebens, der vollkommenen Freiheit. Es ist ein Zustand, den Menschen als "zu Hause sein" beschreiben, ein Gefühl, an das wir uns erinnern und das wir, seit wir hier auf der Welt angekommen sind, suchen.

Wir bewegen uns meistens zwischen den zwei Polaritäten. Je intensiver die Emotion ist, desto größer ist die Spannkraft. Grundsätzlich spielt es keine Rolle, ob wir uns auf der rechten oder linken Seite der Skala befinden. Das Ziel ist es, in die Ruhe, in die Mitte, in den neutralen Zustand zu kommen. So lange das Pendel von der einen Seite auf die andere schwingt, befinden wir uns aber auf einer emotionalen Achterbahn. Je kleiner die Bewegungen werden, desto näher sind wir der Mitte.

	Neutraler Zustand	
100% 75% 50% 25%	0%	25% 50% 75% 100%

Himmel	Erde
Sonne	Mond
am Tag	Nacht
Frühling	Herbst
Sommer	Winter
Aktivität	Passivität
Führung	Gefolgschaft
Wachheit	Schlaf
Reden	Zuhören
Tun	Empfangen
positiv	negativ
warm	kalt
ausdehnend	zusammenziehend
schnell	langsam
trocken	feucht

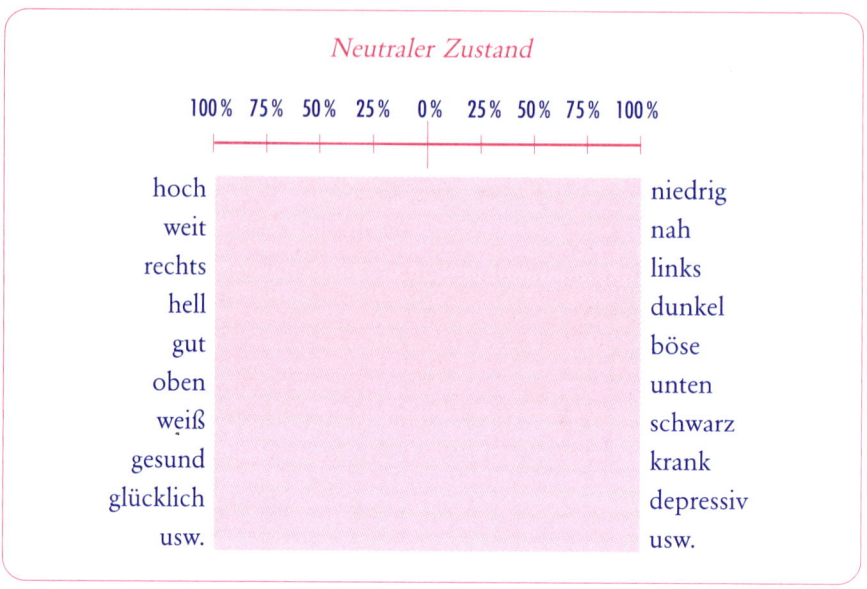

Neutraler Zustand

| 100% | 75% | 50% | 25% | 0% | 25% | 50% | 75% | 100% |

hoch	niedrig
weit	nah
rechts	links
hell	dunkel
gut	böse
oben	unten
weiß	schwarz
gesund	krank
glücklich	depressiv
usw.	usw.

Diese Hand symbolisiert unsere fünf wichtigsten Emotionen in positiver und negativer Ausprägung.

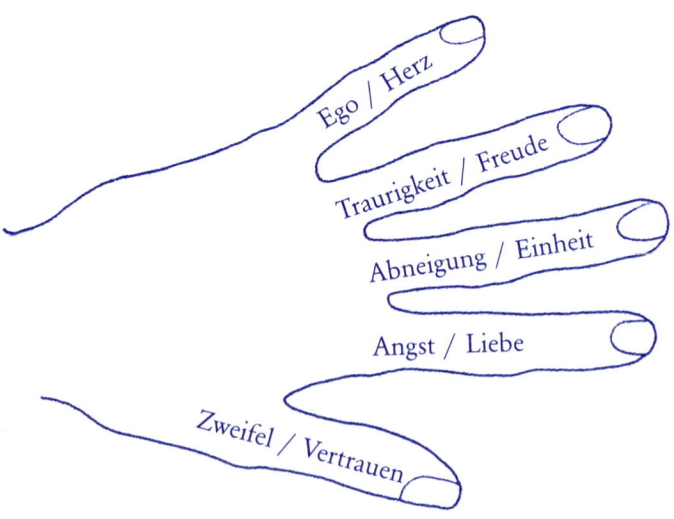

Die fünf Grundemotionen

Ist es nicht interessant, dass

- der **Daumen** für Zweifel und Vertrauen steht? Wann stecken die Kinder den Daumen in den Mund?
- der **Zeigefinger** der Angst oder Liebe symbolisiert – wie oft zeigen wir mit diesem Finger auf andere Menschen?
- der **Mittelfinger** ist unser längster Finger, und wann strecken wir ihn in die Höhe?
- der **Ringfinger** ist der Finger, an dem die meisten Menschen ihren Ehering oder Partnerschaftsring tragen, den wir einmal in Freude empfangen haben.
- Der **kleine Finger** symbolisiert das Ego und die HERZENSverBINDUNGEN.

Im Workshop "ÖFFNE DEIN HERZ" lernen wir, wie diese Finger aktiviert werden können und wie wir sie in schwierigen Situationen einsetzen können. Die Auswirkungen davon zeigen sich immer wieder in kleinen Wundern...

Väter, Mütter und Begleitende brauchen eine Pause

Väter, Mütter und Begleitende von KINDERN des LICHTS brauchen eine Pause, bevor der Krug randvoll ist, überläuft oder platzt. Sobald du spürst, dass dir die Begleitung und Führung eines KINDES des LICHTS alle Energie raubt, ist es wichtig, dass du dir ein "Auffangnetz" knüpfst. Ich höre dennoch oft: "Ich kann die Kinder niemandem 'zumuten'", "Die Kinder sind nirgendwo willkommen", "Die Kinder haben einen schlechten Ruf" oder "Die Kinder können sich nicht einfügen".

Ich weiß genau, was du durchmachst, doch je mehr du deine Kraft verlierst, desto mehr entfernst du dich auch von deiner Mitte – und KINDER des LICHTS werden dadurch noch mehr destabilisiert und sind "verloren". Du bist das Herz und somit das Zentrum der Familie. Wenn es dir nicht gut geht – wem kann es dann noch gut gehen?

Kannst du es also wirklich verantworten, nicht aus der Mitte heraus zu leben, dir keine Pausen zu gönnen zur Erholung? – Verbinde dich mit Gleichgesinnten, es gibt sie! Immer wieder erlebe ich in den Workshops, dass viele den Mut verloren haben, sich mit anderen zu verbinden, auszutauschen und ein Netzwerk zu bilden. Stattdessen ziehen sie sich mehr und mehr zurück. Es gibt aber Tausende von Menschen, die in derselben Situation sind wie du. Unternimm du den ersten Schritt!

Sprich mit Eltern, Großeltern, Nachbarn, Freunden und Kollegen darüber, du kannst ihnen zum Beispiel Folgendes sagen: "Wenn ich mich als Mutter einen Nachmittag auf eine Insel zurückziehen kann, um meine Batterien aufzuladen und meine innere Ruhe wieder zu finden, dann kann ich diese in meine Familie zurücktragen. Die Harmonie stärkt mich und dadurch auch meine Familie. Ich stehe schon lange an diesem Punkt, doch bis heute hatte ich nicht den Mut, auf dich zuzukommen. Würdest du mir helfen?"

Es gibt immer mehr Lösungen als Herausforderungen. Entscheide dich, neu anzufangen! Versammle deine Familie, und sage ihr, dass du ab sofort einen Nachmittag pro Woche für dich zu deiner freien Verfügung benötigst. Organisiere und plane diese neue Regelung mit deinen Kindern. Frage sie auch, ob sie andere Kinder kennen, die ähnlich sind wie sie selbst, oder ob sie andere Personen kennen, mit denen sie sich austauschen wollen, denn KINDER des LICHTS wissen am besten, welche Energie ihnen entspricht. Vertraue ihnen. Joy beispielsweise liebt es, zu Erwachsenen zu gehen, deren Kinder in der Schule sind. So bekommt sie ihre volle Aufmerksamkeit und kann "erwachsene" Gespräche führen. – Es gibt immer Lösungen, die näher liegen, als du glaubst!

Ich forderte eine junge Mutter auf, sobald der Kleine nicht mehr gestillt wird, einen Wochenplan zu erstellen und sich darin jede Woche einen freien Nachmittag einzutragen. Ein paar Wochen später war es soweit. Ich fragte sie, was sie an dem freien Nachmittag gemacht habe. Ich hörte und staunte darüber, was sie mir erzählte: Sie erledigte eine ganze Liste von Dingen, die in den letzten Monaten liegen geblieben waren. Auf meine Frage hin, wie sie sich denn am Abend gefühlt habe, meinte sie: "Todmüde. Der Kleine war sehr unruhig und konnte kaum schlafen gelegt werden. Alles war so neu für ihn, einfach zu viel. Es hat sich nicht gelohnt, ihn den ganzen Nachmittag der Schwiegermutter zu überlassen. Mein Kind und ich waren danach beide mehr gestresst als zuvor. Wir benötigten den ganzen nächsten Tag, um wieder 'normal' zu werden."

Ich dachte nur: STOPP – so geht es nicht! Auch wir Erwachsenen müssen erkennen oder erfühlen, was wir brauchen, es ist ein Fehler zu glauben, wir hätten unerschöpfliche Ressourcen, eine große Falle, die wir uns immer wieder selbst stellen. Die Mutter kehrt todmüde von ihrem "freien" Nachmittag zurück, und das Kind ist noch unruhiger, weil es die gewohnte Umgebung verlassen hat. Die logische Schlussfolgerung davon war für sie: Es funktioniert für beide nicht, also lassen wir "die Pause" bleiben... Doch es gibt immer eine Lösung – lasse dich nicht entmutigen, du wirst sie finden!

Was könnte dich daran hindern, eine Lösung zu finden?
Fragen, die du dir dazu stellen kannst:
A) Verdienst du eine Pause?

B) Darf man die Kinder aus "egoistischen" Gründen einfach jemand anderem überlassen?

C) Verstehen andere meine KINDER des LICHTS?

D) Mit welchen negativen Beeinflussungen kommen die Kinder nach Hause?

E) Was machst du mit der dir zur Verfügung stehenden Zeit? Was machst du, wenn es in deinen eigenen vier Wänden plötzlich für ein paar Stunden ruhig ist?

Meine Antworten darauf wären:
A) JA, natürlich! Die Nächte reichen schon lange nicht mehr aus, um dich zu regenerieren. Die Zeit der Regeneration sollte wie ein Juwel, ein kostbares Geschenk für dich sein. Wie lange ist es her, seit

du das letzte Mal einen Moment nur für dich alleine hattest? Wann hat sich jemand nur mit dir beschäftigt, sich um dein Wohlergehen gekümmert und dich liebevoll umsorgt? Wochen, Monate, Jahre könnten seit dem letzten Mal vergangen sein...

B) Sind es wirklich egoistische Gründe? Ich mache einen großen Unterschied zwischen einem egoistischen Verhalten und den Bedürfnissen von Körper und Geist.

C) JA, es gibt Menschen, die dein KIND des LICHTS verstehen. Menschen, die in einer ähnlichen Situation sind wie du, gibt es mehr, als du denkst. Wenn KINDER des LICHTS einander finden, entsteht zudem etwas Besonderes: Zwei "Lichtquellen" haben sich gefunden. Das ist sehr interessant zu beobachten. Die Kinder respektieren sich, haben einen Draht zueinander und verhalten sind auch toleranter.

D) Die Kinder mögen am Abend noch so "fremdgeladen" nach Hause kommen – es macht dir weniger aus, denn du begegnest ihnen ausgeruht und aus deiner Mitte heraus. Du kannst nun mit erstaunlicher Leichtigkeit mit den Herausforderungen umgehen, und die Kinder akzeptieren deine Führung, weil es in Liebe geschieht. Und nachdem die Kinder schlafen, fängt der Abend erst an, denn du hast endlich wieder einmal genügend Energie, um eine Nacht lang bei Kerzenlicht zu feiern.

E) Gönne dir eine Massage in einem Hotel, das über eine gute Infrastruktur verfügt, und in dem eine ruhige Atmosphäre herrscht. Gibt es ein Kurzentrum oder Solebad in deiner Region? Dorthin oder in ein Hotel zu fahren lohnt sich. Denn wenn ich für eine Massage in die Stadt fahre, ist die Gefahr groß, dass ich gleichzeitig noch dies und das erledigen will. Doch auch zu Hause, in den eigenen vier Wänden, kannst du dich zurückziehen an deinen heiligen Platz. Gönne dir ein Vollbad mit Meersalz, zünde Kerzen an, genieße dazu einen Kräutertee oder einen frisch gepressten Saft. Meditiere danach ausgiebig, und lasse dich anschließend in einen tiefen Heilungsschlaf fallen. Du kannst natürlich auch in die Natur gehen und mit Pflanzen und Bäumen sprechen. Wähle einen Baum aus, der dich besonders anspricht, und baue eine Beziehung zu ihm auf. Erzähle ihm, was dich beschäftigt. Entleere dein Herz.

Öffne dein Herz für dich – jetzt – atme tief ein, und lasse alle Hindernisse los.

Ist es ein Wunder, dass wir uns nicht für uns "selbst" entscheiden, wenn zum Beispiel Selbstzentriertheit mit Egoismus zu tun haben soll? Dazu kommen noch die persönlichen Programmierungen aus unserer Kindheit usw. Steht nicht in einem der berühmtesten Bücher der Welt: Liebe deinen Nächsten wie dich selbst? Wie oft setzen wir nur den ersten Teil dieses Satzes um...

ÜBUNG: Empfangen von Selbstliebe

Als deine persönliche Begleiterin verschreibe ich dir folgendes Rezept mit Liebe:

1x pro Woche 4 Stunden Pause.

Öffne dein Herz für dich und deine Familie – mache ab und zu eine Pause.

SOS-PINNWAND

Was kann ich ändern?

_____
_____
_____
_____
_____

Wie kann ich es umsetzen?

_____
_____
_____
_____
_____

Meine Intention, um die Beziehung zwischen mir
und _____ zu verbessern.

_____
_____
_____

Kapitel 3

KINDER des LICHTS
erfolgreich unterstützen, begleiten und führen

*"Heiterkeit und Freudigkeit
sind der Himmel, unter
dem alles gedeiht"*

Jean Paul

Aufruf

Du als Vater/Mutter und Begleitende von
KINDERN des LICHTS
bist aufgerufen, ihnen diese Welt vorzustellen:

Zeige ihnen diese Welt,
in die sie gewählt haben hineingeboren zu werden.

Zeige ihnen die Welt,
wie du sie siehst,
mit deinen Wahrnehmungen und Empfindungen.

Zeige ihnen die Welt,
in der es scheinbar nicht genug für alle gibt.
Zeige ihnen die Welt, in der es Hass und Kriege gibt.

Zeige ihnen die Welt,
in der das soziale, ethische und ökologische System
den "Null-Punkt" erreicht hat.

Zeige ihnen die Welt
der Gesetze und Strukturen,
die uns seit Jahrhunderten beherrschen.

Zeige ihnen die Welt,
in der die Macht zur Ohnmacht wurde.

Zeige ihnen die Welt,
in der die "Liebe" zur Bedingung wurde
– und sie zeigen dir, der Familie, dem Staat und der Welt
die allumfassenden Lösungen der LOVING-WISDOM.

Öffne dich den KINDERN des LICHTS

Die enorme Energie, die die KINDER des LICHTS ausstrahlen und die ich im vorigen Kapitel mit 220 Volt beschrieben habe, entspricht dem LOVING-WISDOM. Diese LIEBE hat eine solche Intensität, dass sie alles erleuchtet, was nicht dieser Frequenz entspricht. Es ist die Liebe, die Hand, Kopf, Herz und Bauch verbindet. LOVING-WISDOM verbindet Aktivität mit Inspiration, Intuition mit Weisheit.

Der einfachste Zugang zu LOVING-WISDOM ist über KINDER des LICHTS, die es ausstrahlen. Für dein Kind entsteht dadurch eine Brücke, die euch miteinander verbindet. Diese Brücke ist gebaut aus Pflastersteinen wie:

- Verständnis
- Akzeptanz
- Unterstützung
- Vergebung

- Loslassen
- Vertrauen
- Freundschaft
- gemeinsamen Visionen

Mit der Zeit wirst du fähig sein, diese Brücke innerhalb von Minuten aufzubauen, und später kannst du diese Frequenz selbst halten und leben. Dadurch werden immer weniger "Minen explodieren"... Du gleichst dich damit den KINDERN des LICHTS an. Es ist ein Gefühl von

- Einssein
- innerer Verbindung
- Innigkeit
- tiefer Glückseligkeit

- nie da gewesener Zufriedenheit
- Stille
- Frieden
- wahrer Freiheit

KINDER des LICHTS unterstützen

Wie kannst du die besonderen sensitiven Veranlagungen der KINDER des LICHTS besser verstehen und entdecken?

Wir alle haben besondere sensitive Veranlagungen, doch die meisten haben die Türen zu diesen Kanälen in der frühen Kindheit geschlossen, weil niemand da war, der sie verstehen konnte. Heute, Jahre oder sogar Jahrzehnte später, sind wir aufgefordert, diese Fähigkeiten mit einer ganzen Generation von KINDERN des LICHTS wieder in uns zu entdecken und anzuerkennen.

Oft sind KINDER des LICHTS sehr intuitiv, feinfühlig, hellhörig und/ oder hellsichtig. Sie haben ein regelrechtes Radarsystem, das Energien "abtastet" in Menschen, Tieren und jeglicher Form von Materie. Diese Art der Wahrnehmung kann in folgende Kanäle aufgeteilt und beschrieben werden:

- Der visuelle Kanal – Hellsichtigkeit (Visionen mit Bildern wie in einem Film).

- Der auditive Kanal – Hellhörigkeit (Töne, Stimmen ohne sichtbare Quelle hören).

- Der kinästhetische Kanal – Hellfühligkeit (z. B. das Gefühl, an der Hand geführt zu werden; zarte Berührungen mit einem Gefühl des Wohlbehagens, der Glückseligkeit; über den Tastsinn Informationen erhalten; ein Frösteln, das durch den Körper geht oder Ähnliches).
- Der Kanal des Wissens – entsteht im Inneren und ist oft nicht erklärbar. Es gibt hier keine Bilder, Gefühle oder Stimmen, sondern man "weiß" etwas einfach. Es ist viel Vertrauen nötig, um dieser Führung zu folgen, da sie über unsere rein physische Wahrnehmung hinausgeht.
- Der Kanal des Geschmacks (gustatorisch) und des Geruchs (olfaktorisch), die oft miteinander verbunden sind, lassen einen einen bestimmten Geschmack oder Geruch erkennen, um die erhaltenen Informationen zu bestätigen, so nimmt beispielsweise der Speichel eine bestimmte Konsistenz und einen bestimmten Geschmack an. Oder es ist möglich, dass man plötzlich einen wohlriechenden Duft von Rosen oder Lilien wahrnimmt, der auf die Anwesenheit eines Engelwesens hindeutet.

Die KINDER des LICHTS sind mit den feinen Wahrnehmungsfähigkeiten geboren und werden diese auch ihr Leben lang behalten. Haben sie sich eine Familie ausgesucht, die diesen Fähigkeiten keine Bedeutung beimisst, dann werden sie auf ihrem Weg Menschen begegnen, die sie darauf aufmerksam machen, dass dieses Geschenk in ihnen steckt.

Wenn ein Kind dir mitteilt, dass es Wahrnehmungen hat, zu denen es "normalerweise" keinen Zugang hat, kannst du es fragen:
- Von woher hast du diese Informationen erhalten?
- Siehst du Bilder, einen Film oder ist es wie ein Tagtraum, eine Vision, was du siehst?
- Hörst du Stimmen, als ob jemand dir etwas erzählen würde?
- Fühlst du, dass jemand bei dir ist?
- Siehst du Bilder, und hörst du gleichzeitig auch Stimmen?
- Weißt du aus deinem Bauch heraus, dass es so ist?
- Wie weißt du, dass du dem vertrauen kannst?

Diese und andere Fragen kannst du deinem Kind ab und zu stellen. So erkennst du mit der Zeit seine Fähigkeiten und kannst sie entsprechend fördern.

Oft begegne ich diesen Kindern und beginne mit ihnen, über die Welt zu philosophieren. Da sprudelt es dann nur so aus ihnen heraus. Ich kann mich noch gut an eine Begebenheit erinnern, die ich vor Jahren erlebte. Damals glaubten noch alle, ich sehe kleine Supermonster in den Kids. Es war also am Abendtisch bei Freunden, und der Vater erzählte, als sein Lieblingsonkel gestorben sei hätte er, bevor er überhaupt am nächsten Tag die Nachricht bekommen hat, gespürt, dass dieser ihn in der Nacht besucht hatte. Ich sagte, dass dies gut möglich sei, da wir eben mit den Menschen auf eine Art verbunden sind, die wir in der physischen Welt nicht wahrnehmen können. Dies veranlasste den 4- bis 5-jährigen Sohn, der uns aufmerksam zuhörte, dazu, seine Sicht der Dinge darzulegen, und er begann von den himmlischen Hierarchien zu sprechen. Die Eltern des Jungen kamen aus dem Staunen nicht mehr heraus. Joy klinkte sich ein, und so führten die beiden Kinder über mehrere Minuten das Tischgespräch. "Es war damals wirklich schon fast unheimlich, mit welcher Genauigkeit Sergio und auch Joy über die verschiedenen Stufen und Häuser im Himmel gesprochen haben!", sagte der Vater in einem späteren Gespräch.

Was kannst du also konkret tun?

- Meditieren bzw. den Punkt des Lichts in der Mitte finden. Dort ist die Klarheit.

- KINDER des LICHTS mit anderen KINDERN des LICHTS zusammenbringen.

- Ihnen die "andere" Welt zeigen: durch Bilder und Menschen, die Zugang zu den verschiedenen Kanälen haben.

- Du kannst eigene Erfahrungen sammeln.

- Das, was wir nicht sehen, fühlen oder wahrnehmen, trotzdem als gegeben hinnehmen und in den Alltag einfließen lassen.

Ursprünglich wurde NLP (Neuro-Linguistisches Programmieren) für therapeutische Zwecke entwickelt. Bald stellte sich jedoch heraus, dass mit NLP ein Instrument für die gesamte zwischenmenschliche Kommunikation geschaffen wurde.

Jeder Mensch kommuniziert, sendet und empfängt verbale sowie nonverbale Signale. Diese haben ihren Ursprung im subjektiven Erleben und den Wahrnehmungsprozessen, mit denen der Einzelne sich selbst und seine Umwelt aufnimmt, deutet und gestaltet.

Bestehende festgefahrene Verhaltens- und Wahrnehmungsmuster lassen sich mit NLP analysieren und neuen Situationen anpassen. NLP erweitert somit die Wahrnehmungsfähigkeiten über unsere fünf Sinne und ist außerdem ein Instrument für Veränderungen, die zu persönlichem Wachstum führen.

NLP ermöglicht verblüffende Erfolge, denn die Augen lügen nicht... Die NLP-Entdecker erkannten einen Zusammenhang zwischen den Augenbewegungen und den Erinnerungen oder Vorstellungen. Augenbewegungen aktivieren unsere Hirnhälften und ermöglichen den Zugang zu den dort gespeicherten Daten. So rufen vom Gegenüber aus gesehene

- Bewegungen nach links konstruierte Bilder ab,

- Bewegungen nach rechts rufen gespeicherte Bilder ab.

Bei Linkshändern und umtrainierten Rechtshändern ist es meist umgekehrt.

Ein Beispiel hierzu: Wenn sich ein Mensch visuell an ein Ereignis erinnert (welche Farbe hatte das erste Fahrrad oder Auto?), wird er nach oben rechts blicken. Müsste er aber ein Bild erfinden (wie würde dein erstes Fahrrad oder Auto mit rosa Punkten aussehen?), würden seine Augen nach oben links zeigen.

Die Augenmuster werden benutzt, um die Qualität der Kommunikation zu erhöhen. Man kann so tiefer auf Menschen und insbesondere Kinder eingehen; der andere fühlt sich besser verstanden.

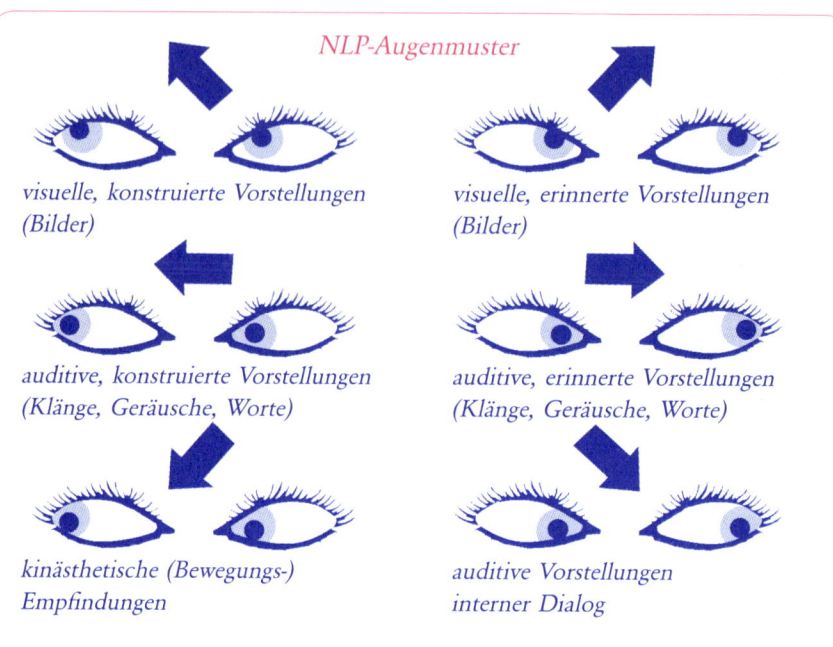

NLP-Augenmuster

visuelle, konstruierte Vorstellungen
(Bilder)

visuelle, erinnerte Vorstellungen
(Bilder)

auditive, konstruierte Vorstellungen
(Klänge, Geräusche, Worte)

auditive, erinnerte Vorstellungen
(Klänge, Geräusche, Worte)

kinästhetische (Bewegungs-)
Empfindungen

auditive Vorstellungen
interner Dialog

Augen lügen nicht: Die Augenbewegungen verraten, welche Art von Informationen aufgerufen werden. Erinnert sich jemand an einen visuellen Eindruck, also ein Bild, bewegen sich seine Augen nach rechts. »Erfindet« jemand ein Geräusch, wandern sie nach links, führt jemand einen internen Dialog mit sich selbst, bewegen sich die Augen nach unten rechts. Daran kann ein Therapeut »ablesen«, ob der Klient einen Eindruck neu erfindet oder aus dem Gedächtnis abruft.

    Der Mensch nimmt sich selbst und seine Umwelt durch seine fünf Sinne wahr: visuell, auditiv, kinästhetisch, olfaktorisch und gustatorisch. Diese Wahrnehmungen werden vom Gehirn gespeichert und verarbeitet. Ein solcher Prozess vollzieht sich neurologisch mit Hilfe linguistischer Prozesse, die sowohl sprachlich als auch in Form von inneren Bildern organisiert sind. Derart entstandene kognitive Strategien können andererseits von denselben Prozessen beeinflusst und/oder verändert werden.

Beobachtung:

Die Hauptsinneswahrnehmungen laufen über das

- Sehen (visuell) – die Augen bewegen sich nach oben rechts oder links.
- Hören (auditiv) – die Augen bewegen sich in waagrechter Linie nach rechts oder links.
- Fühlen (kinästhetisch) – die Augen bewegen sich nach unten rechts.

Umsetzung: Indem ich weiß, welches Augenmuster das Kind hat, kann ich gezielt auf sein System eingehen und dementsprechend die Wörter wählen, die es versteht. Visuell eingestellte Menschen denken so überwiegend in Bildern, Farben und Formen, deine Sprache sollte daher farbenreich und detailliert sein. Auditive hören dagegen noch die Sätze, Stimmen und Geräusche. Kinästheten dagegen können sich in eine Stimmung einfühlen. Wenn du nun weißt, was die favorisierte Wahrnehmungsart deines Kindes ist, kannst du besser mit ihm kommunizieren, indem du mit ihm in seiner "Sprache" sprichst. Dem visuell veranlagten Kind erklärst du alles in Bilder, dem auditiven erzählst du ausführlich und kurzweilig, und dem Kinästheten machst du deine Lage anschaulich und deutlich.

(Quelle: NLP-Trainer-Akademie, http://www.nlp-trainerakademie.de/s/modelle.htm, gefunden am 12.06.2007)

Die folgende Tabelle zeigt dir, wie du den jeweiligen Typen am besten begegnest:

Deine Botschaft	Formulierung für Visuelle	Formulierung für Auditive	Formulierung für Kinästheten
Ich verstehe dich.	Ich sehe deinen Standpunkt.	Ich höre dich.	Deine Worte berühren mich.
Ich möchte dir etwas sagen.	Ich bitte dich, dir das anzuschauen.	Ich bitte dich, mir zuzuhören.	Ich bitte dich anzunehmen, was ich dir mitteile.

Deine Botschaft	Formulierung für Visuelle	Formulierung für Auditive	Formulierung für Kinästheten
Verstehst du, was ich dir versuche mitzuteilen?	Kannst du die Idee klar sehen/erkennen?	Klingt dies in dir nach?	Erreicht dich die Idee? Wie fühlt sich das an für dich? Bewegt dich das?
Ich weiß, dass dies wahr ist.	Ich weiß, dass dies wahr ist, ohne den Schatten eines Zweifels.	Das stimmt, Wort für Wort.	Man kann es felsenfest glauben.
Ich bin nicht sicher.	Das ist für mich nicht ganz klar.	Das sagt mir nichts Genaues.	Ich kann dir nicht ganz folgen.
Das gefällt mir nicht.	Ich sehe das nicht gerne.	Das klingt unangenehm.	Ich habe das ungute Gefühl, dass du in eine Sackgasse läufst.
Es ist gut so.	Deine Vorstellungen kann ich nachvollziehen. Deine Argumente leuchten mir ein.	Ich stimme mit dir überein.	Ich bin damit zufrieden.

KINDER des LICHTS begleiten

KINDER des LICHTS haben ein sehr großes Selbstvertrauen und Selbstwertgefühl

Von klein an verhalten sie sich auf eine Art und Weise, die ausdrückt, dass sie mit vielen Dingen vertraut sind. – Vertraue auch du! Geh davon aus, dass die KINDER des LICHTS es tatsächlich "wissen" und "alles können". Sie sind starke Persönlichkeiten und tragen eine große Aufgabe in ihren Herzen. Werden wir doch einfach ihre Coaches und liebevollen Führer. Grundsätzlich wollen Eltern nur das Beste für ihre Kinder – aus ihrer Sichtweise. Es ist aber an der Zeit, unser Denken und Verhalten zu verändern – und uns auf diese besonderen Kinder wirklich einzulassen.

Wenn du also mal wieder den Satz hörst: "Das kenne ich", oder: "Das kann ich schon selber machen", dann mache dir einfach bewusst, dass sie die Fähigkeit noch nicht entwickelt haben, die richtigen Worte für dieses "Vertrautsein" zu finden und sich entsprechend zu verhalten. Fragst du nach oder bittest du sie, das Gesagte zu wiederholen oder auszuführen, sagen sie nur: "Ich habe dir ja gesagt, dass ich es weiß und dass ich es kann." In einer solchen Situation ist es das Beste, die Dinge stehen zu lassen, wie sie sind. Später ergibt sich fast immer die Möglichkeit, in einem anderen Kontext darauf zurückzukommen. Ich habe die Erfahrung gemacht, dass diese Kinder tatsächlich "wissen" und einfach große Seelen in einem kleinen, wachsenden Körper sind. Ich habe dadurch gelernt, sie zu fördern, statt ihnen zu zeigen oder zu beweisen, dass sie es nicht können oder sich nicht den Erwartungen der Umwelt entsprechend verhalten. Drehe also den Spieß um – und vertraue. Beginne von heute an, dein KIND des LICHTS zu coachen, und lass das "Erziehen" sein. Damit meine ich, dass die Zeit vorbei ist, Kinder zu erziehen. Das Wort "erziehen" erweckt in mir folgendes Bild: Wir pflanzen eine Bohne in den Garten. Von klein an lenken wir ihr Wachstum und ziehen sie in die gewünschte Richtung. Wenn sie groß genug ist, binden wir sie an einer Bohnenstange fest, damit sie nach oben, dem Himmel entgegen wachsen kann. Wissen wir denn, welches die "richtige" Richtung für den Entwicklungsweg unserer Kinder ist? Können wir ihnen nicht nur den Weg aufzeigen, den wir selber gegangen sind? Wollen wir nicht oft mit viel Kraft vermeiden, dass sie die gleichen Fehler machen wie wir? Es gibt eine Aussage, die viel Wahrheit in sich birgt: Was du versuchst zu vermeiden, ziehst du an. Wie gut ist dieser alte also Weg wirklich? KINDER des LICHTS können und dürfen wir nicht mehr in diese Richtung ziehen. Sie sind nicht mehr bereit, in unsere Fußstapfen zu treten. Sie sind starke

Persönlichkeiten und tragen, wie gesagt, eine große Aufgabe in ihren Herzen. Werden wir doch besser ihre liebevollen Coaches.

Hierzu habe ich die Übung "Time in" angefügt, die ich weiter unten genauer ausführe. Sie richtet den Fokus auf das positive Verhalten des Kindes statt auf das "unerwünschte" Verhalten. Durch "Time in" entsteht eine Balance zwischen Loben und unserer Angewohnheit, dem Negativen mehr Aufmerksamkeit zu geben, denn wir vergessen oft, das Kind zu loben. Auch in ganz alltäglichen und selbstverständlichen Begebenheiten, die nicht unbedingt außerordentlich lobenswert, sondern einfach o.k. sind, ist es aber wichtig, den Kindern eine aufbauende Rückmeldung zu geben.

Vermeide dagegen Aussagen mit Negationen! Folgende beispielhafte Aussagen führen meist zu einer gegensätzlichen Reaktion:
- Schlage die Türe nicht zu!
- Falle nicht herunter!
- Lass das Glas nicht fallen!
- Gehe nicht zum Nachbarn!
- Achtung heiß, nicht anfassen!
- Bitte berühre es nicht!

Das Wort "nicht" wird in unserem Unterbewusstsein mit *keinem* Bild assoziiert. Zum Beispiel: Denke jetzt nicht an den Eiffelturm in Paris – und schon hast du auf deine innere Leinwand ungewollt das Bild des Eiffelturms projiziert. Genau dasselbe geschieht mit den obigen Aussagen. Zum Beispiel: "Schlage die Türe *nicht* zu!" Das Wort *nicht* wird vom Unterbewusstsein gestrichen, und die Aussage lautet dann wie folgt: "Schlage die Türe zu!" Das Ganze wird durch den Ausruf, den Ton und die Stimme noch verstärkt. Das Resultat ist dann genau das Gegenteil von dem, was wir uns wünschten. Wie oft hast du dich schon über solche Situationen geärgert? Und dann sind wir erst noch böse auf das Verhalten des Kindes und bestrafen es möglicherweise dafür... Der Erfolg bleibt bis zu dem Zeitpunkt aus, an dem das Kind gelernt hat, die Erfahrung mit den negativen

Auswirkungen zu verbinden. Es ist aber viel einfacher, unsere Sprache so zu verändern, dass wir zielgerichtete Aussagen formulieren.

Aussagen mit zielgerichteten Formulierungen sind:
- Schließe die Türe leise!

- Bleib oben!

- Halte das Glas fest!

- Bleibe zu Hause! Meide den Nachbarn!

- Es ist heiß, du kannst dich verbrennen!

- Lass es bei deinem Bruder!

Zusätzlich zu den direkten, positiven Anweisungen soll eine Erklärung folgen, damit das Kind diese verstehen kann und dadurch die Vorgabe akzeptiert. KINDER des LICHTS wollen nämlich immer verstehen, *warum* und *wieso* etwas von ihnen verlangt wird. Sich dieser Tatsache bewusst zu sein und im Alltag umzusetzen, bringt eine wesentliche Erleichterung im Zusammenleben.

ÜBUNG: Das "Time in"-Konzept. *Lobe, was du sehen willst*

Mit dieser Übung hast du sehr große Chancen, das Resultat zu erhalten, das für alle das beste ist.

Nimm dir Zeit, und unterstreiche die Worte in der untenstehenden Liste, die du selbst oft gebrauchst. Kreise zusätzlich 5 bis 10 für dich neue Aussagen ein, die du ab heute verwenden willst. Schreibe sie auf eine Karte, und hänge diese entweder an einen Ort, an dem du sie häufig am Tag siehst, wie z. B. an den Kühlschrank. Halte beim Vorbeigehen dann immer einen Moment lang inne, und lies die Aussagen, Tag für Tag, bis du sie wirklich verinnerlicht hast.

Frage anschließend die KINDER des LICHTS, wie sie gelobt werden möchten. Jedes Kind hat seine eigenen Vorlieben, und die Wahrscheinlichkeit ist groß, dass die Kinder in einer Familie unterschiedlich auf Lob und Anerkennung ansprechen. Gehe die Liste mit jedem Kind durch, und erfahre so seine Lieblingslobwörter.

Lobe, was du sehen willst:
 1. Du leistest wirklich gute Arbeit!
 2. Du hast heute viel gearbeitet!
 3. Jetzt hast du es herausgefunden!
 4. Genau so!
 5. Du machst es gut!
 6. Du hast es geschafft!
 7. Sehr gut!
 8. Dieses Mal hast du es geschafft!
 9. Super!
10. Super gut!
11. Hervorragend!
12. Wie hast du das gemacht?
13. Prima!
14. Erstklassig!
15. Fabelhaft!
16. Ausgezeichnet!
17. Prächtig!
18. Großartig!
19. Du hast dich selbst übertroffen!
20. Gute Arbeit!
21. Gute Leistung!
22. Das Beste, was ich von dir je gesehen habe!
23. Sehr schön!
24. Wow!
25. Gute Überlegung!
26. Genau richtig!

27. Super!

28. Jeden Tag geht es besser!

29. Wunderbar!

30. Wie durch ein Wunder hast du es geschafft!

31. Du bist die Beste/der Beste!

32. Du bist sehr gut darin!

33. Du hast es heute sehr gut gemacht!

34. Ich bin stolz auf dich!

35. Du lernst so schnell!

36. Dies ist besser als je zuvor!

37. Genug!

38. Fertig!

39. Schnell hast du die Lösung gefunden!

40. Du hast dich erinnert!

41. Du machst es besser denn je!

42. Jetzt kannst du es!

43. Gute Arbeit!

44. Das mag ich!

45. Ich könnte es nicht besser!

46. Gratuliere!

47. Sensationell!

48. Du hast viel geübt!

49. Du kannst stolz auf dich sein.

Unterstützen:

1. Weiter so!

2. Du bist auf dem richtigen Weg. Weiter so!

3. Du schaffst es!

4. So ist es gut!

5. Ja, jetzt wird es gut!

6. Es scheint leicht zu gehen!

7. Du setzt dich wirklich ein!

8. Heute geht es schon viel besser!
9. Fast hast du es geschafft!
10. Genau so geht es!
11. Nochmal – und du hast es geschafft!
12. Nimm nochmal einen Anlauf!
13. Jetzt kann dich nichts mehr aufhalten!
14. Du lernst so viel!
15. Gute Verbesserung!

Wir vergessen oft, das Kind zu loben. Doch auch in ganz alltäglichen und selbstverständlichen Begebenheiten, die nicht unbedingt außerordentlich lobenswert, sondern einfach o.k. sind, können wir es uns angewöhnen. Dr. Edward Christophersen schrieb ein Buch (*Little People: Guidelines for Common Sense Child Rearing* (1988)) zu diesem Thema, in dem er bemerkt, dass im Gegensatz zu der Zurechtweisung und Disziplinierung von unerwünschten Verhaltensweisen in seinem Modell darauf geachtet wird, dass das Kind bei einer Handlung "ertappt" und ermutigt wird, auch wenn diese nur "normal" und/oder "neutral" ist.

Er hat hierzu das folgende Drei-Punkte-System entwickelt:

1. Bleibe in der Nähe des Kindes, damit du das "Time in"-Konzept anwenden kannst.

2. Berühre das Kind 1 bis 2 Sekunden lang leicht am Rücken oder an der Schulter, während es sich "normal" (individuell, dem Kind entsprechend) benimmt.
   Dies sollte 50 bis 100-mal am Tag geschehen. (Sofern du das Kind den ganzen Tag betreust.)

3. "Ertappe" und ermutige das Kind, wenn es ruhig und alleine am Spielen ist. Gehe zu ihm, berühre es, ohne dass seine Aktivität un-

terbrochen wird. Dieser Prozess hilft den Eltern, Lehrenden und dem Kind, mehr "gute" Aufmerksamkeit zu geben.

KINDER des LICHTS erhalten auf Grund ihrer besonderen Verhaltensweisen über Wochen, Monate und Jahre oftmals nur noch negative Feedbacks. Ihr "Anderssein" stempelt sie zum Außenseiter ab, und sie fühlen sich dadurch bestraft.

Mit dem "Time in" Konzept hast du definitiv eine Möglichkeit, das im Minus liegende Konto abzubauen und ein Konto im Plus aufzubauen – ein Konto, bei dem Liebe und Berührung wieder zur Tagesordnung gehören.

Lob ist der Schlüssel, die Geheimsprache zum Erfolg. Fördere das Selbstvertrauen der Kinder. Unterstütze sie, ohne dass sie es bemerken. So schaffen sie es! Durch Lob und Anerkennung erhält das KIND des LICHTS die Bestätigung, dass es sich in den gesetzten Rahmenbedingungen bewegt und sich sicher und gut fühlen kann. Anerkennung trägt die Magie des Gelingens in sich...

Lass auch deine Vorstellung los, dass sich dein Kind an die Normen und Formen anpassen soll. Fördere stattdessen seine Individualität. Dein KIND des LICHTS hat ganz besondere Begabungen, die in dieser Kombination einzigartig sind, genauso wie jeder Fingerabdruck einmalig ist. Werde einfach ein Meister im Fördern deines KINDES des LICHTS...

Dazu ist allerdings etwas Zeit und natürlich Geduld nötig, möglicherweise auch ein Rückzug in die "Einsamkeit". Es ist wichtig, dass das Kind lernt, sich selbst zu beschäftigen, z. B für sich alleine zu spielen, selber ein Buch zu lesen und die Geschichte danach zu erzählen, eine eigene Geschichte zu erfinden usw.

Spielen ist wichtig – in jedem Alter

Das KIND des LICHTS "muss" wieder lernen, zu spielen, seiner Fantasie, den Geschichten und der inneren Gefühlswelt nachzugeben. Für ein KIND des LICHTS sollte jeden Tag möglichst viel Zeit zum Spielen eingeplant werden, denn das hat einen großen Einfluss auf die Entwicklung des Kindes.

- Für die physische Entwicklung:
  rennen, hüpfen, springen, klettern, werfen, rutschen, schwimmen usw.

- Für die sensomotorische Entwicklung:
  basteln, bauen, kochen, musizieren usw.

- Für die symbolische Entwicklung:
  fantasieren, vortäuschen, kreieren, träumen, reimen usw.

Rita Kirsch Deboritner und Avery Hart empfehlen weitere Aktivitäten, die die Sinnesintegration fördern: Seifenblasen blasen, an den Armen hängen, das Stoßen, Ziehen und Herumtragen von verschiedenen Objekten, die Knie zu den Armen bringen, kriechen, mit dem Ball spielen, Frisbee spielen, rutschen, schwingen, kauen und mit den Zähnen knirschen (fördert die Wachsamkeit), Flüssigkeit durch ein Röhrchen ziehen (für ein älteres Kind Pudding, Smoothies), Lieblingsstoffarten auswählen, kauen während des Anziehens... Alle diese Aktivitäten fördern die Gesundheit, das soziale Verhalten und das Erkennen von den Gesetzen der Natur. Spielen ist eine der wichtigsten Aktivitäten überhaupt, unabhängig davon, welcher Altersgruppe dein Kind angehört. Denn durch das Spielen können sich die Kinder wieder näher kommen, um ihre Begabungen zu entfalten... Sie können diese nur dann der Welt geben, wenn sie dein Verständnis und deine Unterstützung erhalten, bis sie ihre eigene Stärke entwickelt haben, um andere Menschen zu führen.

Sobald wir erwachsen sind und spätestens dann, wenn wir Kinder haben, sollten auch wir selbst wieder lernen, spielerischer, ungezwungener, freier zu sein und mehr im Moment zu leben. Denn was macht es für einen Sinn, unseren Kindern erst diese Geschenke zu rauben, und sie dann als "Erwachsene" wieder neu zu entwickeln. Wann hast du das letzte Mal gespielt? Wann hast du dich das letzte Mal so richtig "vergessen"? Wann hat das letzte Mal die Welt um dich herum "still gestanden"? Spielen ist eine unserer größten Tugenden...

Wann nimmst du dir das nächste Mal Zeit zum Spielen
- mit dir selber?
- mit deinem Partner?
- mit deinem KIND des LICHTS?

Bei einem Energieschub, der zu Hyperaktivität führt, ist es empfehlenswert, dieser Raum zu geben und sie ausleben zu lassen, z. B. durch Tanzen zu lauter Musik.

Daneben bedeutet Stress heute eine große Herausforderung für Groß und Klein. Welche Aktivitäten sind wirklich wichtig? Das KIND des LICHTS hat mehr davon, seine Zeit in der Natur zu verbringen, um sein System zu entladen.

Als Joy noch klein war, so etwa 2-4-jährig, beobachtete ich, dass sie jeweils so gegen 17:00 Uhr einen Energieschub bekam, den sie dann oft selber nicht kontrollieren konnte. Daraus sind dann teilweise die unmöglichsten Situationen entstanden. Wahrscheinlich war es eine Mischung aus Müdigkeit, einer Überdosis von Fremdenergien und eben diesem Energieschub. Ich entdeckte mit der Zeit, dass es am besten war, dieser Hyperaktivität Raum zu geben und sie diese ausleben zu lassen. Zu diesem Zweck machten wir laute Musik zum Tanzen an. Seit sie ca. 8 Jahre alt ist, will sie aber stattdessen lieber mit mir "kämpfen". Das tun wir dann auch, und es ist vielmehr ein Herumtollen und -rollen in ständigem Körperkontakt, von viel Lachen begleitet. Erst später spürte ich, dass sich dadurch unsere Bindung auf eine spielerische Weise sehr vertieft hat.

Weniger ist mehr: Welche Aktivitäten sind wirklich wichtig?

Welche Aktivitäten sind wirklich wichtig? Wie viel Stress muten wir unseren Kindern durch Aktivitäten nach der Schule zu? Wie viel Stress wird durch TV, Video, Video-Games und Internet aufgebaut? Das Kind sitzt, konsumiert nur und macht meistens kopflastige Arbeiten seit dem frühen Morgen. Und zu Hause geht es im ähnlichen Stil weiter...

Dem KIND des LICHTS geht es aber besser, wenn es seine freie Zeit in der Natur verbringen und so seine Fremdenergie entladen kann. Es kann im Park, im Wald, auf einer Wiese, am See, im Schwimmbad oder im Schnee seiner Energie freien Lauf lassen und sich nach Herzenslust austoben. Da gibt es niemanden, der sagt: "Psssst, leise, bitte still sitzen, konzentriere dich, sei artig usw." – Finde die versteckten Geschenke hinter den alltäglichen Situationen von Stress!

ÜBUNG: Persönliche "Tagesschau"

Wir haben für das "Zubettgehen" verschiedene Rituale entwickelt und eines davon ist die "Tagesschau": ein Rückblick auf die Geschehnisse des Tages. Wir setzen uns ans Bett, fassen die für uns wichtigsten Situationen und Begebenheiten zusammen und lassen so den vergangenen Tag nochmals Revue passieren. Mir als Mutter hilft es, die schwierigen Momente des Tages anzusprechen, mich vielleicht zu entschuldigen, wenn mir z. B. die Geduld fehlte. Und letztendlich hilft uns diese Rückschau auch, um aus den schönen, lustigen Geschichten Kraft zu schöpfen, denn mit einem Lachen oder Lächeln einzuschlafen ist doch so schön... Das Ziel der "Tagesschau" ist es, dass die Kinder sie selbst gestalten und so auf Situationen hinweisen, die für uns als Erwachsene unwichtig scheinen.

(Wie so vieles kam auch dieser Tipp von meiner Mutter-/Vaterberaterin. Besten Dank Therese Hofman-Maurer!)

"Sleep Talk"

Seit ich Mutter bin, wende ich diese einfache "Heim-Therapie" an. Wer von uns geht nicht noch einmal ins Kinderzimmer, bevor wir selber ins Bett gehen? Einfach, um einen letzten Gutenachtkuss zu geben, das Kind noch einmal gut zuzudecken und vielleicht um das Licht zu löschen... In diesem Moment sind wir wieder in tiefer Verbundenheit und Liebe zu unseren Kindern. Der Tag ist zu Ende und mit einem tiefen

Atemzug können wir das Geschehene loslassen – dadurch können wieder Frieden und Harmonie einkehren. Ein Blick auf das schlafende Kind lässt es uns als engelhaftes Wesen erscheinen. Dieser Anblick erfüllt uns mit Dankbarkeit.

ÜBUNG: *"Sleep Talk"*

Setze dich einen Moment auf den Rand des Bettes deines Kindes, und sprich mit sanfter Stimme:

- "ICH LIEBE DICH SEHR.
- Wir schaffen es.
- Du bist stark, intelligent, so kreativ und weißt so vieles.
- Ich bewundere dich und lerne jeden Tag von dir.
- Es ist nicht immer leicht für mich.
- Dein Licht und deine Liebe, die sind so neu, so anders für mich.
- Aber wir sind ein Team – wir schaffen es – ich liebe dich!"

Am Anfang mögen die Worte einem noch nicht so einfach über die Lippen kommen, aber das macht nichts. Deine Absicht und der Drang des Herzens, dich mit dem Kind zu verbinden, haben ihre Wirkung. Du kannst auch das Gebet, das dieses Buch eröffnet, vorlesen: *"Wir sind so froh, dass du gekommen bist..."* Oder auch nur einzelne Teile daraus. Mit der Zeit kommen dir ohnehin deine eigenen Gedanken zu dem, was du deinem Kind sagen könntest. Manchmal spreche ich auch einfach spezifische Situationen an, die sich tagsüber ereignet haben, damit sich dadurch die aufgestauten Energien lösen. Oft bringt sich Joy, nachdem ich so mit ihr gesprochen habe, mit einem tiefen Atemzug der Erleichterung in eine andere Schlafposition. Ein Segen für alle!

Einen Teil dieses Manuskripts schreibe ich in Tulum, Mexiko. An einem Platz, der uns die Möglichkeit bietet, das Paradies auf Erden zu leben. Seit mehr als drei Wochen bin ich hier mit Joy und Eva, einem wahren Engel, der spontan aus Deutschland zu uns geflogen kam. Wir sind hier umgeben von kristallklarem, türkisfarbenem Meer, einem endlosen weißen Pudersandstrand und schattenspendenden Kokosnusspalmen. Hier herrscht eine Ruhe, die nur durch das Geräusch der sich endlos brechenden Wellen des Meeres, des Morgengesangs der Vögel, das Bellen der Wachhunde und das Winseln der neugeborenen Hundebabys unterbrochen wird. Wir sind hier in jedem Moment erfüllt von der Schönheit der Natur. Dieser Reichtum berührte unsere Herzen vom ersten Atemzug an.

Wir sind weniger als 10 km von der Ruine des Maya-Palastes entfernt. Es ist die einzige Pyramide, die am Meer gebaut wurde – ein Monument, das uns nur erahnen lässt, auf welchem Platz der Vergangenheit wir hier leben. Die Menschen strahlen hier eine selbstverständliche Liebenswürdigkeit aus, und sie gewinnen unsere Sympathie mit einem vertrauenserweckenden Lächeln. Wir fühlen uns vom ersten Moment an "zu Hause". Wir leben in einer 6 x 6 Meter großen, der von Robinson ähnlichen Hütte direkt am Strand, ohne Strom oder warmes Wasser. Mit Glück haben wir am Morgen fließendes Wasser im improvisierten Badezimmer... Doch alles strahlt einen romantischen Charme aus: Die Hütte steht auf Holzpfosten inmitten von Palmen und tropischen Bäumen und Sträuchern. Wenn wir am Morgen die Holztüre öffnen, gleitet unser Blick zwischen den Palmen hindurch direkt aufs Meer. Ein Traum – der Himmel auf Erden – das lang versprochene Land.

Die Einfachheit des Lebens, die sich so unerwartet von einem Moment auf den anderen einstellte, brachte sowohl in mir als auch in Joy eine nie erahnte Veränderung mit sich, und die Verbundenheit, die wir mit der Natur erleben, spiegelt sich in unserer Beziehung wider. Joy hat während dieser ganzen Zeit kein einziges Mal nach irgendetwas von dem verlangt, was unsere moderne Zivilisation zu bieten hat – und sie lebt ihre besten Seiten. Wir ernähren uns von ausgereiften Früchten, unsere

Grundnahrungsmittel sind täglich Avocados, zu Guacamole verarbeitet sowie Tortillas und Nüsse. Joy lebt von morgens bis abends wie Jane und Tarzan zwischen Palmen, Strand und Meer, und auch Freundschaften zu den Nachbarskindern entstehen schnell.

Ich darf hier und jetzt etwas erleben und erfahren, das ich mir bisher nur in den schönsten Träumen ausmalen konnte. Es bestärkt meinen inneren Drang, Joy die Möglichkeit zu geben, in der Natur und mit ihren Gesetzmäßigkeiten aufzuwachsen. Abends, bei Kerzenlicht, fällt sie schon vor acht Uhr müde und überglücklich ins Bett; manchmal schläft sie sogar schon am Tisch ein. Sie steht morgens kurz nach Sonnenaufgang auf, um die Hunde zu füttern und am Strand ihren "Morgeninspektionsspaziergang" zu machen, und die drei bis vier Stunden "Homeschooling" und "Hausaufgaben machen" vergehen meistens wie im Flug.

Das Leben in der Einfachheit nimmt den täglichen Stress von fremdbestimmten, manipulierenden Energien weg, und die Kinder lernen die Grundstrukturen des Lebens auf eine viel intensivere Art kennen. Es ist wahrlich "die Schule des Lebens", der wir hier begegnen... Ich bin sicher, dass eine ähnliche Erfahrung auch mit Camping oder durch das Leben in einer Almhütte gemacht werden kann. Je länger der Aufenthalt, umso tief greifender ist die Veränderung. – Teste es doch auch einmal für deine Familie aus.

Der Glaube in mir, dass Joy in einer einfachen Umwelt ihre Qualitäten stärker entdecken und aufbauen kann, ist immer stärker geworden mit der Zeit. Im Sommer 1998 habe ich mich dann innerlich dazu entschieden, diesen Weg zu gehen. Joy und ich lebten schon immer ein sehr zurückgezogenes Leben in unserem "State of Joy" in Florida. Außer ihrem Sozialleben in der Schule pflegten wir kaum Umgang mit anderen Familien oder Nachbarn. Auch in ihrem heutigen Alter von 8 Jahren verbringt sie noch viel Zeit in ihrer eigenen Welt des Spielens. Meine Beobachtungen und Erfahrungen zeigen immer wieder, dass sie diese Ruhe braucht. Gibt es einmal Tage oder ein Wochenende, wo diese Ruhe, die ein wichtiger Bestandteil in ihrem Leben ist, fehlt, dann ist sie unruhig, gereizt und unkonzentriert. Ihre Batterien wurden dadurch entladen und mehr und mehr mit fremder Energie geladen. Es ist so, als ob sich die Batterie auf der einen Seite von der persönlichen Energie entladen würde und sie sich im gleichen Maß mit der Fremdenergie auflädt. Mit der Zeit und durch viele Beobachtungen habe ich gelernt, den Energiepegel ihres jeweiligen Zustandes abzulesen und im richtigen Moment den Riegel vorzuschieben, damit sie sich selber wieder finden und orientieren kann.

Auch aus Berichten anderer Mütter weiß ich, dass viele von ihnen den Weg zurück zu einem einfachen Leben wählen. Er ist einer der Wege, die am besten funktionieren. Dieser Monat hier in Mexiko ist ein Geschenk, nicht nur, um zu schreiben, sondern vielmehr um zu erleben, was für eine wichtige Erfahrung es für uns ist und welche Lebensqualität dieses einfache Leben bietet. Alle Familien, die auf diesem Weg zurück zur Einfachheit sind, bereichern ihr Leben und das Leben der KINDER des LICHTS in einer einzigartigen Weise.

Unter "Mut zur Einfachheit des Lebens" verstehe ich auch zum Beispiel:

- **Den Tagesablauf** dem Rhythmus der Natur anpassen.

  Während unserer Zeit im "Paradies" fiel Joy vor 20 Uhr müde ins Bett, ganz erfüllt und ruhig. Kurz nach Sonnenaufgang steht sie auf und geht ihren Morgenbeschäftigungen nach: am Strand spazieren, Hunde füttern, Hundebabys streicheln, Hausaufgaben erledigen.

  Ich war so erstaunt zu sehen, wie Joy dies ohne meine Aufforderung dazu vom ersten Tag an von sich aus lebte.

- **Die Ernährung** dem saisonalen Markt anpassen.

  Ich verwende hauptsächlich nur noch Nahrungsmittel, die dem Erntezyklus des Landes entsprechen, in dem wir uns aufhalten; besonders Rohkost spendet für alle sonnengeladene Energie und Kraft.

- **Das soziale Leben** auf die "Sippe" reduzieren.

In die Schule zu gehen ist für viele KINDER des LICHTS äußerst anstrengend – nicht in Bezug auf das, was zu lernen ist, sondern wegen der äußeren Umstände: Machtkämpfe, Unverständnis...

Joy ist ein Nachzügler und das einzige Kind von Heinz und mir. Somit wächst sie als so genanntes Einzelkind auf, und die Schule ist daher das wichtigste Netz für ihren sozialen Kontakt. Vor Jahren hat mir einmal jemand gesagt, dass die Schule den Schulstoff eigentlich im Nebenfach vermittle, und das Hauptfach sei die Interaktion mit anderen. Heute stimme ich dem mehr denn je zu. Was lernen die Kinder von ihren Mitschülern? Sind sie wirklich der Umgang, den wir uns wünschen? Wie viel Prozent von dem, was die Kinder von dem Schulstoff aufnehmen, ist lebenswichtig und was einfach nur ein Zeitfüller?

Als Mutter ziehe ich heute ein Leben in der Natur vor. Ich lehre Joy die Gesetze von Ursache und Wirkung sowie die Grundprinzipien des sozialen Zusammenlebens, damit sie die Normen und Formen des Lebens kennen lernt.

- **Die Weiterbildung** lebensnah gestalten.

Nimm dir viel Zeit, um für dein Kind das passende Schulsystem zu finden. Es gibt Länder, Bundesländer, Kantone etc., die mehr Alternativen anbieten als andere. Es lohnt sich, dem Frieden zuliebe alle neuen Möglichkeiten in Betracht zu ziehen.

- Den Reiz der **technischen Unterhaltung** reduzieren, doch dieser löst sich von selbst auf, wenn sich die Kinder zufrieden und glücklich in der Natur aufhalten können.

Beeinflussungen von Fernsehen, Computerspielen, Internet, Einkaufszentren etc. laden KINDER des LICHTS mit einer meist aggressiven, fremdgesteuerten Energie auf. Dies geschieht innerhalb weniger Minuten, und die Kinder verändern sich dementsprechend. Der Fernseher bleibt bei uns zu Hause unter der Woche ausgeschaltet. Am Wochenende sehen wir dann einen ausgewählten Videofilm, und manchmal schauen wir zusammen im Fernsehen einen Spielfilm oder einen Trickfilm an. Doch in der Einsamkeit war Fernsehen überhaupt kein Thema...

Die Natur zeigte uns immer wieder ihre Fülle. Dadurch bin ich sehr reich beschenkt worden, und meine inneren Werte und Wahrnehmungen haben sich verändert. In mir wuchs eine Kraft, durch die ich noch stärker den Drang verspürte, für KINDER des LICHTS und deren Begleitende einzustehen. Dieser Flecken Erde, den ich hier fand und auf dem ich mit Joy und ihrem Vater lebte und für ein paar Tage die Luft des Paradieses schnupperte, gibt mir das Vertrauen, dir und den KINDERN des LICHTS den Weg zu leuchten.

Ich bin sicher: KINDER des LICHTS haben für uns die Antworten und Strategien für die Welt von morgen.

KINDER des LICHTS führen

Kinder brauchen Prinzipien

Viele Kinder scheinen den Rahmen und die Prinzipien, die ihnen vermittelt werden, zu ignorieren. Sie tun dies nicht mit der Absicht, ihre Eltern und ihre Begleitpersonen zu ärgern, sondern – meistens – um sie auf die Probe zu stellen und zu wirklicher Klarheit zu drängen und herauszufordern. Denn oft ist es für ein Kind nicht genug, wenn ihm der gemeinsam festgelegte Rahmen von uns nur einmal aufgezeigt wird. Es will herausfinden, ob dieser auch wirklich etwas bedeutet. Es provoziert uns, um dies zu überprüfen.

Es ist wichtig, dass du gerechte und für das Kind nachvollziehbare Vereinbarungen triffst. Abmachungen, die auf lebendigen Prinzipien beruhen, die du ihm erklären kannst und die klar und deutlich formuliert sind: Vereinbarungen, die einen Sinn ergeben. Auf diese Art kann das Kind sie verstehen und akzeptieren. Der Rahmen gibt dem Kind Struktur, Halt und Sicherheit, denn Kinder wollen Klarheit. Nur so können sie mit der nötigen Sicherheit aufwachsen und sich voll entfalten. Schon die allerkleinsten Kinder testen auf bewusste und unbewusste Art aus, wo ihre Spiel- und Bewegungsgrenzen beginnen – und wo sie aufhören. Das Kind ist aber als unser Lehrer gekommen – und im Hinblick auf diese Tatsache können wir unangenehme Situationen viel leichter akzeptieren und sie als Lernerfahrungen annehmen. Kinder, im Besonderen KINDER des LICHTS, müssen aber auch ihren Platz "gezeigt" bekommen und auch lernen, ihn einzuhalten. Es ist wichtig, dass sie wissen, wer der "Leader" ist, damit sie sich in die gegebene Familienstruktur einfügen können. Dies bedeutet, dass es die Aufgabe des Vaters, der Mutter und der Begleitperson ist, dem Kind mit liebevoller, warmherziger und einfühlsamer Art seinen Platz in der Familie zuzuweisen.

Die Kinder testen den gesetzten Rahmen aber immer wieder. Sie tun dies, um herauszufinden, ob die Prinzipien noch gelten, oder ob der Rahmen erweitert werden könnte. Dies gehört zum natürlichen Wachstumsprozess der Kinder. Begleitende von Kindern führen, wenn sie nachgeben, eine neue, unklare Situation herbei. Fortan bewegt sich das Kind auf "sumpfigem" Gebiet, denn Inkonsequenz bietet den Kindern keinen Halt. Es kann sich zwar nun "frei" bewegen, doch dieses "Sich-frei-Bewegen" kann die Sicherheit des Kindes gefährden. Beide, das Kind und die Begleitenden, haben dann verloren. Natürlich lebt das Kind dies nun bis zu dem Moment aus, wo ihm wieder ein Rahmen gesteckt wird, sei es der alte oder ein neuer. Der Rahmen ist dabei immer dem Alter und dem Verhalten des Kindes anzupassen. *Indem du selbst den gesetzten Rahmen achtest, kannst du dem Kind deine Fürsorge für ein dem Alter und Verhalten entsprechendes Aufwachsen bieten.*

Eines Tages erklärte ich meiner Tochter, die eine Meisterin darin ist, den vorgegebenen Rahmen zu testen und zu sprengen, wie sich eine natürliche Autorität verhält: "Ich bin für dich verantwortlich. Solange dies der Fall ist, werden Rahmen und Prinzipien eingehalten. Ich bin die MUTTER, und du bist das KIND. Ich wertschätze, respektiere und liebe dich sehr." – Verstehe und akzeptiere, dass dein Kind dich testet. Wichtig: Der Rahmen gibt dem Kind Struktur, Halt und Sicherheit.

Hierzu eignet sich besonders gut die Übung "Time out – übergib Verantwortung". Das "Time out"-Konzept richtet seinen Fokus auf das unerwünschte Verhalten, indem man das Kind für einige Minuten allein lässt, um über seine Handlung nachzudenken. Anschließend spricht man gemeinsam über seine Erkenntnisse. Dadurch lernt das Kind, Verantwortung für sein Verhalten zu übernehmen. "Time out" ist ein Werkzeug, das dem Kind Gelegenheit gibt, über seine Handlungen nachzudenken. Der Rahmen dazu ist genau definiert und basiert auf gegenseitigem Einvernehmen.

> ### *ÜBUNG: "Time out"-Konzept:*
> ### *Übergib Verantwortung*
>
> Das Time out Konzept richtet seinen Fokus auf das unerwünschte Verhalten des Kindes. Damit lernt das Kind, die Verantwortung für sein Verhalten zu übernehmen. "Time out" ist ein Werkzeug, das dem Kind Gelegenheit gibt, über seine Handlung nachzudenken. Der Rahmen dazu ist genau definiert und basiert auf gegenseitigem Einvernehmen.

Das folgende 6-Punkte-System gilt als Richtlinie:

1. Welcher Platz eignet sich?

Wähle einen Platz aus, an dem das Kind für einige Minuten allein sein kann – immer am selben Ort; dies kann auf einem Stuhl oder auf dem Fußboden (um sich zu erden) sein, z. B. ein Schaffell eignet sich dazu ausgezeichnet und wurde zu Joys "Time out"-Insel. Es ist ein Ankerplatz – genau so, wie wenn du immer wieder denselben Ort für dich zum Meditieren aufsuchst. Ein bestimmtes Muster, eingewoben in einen Teppich, erfüllt denselben Zweck, so wie auch ein bestimmtes Kissen oder Ähnliches.

2. Wie viel Zeit ist das richtige Maß?

Hier gilt folgende Faustregel: 1 Minute pro Altersjahr – bis maximal 12 Minuten, denn wenn das "Time out" länger dauert, empfinden es die Kinder als Bestrafung. Für KINDER des LICHTS können aber auch schon 5 Minuten die oberste Grenze sein.

Die angesagte Zeit, möglichst für jedes Kind immer dieselbe Zeitspanne, ist in jedem Fall einzuhalten.

3. Wie misst du die Zeit auf faire Weise?

Benutze dazu einen "Küchen-Timer" (Eieruhr), der nach abgelaufener Zeit klingelt, um beide Seiten wissen zu lassen, dass das "Time out" jetzt beendet ist.

4. Was geschieht während dieser Zeit?

Für das KIND: Es bekommt die Aufgabe, über seine Handlung nachzudenken. Dies geschieht in der STILLE. Sollte diese vom Kind unterbrochen werden, wird für jede Unterbrechung 1 Minute hinzugefügt, jedoch insgesamt nicht mehr als 5 Minuten. Anschließend wird das Kind aufgefordert, neue Verhaltensweisen vorzuschlagen, um nach dem "Time out" darüber diskutieren zu können. Schon sehr junge KINDER des LICHTS können dazu aufgefordert werden.

Für die ERWACHSENEN: Verhalte dich in jedem Fall während dieser Zeit der STILLE des Kindes ebenfalls ganz ruhig. Es werden oft folgende Fehler gemacht: Das Kind wird für sein Verhalten getadelt oder beschimpft; es wird ihm eine Strafpredigt und/oder Moralpredigt gehalten, die Leviten gelesen usw. Dies ist aber nicht nur ein sehr negatives Verhalten des Erwachsenen, sondern es nimmt auch die Kraft des "Time out" weg. Jede negative Aufmerksamkeit setzt eine unbewusste, psychologische Dynamik in Gang, die das Kind für das vorausgegangene Verhalten noch belohnt. Dabei lernt das Kind deine Verletzlichkeit kennen und hat somit ein perfektes Werkzeug, eine Waffe in der Hand, um deine "heißen" Knöpfe zu drücken. *SCHWEIGEN ist daher einmal mehr GOLD.*

5. Was geschieht bei Unterbrechungen?

Wenn das Kind beispielsweise bettelt, auf die Toilette zu dürfen, sage ihm, dass jedes Kind ein paar Minuten warten kann. Wenn dein Kind über Schmerzen klagt, dann werden diese vor oder nach dem "Time out" behandelt. Wenn es sich schlecht fühlt, es vom Bruder oder der Schwester gehänselt wird, dann achte darauf, dass alle Geschwister das "Time out" zu achten haben.

Es ist wichtig, dass im Voraus geklärt und beschlossen wurde, dass diese Art von Unterbrechungen während der gesamten Dauer des "Time out" nicht geduldet wird.

6. Was geschieht nach dem "Time out"?

Geh zum Kind, und nimm es in die Arme.

Die einzige Frage, die der Erwachsene in diesem Moment stellen soll, ist: Was war der Grund deines "Time out"? – Höre zu, und sage einfach o.k. – und das Kind kann dann gehen. Oder du hilfst ihm in einem möglichst kurzen Dialog, seine gewonnene Erkenntnis umzusetzen, *ohne* ihm eine "Predigt" zu halten.

Oft werden folgende Fehler gemacht:

- Das Kind wird gezwungen zu versprechen, dass dies nie wieder geschieht.

- Das Kind wird angewiesen, das negative Verhalten in einem Satz zu formulieren und viele Male abzuschreiben.

- Das Kind wird mit unzähligen Beispielen aus dem Fernsehen, aus einem Buch oder Video mit diesem Thema konfrontiert, oder es wird einer anderen Familie in Anwesenheit des Kindes von seinem negativen Verhalten erzählt.

Das "Time out"-Konzept ist ein wunderbares Instrument, um aus der Bestrafungsdynamik herauszukommen. Es ist dabei aber wichtig, dass das "Time out"-Prinzip erklärt wird, bis das Kind es wirklich verstanden hat. Erst dann sollte das erste "Time out" mit LIEBE und Verständnis für die Situation umgesetzt werden.

Indem du deinem Kind das 6-Punkte-System in einfachen, dem Alter des Kindes entsprechenden und verständlichen Worten erklärst, kannst du es mit Erfolg in deinem Umfeld umsetzen. Die Nebenwirkung ist, dass alle mehr "geerdet" sind als zuvor.

Diese zwei Methoden, "Time in" und "Time out", mit Herz angewandt, definieren einen klaren Rahmen. Sie sind einfach auszuführen und stellen eine Bereicherung im Alltag dar. Für mich sind sie deshalb zu einer Erfolgs-Strategie geworden, denn KINDER des LICHTS brauchen Rahmenstrukturen. "Time out" hat vom ersten Moment an gewirkt und kann gut angewendet werden bis ins junge Teenageralter hinein. Ein Experiment lohnt sich, und ich freue mich auf einen Bericht per eMail von dir.

Ist Disziplin nötig?

Ja, Disziplin ist eine Notwendigkeit in der Begleitung von Kindern, wobei es der Disziplin von beiden Seiten, Eltern und Kindern, bedarf, damit der gesetzte sichernde Rahmen eingehalten werden kann. Wenn der Rahmen gesprengt wurde, ist es wichtig, dass du Stellung beziehst. Dazu dienen das einfühlsame Gespräch und auch eine Zurechtweisung. Durch aktives Zuhören erfährst du die wahren Gründe, "warum" es geschehen ist. Problemlösungsstrategien kannst du im Kind mit folgenden Fragen fördern:

- Was könntest du tun?
- Wie könntest du es tun?
- Ob es dafür wohl eine Lösung geben könnte?
- Welche Idee hast du?
- Damit übergibst du dem Kind die Selbstverantwortung, das Vorgefallene zu lösen.

Hier möchte ich vor allem anregen, Disziplin im Zusammenhang mit Konsequenzen (Ursache/Wirkung) zu verstehen, wobei die Konsequenzen den Umständen entsprechend angepasst werden, und die Kinder können mitbestimmen. Auf diese Weise werden sie leichter akzeptiert, als sinnvoll angesehen und ohne weitere Widerstände ausgeführt.

Bert Hellinger erzählte eine Geschichte, in der er mehrmals von seinen Schülern "getestet" wurde, bis er eine logische Konsequenz verhängte und diese von den Schülern auch ausführen ließ. Er sagte, dass er ab diesem Zeitpunkt nie mehr Probleme hatte. Er schloss mit etwas ganz Wichtigem ab: "Aus Liebe gebe ich etwas nach." Indem er vor der Vollendung der Aufgabe auf das Kind oder die Gruppe zugeht und die Möglichkeit bietet, die gestellte Aufgabe zu "reduzieren", wird die möglicherweise entstandene "Anspannung" von einem Moment auf den anderen gelöst. Die Lernerfahrung nimmt einen herzlichen Ausgang und kann in einer innigen Umarmung enden. Sie wird als positive Erfahrung abgespeichert und kann ein Leben lang nachwirken.

Rita Kirsch PhD sagt, wenn der Vater, die Mutter oder andere Begleitpersonen "zentriert" sind, das heißt aus der Mitte heraus sprechen, erhält das Kind eine klare und unmissverständliche Botschaft. Die Absicht darin ist für das Kind spür- und nachvollziehbar, und die entsprechende Aufforderung wird daher meistens erfüllt. Bestrafungen funktionieren nicht, Disziplin aber ist wie die Räder eines Autos – ohne diese fährt das Auto nirgendwohin, egal wie stark der Motor ist.

Respektiere das Kind, indem du ihm sein Bedürfnis nach Klarheit erfüllst.

Zwei Arten von Konsequenzen

Es gibt zwei Arten von Konsequenzen: natürliche und logische Konsequenzen.

Eine natürliche Konsequenz ist: Wenn du die heiße Herdplatte berührst, dann verbrennst du dich. Oder: Wenn du ohne Jacke im Regen läufst, wirst du nass.

Eine logische Konsequenz dagegen ist: Wenn du mit schmutzigen Schuhen in das Haus läufst, wird der Fußboden schmutzig und muss geputzt werden.

Kinder respektieren natürliche Konsequenzen sehr schnell, doch beinahe ebenso schnell respektieren Kinder *freundlich* und *fest* vertretene logische Konsequenzen, bei Einhaltung gewisser Voraussetzungen seitens der Eltern:

1. Die freundliche Konsequenz muss logisch sein, d. h. sie muss sich aus dem Ereignis sinngemäß ergeben, also direkt im logischen Zusammenhang zum Vorfall stehen.

2. Die freundliche Konsequenz muss angemessen sein. Sie darf nicht unverhältnismäßig im Vergleich zum Ereignis sein.

3. Die freundliche Konsequenz muss wertschätzend sein. Sie dient dem guten Miteinander in der Gemeinschaft – und das muss erkennbar werden. Niemand darf dabei die Würde verlieren, weder das Kind noch die Erwachsenen.

4. Die freundliche Konsequenz muss im Voraus besprochen worden sein, je nach Alter der Kinder auch mit deren Mitbestimmung.

5. Sie muss freundlich verkündet und ihre Einhaltung wohlwollend überwacht werden. Dazu sind wenige Worte nötig, sondern eher eine klare Körperhaltung und nonverbale Kommunikation.

Die logische Konsequenz ist entweder als klare Familienvereinbarung gültig oder als befristete gemeinsam beschlossene Lösung für eine Woche – bis zum nächsten Familiengespräch und dem Finden einer geeigneteren Lösung. Die Eltern sind verantwortlich und achten auf die konsequente Durchführung.

Bei sehr kleinen Kindern und in Gefahren- oder Krisensituationen übernehmen die Eltern ganz schlicht die Führung, indem sie die Konsequenz liebevoll ankündigen – *nur ein Mal sagen* und dann danach handeln. Das Motto hier lautet: Energie leiten, statt mit Macht kämpfen.

Dies setzt voraus, dass sich die Begleitpersonen sehr genau überlegen, welche Prinzipien sie vertreten wollen, und dass sie Brücken bauen, die als Lernschritte geeignet sind, damit das Kind den Sinn im gewünschten Verhalten erkennt.

Liebevolle, verantwortungsbewusste, konsequente Führung

Für Kinder ist es wichtig zu wissen, woran sie in der Beziehung zu ihren Eltern und zu den sie Begleitenden sind. Oft fragen sie sich selbst und die Eltern indirekt: Liebst du mich? Nimmst du mich an, so wie ich bin? Dies sagen sie nicht so sehr mit Worten als vielmehr mit ihrem Verhalten und mit ihrem Bedürfnis nach Anerkennung. Sie "testen" dich, wenn sie im Unklaren über deine "Liebe" sind. Eine gute Beziehung wächst auf einem sicheren Boden und in einem sicheren Umfeld. Wir tragen die Verantwortung, den Rahmen dafür abzustecken. Es ist angebracht, diesen dem Alter und dem Verhalten des Kindes entsprechend immer wieder neu anzupassen und ihn ihm zu erklären.

Struktur und Ordnung im Alltag

Lösungen entstehen häufig aus Engpässen heraus. Von Anfang an beobachtete ich, dass Joy grundsätzlich in der Gegenwart lebt, doch dadurch wurde ihre Aufmerksamkeit ständig abgelenkt. Einer kleinen Aufforderung nachzukommen, wie z. B.: "Kannst du dir bitte die Hände waschen?", konnte "Stunden" dauern, da sie auf dem Weg dorthin tausend Dinge fand, die sie anzogen. Das, was sie eigentlich ursprünglich ausführen wollte, trat einfach in den Hintergrund. Aus diesem Umstand ist die Idee des "Friedensplans" entstanden: Schon als Joy zwei Jahre alt war, kreierte ihre Nanny eine Liste, genannt "Friedensplan". Wir schrieben Wörter in großen Buchstaben auf Englisch und Deutsch (wie z. B. Zahnbürste, Hände, Gesicht, Haarbürste, Kleider, Frühstück etc.) auf ein Stück Papier und malten dazu ein kleines Bild. – Dies wirkte Wunder, denn Joy konnte damit ihre Aufmerksamkeit von einer Aktivität zur nächsten lenken. Wir hatten alle Spaß und sehr viel mehr Ruhe, denn jede Mutter weiß, wie viel Energie uns unzählige Ermahnungen rauben können.

Heute ist Joys Friedensplan zugleich auch zu ihrem Tagesplan und ihrer Aufgabenaufteilung im Haus geworden. Sie hat für jeden Tag ein Blatt zum Ankreuzen und weiß damit genau, was sie am Morgen für die Schule oder für ihre Freizeit einzupacken hat. Sie ist dadurch befähigt, Selbstverantwortung zu übernehmen. Das Schönste am Friedensplan ist, dass ich sie nun ENDLICH jeden Tag loben kann. Sie zeigt mir jeden Morgen, bevor sie zur Schule geht, ihren Friedensplan vom vorherigen Tag. Wir brauchen nur noch höchstens eine Minute für eine gemeinsame Besprechung. Ich schreibe ein lobendes Wort darauf, male einen "Smily" – und kann sie dann herzlich umarmen!

ÜBUNG: *Friedensplan*

Aufstehen am Morgen
- Gesicht und Hände waschen
- Zähne putzen
- evtl. eine Dusche nehmen
- Haare bürsten
- Kleider anziehen
- Pyjama weglegen – Bett machen
- erst jetzt die anderen Familienmitglieder/Haustiere besuchen

7:30 Zum Frühstück gehen

Aus der Schule kommen
- Schuhe und Socken wegräumen
- Schulsack und Lunchbox wegräumen
- Hände waschen
- Haare bürsten
- Kleider wechseln

Ins Bett gehen am Abend
- Haare bürsten
- Gesicht und Hände waschen
- Zähne putzen
- evtl. eine Dusche nehmen
- Pyjama anziehen – Kleider wegräumen (in Schrank/Wäschekorb)
- Spielsachen im Haus wegräumen

20:00 Bettzeit

20:30 Schlafenszeit
(am Wochenende um 21:00)

wöchentliche Routine
- Müll hinausbringen
- beim Putzen am Wochenende helfen

tägliche Routine
- Klavier üben, jeweils Montag, Mittwoch, Freitag, während Mama Abendessen macht
- Hausaufgaben sind gemacht, bevor es Bettzeit ist

Prinzipien
- ein neues Spiel erst beginnen, wenn das alte weggeräumt ist
- Höflichkeit: "Darf ich den Tisch verlassen?"
- Türen leise schließen
- am Abend beim Verlassen des Zimmers das Licht löschen
- Freizeit so viel wie möglich

Brain Power
- nach dem Bad am Morgen mit Mama 7:00
- Fitness mit Wendy 7:15

Unterschrift _____

Guten Morgen & gute Nacht

 Ich setze mich auf mein super WC und lasse los...

 Ich wasche meine helfenden Hände mit Seife.

 Ich wasche mein schönes Gesicht mit Seife.

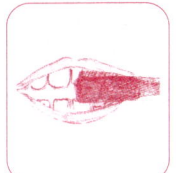 Ich putze meine schimmernd weißen Zähne drei Minuten lang.

 Ich bürste mein glänzendes Haar.

 Ich stecke mein lässiges T-Shirt in meine Hosen.

Ausgehen und Heimkommen

Ich setze mich auf mein super WC und lasse los...

Ich wasche meine helfenden Hände mit Seife.

Ich putze meine schimmernd weißen Zähne drei Minuten lang.

ÜBUNG: Die "Was ist wenn..."-Liste

Erstelle mit dem Kind oder den Kindern sowie der Familie zusammen eine Liste "Was ist wenn..." – jemand den Friedensplan nicht einhält. Die Voraussetzung dafür ist, dass alle Familienmitglieder einen Friedensplan mit ihren persönlichen Hauptaufgaben haben. Die Kinder haben dementsprechend die Erlaubnis, auch uns an unsere Verpflichtungen zu erinnern. Autoritätskonflikte und lange Diskussionen zu folgenden Themen werden somit überflüssig:

- pünktliches Erscheinen zum Frühstück
- Frühstückstisch abräumen
- rechtzeitig aus der Schule zurückkommen
- Geschirrspüler ausräumen
- zu Bett gehen
- aufräumen

Diese Liste kann beliebig erweitert werden, je nach Lebensstil einer Familie. Es ist wichtig, dass die Liste für alle zugänglich und lesbar ist. Für kleinere Kinder ist es hilfreich, wenn darauf statt Worten Zeichnungen, dem Entwicklungsstand des Kindes entsprechend, gemacht werden.

Viel Spaß mit der neuen Ordnung!

"Liebe Mütter und Väter,
mit dem Friedensplan zu arbeiten, ist für uns eine große Erleichterung, denn bevor wir den Friedensplan hatten, war jeder Tag ein Kampf. Immer das gleiche Theater: Geh dich bitte waschen; hast du die Zähne geputzt? Zieh dich bitte an, und so weiter. Ihr wisst ja, wie das ist, echt mühsam.

Syria ist jetzt neun Jahre alt und in der zweiten Klasse. Wir arbeiten seit dem zweiten Kindergartenjahr mit dem Friedensplan, den wir gemeinsam zusammengestellt haben. Wir haben besprochen, was besser ist, zuerst gemacht werden sollte... – und so haben wir die Reihenfolge bestimmt. Sie hat mit Bildern und Zeichnungen den Plan selbst kreiert und im Badezimmer aufgehängt.

Am nächsten Morgen war sie schon ganz aufgeregt und konnte es kaum erwarten, mit ihrer Liste zu arbeiten. Ihr werdet es nicht glauben, es hat geklappt und nicht nur am ersten Tag, sondern bis heute noch. In der Zwischenzeit haben wir den Plan schon zwei Mal angepasst, weil sie gemerkt hat, dass ihr eine andere Reihenfolge besser liegt. Das ist ja das Schöne: Die Kinder können mitentscheiden, und somit fühlen sie sich nicht gezwungen und erledigen ihre Aufgaben lieber.

Wir haben noch ein zweites Kind, Lorena. Sie ist drei Jahre alt. Mit ihr ist es noch besser, sie arbeitet jetzt schon mit dem Plan, weil sie ihrer Schwester zuschaut und ihr sowieso schon alles nachmacht.

Viel Spaß damit,
Nadia"

SOS-PINNWAND

Was kann ich ändern?

_____

_____

_____

_____

_____

Wie kann ich es umsetzen?

_____

_____

_____

_____

_____

Meine Intention, um die Beziehung zwischen mir

und _____ zu verbessern.

_____

_____

_____

_____

_____

Kapitel 4

Das ABC für Eltern und Begleitende von *KINDERN des LICHTS*

*"Sei zuerst die Wahrheit, die du
in anderen sehen willst."*

Mahatma Ghandi

Oft gestellte Fragen – und ihre Antworten

Auf meinen verschiedenen Veranstaltungen werden mir immer wieder Fragen gestellt, die häufig wiederkehren und daher wohl viele Menschen beschäftigen. Ich habe meine Antworten darauf, die aus einer Mischung aus persönlichen Erfahrungen, aus Joys Erfahrungen mit anderen Kindern und meinen eigenen inneren Überzeugungen bestehen, hier einmal zusammengefasst. Dabei möchte ich aber betonen, dass sich meine Meinung nicht mit deiner Wahrheit, deinen Wahrnehmungen, deinem Lebensstil und Glaubenssystem decken muss. Meine Antworten sollen vielmehr Möglichkeiten aufzeigen, wie du in deinem Leben neue Türen öffnen kannst, denn was bei dem einen Kind funktioniert, kann nicht für alle anderen Kinder einfach übernommen werden. Meine Absicht ist es, Ideen zu vermitteln.

Wie kann ich das Thema KINDER des LICHTS vermitteln?

Dies ist eine interessante Frage – und sie fordert mich heraus, dich Folgendes zu fragen:

Was könnte der Grund sein, dass du nicht zu dem stehen möchtest, was dein Leben maßgeblich bewegt?

Es macht es dir viel einfacher, wenn du zu dem stehst, wer du bist. Die Menschen um dich herum fordern dich genau dort heraus, wo du unsicher bist. Durch ihr "Nörgeln" stärken sie dich auf deinem Weg des Wachstums, sie fordern dich auf, dich mehr und mehr in deiner Mitte zu finden. Stehe zu deinem KIND des LICHTS. Stehe dazu, dass ihr anders seid und neue Wege sucht und geht. Und jetzt zu deiner Frage:

Eröffne das Gespräch mit einer Frage oder einer Aussage, die wie folgt lauten könnte:

- Ist dir auch schon aufgefallen, dass es in der heutigen Kindergeneration Kinder gibt, die anders sind als die anderen?

- Unser Sohn/unsere Tochter fordert mich ganz schön heraus. Er/sie ist einfach irgendwie anders als die anderen.
- Ich habe ein Buch gelesen, KINDER des LICHTS, das mir aus dem Herzen spricht und mir Antworten auf viele Fragen gibt.

Wie sage ich es der Spielgruppenleiterin, der Kindergärtnerin, dem Lehrer oder der Lehrerin?

Meine wichtigste persönliche Erfahrung und die in der Begleitung von vielen Familien ist es, dass wir die Verantwortung mit tragen für das Verhalten des Kindes, denn das Kind ist immer ein Spiegel des Familiensystems. Das mag zwar sehr unbequem sein, doch jede Arbeit hat gezeigt, dass der "Apfel nicht weit vom Stamm" fällt. Indem du an dir und der Familiendynamik arbeitest, verändert sich maßgeblich auch das Energiefeld und damit das Verhalten des Kindes. Das Kind ist der Träger von Informationen, die seit Jahrzehnten in der Familie sind. Es lebt diese aus und ist damit ein Teil des Ganzen. Interessanterweise beginnt sich das Kind integrativer zu verhalten, sobald sich die Familiendynamik harmonisiert.

Das Lernumfeld des Kindes ist eine weitere Reflektion, genauso wie es später das Arbeitsumfeld sein wird. Die Arbeit beginnt also bei sich und zu Hause, und damit verändert sich das Umfeld. Dies ist sicherlich eine unbequeme Wahrheit, weil es immer einfacher ist, die Probleme bei den anderen zu suchen, statt bei sich selbst – aber aus meiner Erfahrung heraus ist die Auseinandersetzung mit unserem Inneren von maßgeblicher Bedeutung.

Bei einem *Schulwechsel* von Joy habe ich folgende Lösung für uns gefunden. Als Unterstützung, um die richtige Lehrerin für sie auszuwählen, entschieden wir uns, vor Joys Eintritt einen Brief mit etwa folgendem Inhalt an die Schuldirektion zu schreiben:

"Joy Muriel ist äußerst sensibel. Sie nimmt leicht 'unsichtbare' Energien wahr, die in Räumen und um Menschen herum sind. Dadurch kann es sein, dass ihr Verhalten und ihre Reaktionen anders sind als bei den anderen. Sie öffnet sich nur Menschen gegenüber, die es auch fühlen, sehen oder hören können. Es ist nicht immer einfach für sie, mit Wahrnehmungen umzugehen, die für die meisten Menschen kaum nachvollziehbar sind. Es ist für sie, als ob neben der Lehrperson und den Lernenden noch Hunderte von anderen Informationen gleichzeitig in der Luft liegen würden.

Darf ich Sie bitten, dies zur Kenntnis zu nehmen.

Herzlichen Dank!

Elsbeth Maurer

P.S. Joy und ich stehen Ihnen gerne für ein persönliches Gespräch zur Verfügung."

Wie führe ich ein Gespräch mit einer Begleitperson?

Dies könnte etwa folgendermaßen aussehen:

"Wir, ich und mein Sohn/meine Tochter, haben eine etwas außergewöhnliche Frage an Sie: 'Glauben Sie an Engel?'" – Warte erst eine Antwort ab, bevor du fortfährst:

"Für (Name des Kindes) sind diese Wesen sehr real. (Name des Kindes) spricht mit ihnen, so wie auch mit Naturwesen wie Zwergen, Feen, Gnomen usw. Es ist für das Kind nicht immer einfach, damit umzugehen, weil es spürt, dass es für uns 'Normale' nicht im gleichen Maße wahrnehmbar ist."

Dies mag für das erste Gespräch schon genug sein. Später könntest du noch hinzufügen:

"Das Kind lebt gleichzeitig in zwei Welten, und es leidet manchmal unter den vielen verschiedenen Eindrücken. Es wird manchmal von der für uns unsichtbaren Welt abgelenkt, und es mag dann jeweils so aussehen, als ob es für einige Momente abwesend ist. Das klingt vielleicht seltsam, doch es kann sein, dass das Kind sich da gerade mit jemandem unterhält und eventuell auch Lösungen für eine Herausforderung erhält, die zurzeit im Raum steht. Ich bitte Sie um Ihr Verständnis dafür."

Führe solche Gespräche stets mit dem Einverständnis und in Anwesenheit deines KINDES des LICHTS. Joy ließ mich immer wissen, wann das Gespräch geführt werden konnte. Ich habe sie einfach ab und zu wieder danach gefragt. Ihre Strategie war die, dass sie herausfinden wollte, ob die Lehrerin an Engel und intuitive Führung glaubt – und danach war die Zeit für das Gespräch reif. Joy sicherte sich damit ab, dass sie nicht noch mehr unnötig ausgegrenzt oder belächelt wurde.

Soll ich mein Kind auf POS/ADD abklären lassen und ihm möglicherweise Ritalin geben?

Nein.

Ich gebe meinem Kind kein Ritalin oder entsprechende Medizin. Unter keinen Umständen, weil es Alternativen gibt.

Es gibt hier zwar Vor- und Nachteile, doch meiner Meinung nach überwiegen die negativen Aspekte.

Vorteile:

- Es kann eine kurzfristige Beruhigung der aktuellen Situation geben.
- Die Familie kann finanzielle Unterstützung beantragen, sollte das Kind den Abklärungen entsprechen.
- Es ist eine Krücke, die *möglicherweise* eine Brücke werden kann.

Nachteile:

- Ist das Kind einmal abgeklärt, ist es für das Leben als POS/ADD-Kind "abgestempelt". Zudem wird das Kind nach der Abklärung als IV eingestuft.
- Bis heute ist nicht geklärt, welche Langzeitwirkung die Droge Ritalin hat. Akute Nebenwirkungen sind Bauchweh, Erbrechen, Kopfschmerzen und Unwohlsein. Die Auswirkungen dieses Medikamentes auf die Psyche sind jedoch noch unklar. Es gibt in Deutschland sogar einen Kriminalbeamten, der Jugendgewalt direkt in den Zusammenhang stellt mit der Einnahme von Ritalin!
- Das Mitführen von Ritalin über eine Landesgrenze unterliegt dem Betäubungsmittelgesetz, und Eltern können sich damit strafbar machen.

Würdest du Ritalin empfehlen?

Nicht unbedingt, denn es handelt sich um ein Medikament. Ich gebe meinem Kind kein Ritalin oder entsprechende Medizin – unter keinen Umständen, denn es gibt Alternativen.

Ritalin verändert nach der Einnahme das Verhalten des Kindes maßgeblich. Wer daher Ritalin als eine kurzfristige Lösung einsetzt, z. B. als mögliche "Krücke", bis die Brücke zwischen dem Kind und seinem sozialen Umfeld gebaut ist, ist aufgerufen, dies nur mit höchster Vorsicht zu tun. Der Bauplan dafür sollte ein genau definiertes Ziel haben und einem begrenzten Zeitrahmen entsprechen. Gleichzeitig sollten das Kind und die Eltern in enger Betreuung sein, und alle Beteiligten müssen sich an die Verwirklichung dieses Planes halten.

• **Wissenswertes zu Ritalin**

Die traditionelle Wissenschaft fundiert auf verschiedenen Studien und Tatsachen, doch im Fall von POS/ADD sind Studien unmöglich, weil die Definition der Symptome nur von der Meinung des Beobachters abhängt. Verschiedene Studien der Symptome von POS/ADD zeigen, dass Eltern, Lehrende, Ärzte und Ärztinnen, Sozialarbeitende, Psychologen und Psychologinnen in ihren Aussagen nicht übereinstimmen.

A. Clifford schreibt sogar, dass der Hersteller von Ritalin, zusammen mit der American Psychiatric Association angeklagt wurde, die Möglichkeit der Begriffe von POS/ADD aus Geldgier erfunden zu haben!

Wissenschaftlich gesprochen sind die Terminologien der POS und ADD keine Krankheiten, sondern Etiketten einer Gruppe angesammelter Symptome.   *(Aus: A. Clifford, Florida Today, 15.4.2001)*

Rita Kirsch Debroitner und Avery Hart schreiben im Buch: Moving Beyond A.D.D./A.D.H.D.: "Wenn man sagt, dass jemand POS/ADD 'hat', ist dies dasselbe, wie wenn man sagt, dass jemand ein L.N.S.-Syndrom hat (laufende Nase-Syndrom).

Wir haben in unserer beruflichen Praxis aber entdeckt, dass die physischen Aspekte des POS/ADD mit der Unfähigkeit zusammenhängen, aus der Mitte der eigenen Erfahrung heraus leben zu können. Die Sinneswahrnehmung der POS/ADD-Kinder scheint sinnlos, wenn sie nicht aus dem Zentrum heraus leben können. In Wahrheit müssen POS/ADD-Menschen selber Experten werden, um von innen heraus eigene Lösungen zu finden.

Im März 2000 wurden über 200 Kinder, die mit ADD diagnostiziert und mit Ritalin behandelt wurden, einer MRI-Studie (MRI = magnetische Resonanz) unterzogen. F. Xavier Castellanos und seine Kollegen haben dabei Folgendes festgestellt: Kinder, die Ritalin einnahmen, haben in ihrem Gehirn drei Bereiche, die bedeutend kleiner (bis zu 10%) waren: Der eine befindet sich im vorderen, rechten Cortex und zwei im Stammhirn. Einige Studien haben aufgezeigt, dass je ausgeprägter die ADD-Symptome waren, desto größer war die Schrumpfung. Kritiker sagen, dass diese Gehirnunterschiede möglicherweise auf Grund der Einnahme von Ritalin entstanden sind."

Kindern in den USA wird 10-mal schneller Ritalin verordnet als in Europa – und 2-mal schneller als in Kanada.

Man hat herausgefunden, dass in den USA über 6 Millionen Kinder mit POS/ADD diagnostiziert sind und mit Ritalin behandelt werden. Ritalin wird seit 1991 als eine Medizin eingesetzt, um mit der "Krankheit" zurechtzukommen.   *(Aus: PBS TV-Station USA, 12.4.2001)*

• **Vergleich Ritalin/Kokain**

Wenn man die Substanz und die Wirkung von Ritalin mit der Droge Kokain vergleicht, dann zeigen sich sehr viele Zusammenhänge. Man muss sich daher wirklich fragen, ob eine solche Substanz einem kleinen Kinderkörper zugemutet werden kann, ohne dass man Gewissensbisse bekommt.

Ritalin ist in dem PILL BOOK, dem amerikanisches Medizinbuch, mit einem besonderen Antidot gegen POS/ADD beschrieben. Es ist darin sehr deutlich ausgedrückt, dass man jeden einzelnen Fall genau studieren sollte, bevor man diese Droge verschreibt. Ich glaube, dass es heute, wo Ritalin so weit verbreitet ist und so leicht zur Verfügung steht, oft

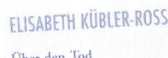

ELISABETH KÜBLER-ROSS

Über den Tod
und das Leben danach

Elisabeth Kübler-Ross
**Über den Tod und
das Leben danach**
*Ein Hörbuch mit 2 CDs,
je ca. 75 Min.
€ (D) 25,60 / sFr 47,00
ISBN 978-3-89845-122-2*

Dies ist das erste Hörbuch eines Werkes der bekannten Sterbeforscherin Elisabeth Kübler-Ross. Gleichzeitig ist es eine Einladung, sich auf die tröstenden und einfühlsam gesprochenen Worte einzulassen, die sowohl Einblick in die wissenschaftliche Forschungsarbeit und deren Ergebnisse gibt als auch viele Denkanstöße bereit hält.

Überzeugend und einfühlsam beweist die Autorin, dass es ein Leben nach dem Tod gibt.

www.silberschnur.de · E-Mail: bestellung@silberschnur.de
|||||||||||| SILBERSCHNUR ||||||||||||||||||||||||||||||||

Verlag

»Die Silberschnur« GmbH

Postfach 41

D-56590 Horhausen

ELISABETH KÜBLER-ROSS

Über den Tod
und das Leben danach

Elisabeth Kübler-Ross
**Über den Tod und
das Leben danach**
*Ein Hörbuch mit 2 CDs,
je ca. 75 Min.
€ (D) 25,60 / sFr 47,00
ISBN 978-3-89845-122-2*

Dies ist das erste Hörbuch eines Werkes der bekannten Sterbeforscherin Elisabeth Kübler-Ross. Gleichzeitig ist es eine Einladung, sich auf die tröstenden und einfühlsam gesprochenen Worte einzulassen, die sowohl Einblick in die wissenschaftliche Forschungsarbeit und deren Ergebnisse gibt als auch viele Denkanstöße bereit hält.

Überzeugend und einfühlsam beweist die Autorin, dass es ein Leben nach dem Tod gibt.

www.silberschnur.de · E-Mail: bestellung@silberschnur.de
|||||||||||| SILBERSCHNUR ||||||||||||||||||||||||||||||||

Verlag

»Die Silberschnur« GmbH

Postfach 41

D-56590 Horhausen

Ja, ich möchte gerne weitere Informationen erhalten.

Bitte senden Sie mir ○ per E-Mail *oder* ○ per Post

○ Ihr Verlagsprogramm   **Jetzt NEU!** ○ Informationen zu Seminaren

Informationen zu Büchern über:

○ Astrologie ○ CD & Hörbuch ○ Esoterik
○ Gartenwelten ○ Lebenshilfe ○ Mensch & Umwelt
○ Romane ○ Tarot & Karten ○ Wissenschaft

Name, Vorname

Telefon E-Mail

Straße, Hausnummer

Land, PLZ, Ort

Ich erkläre mich einverstanden, dass der Verlag »Die Silberschnur« und Kooperationspartner meine Daten zu Direktmarketingzwecken verwenden dürfen.

- -

Ja, ich möchte gerne weitere Informationen erhalten.

Bitte senden Sie mir ○ per E-Mail *oder* ○ per Post

○ Ihr Verlagsprogramm   **Jetzt NEU!** ○ Informationen zu Seminaren

Informationen zu Büchern über:

○ Astrologie ○ CD & Hörbuch ○ Esoterik
○ Gartenwelten ○ Lebenshilfe ○ Mensch & Umwelt
○ Romane ○ Tarot & Karten ○ Wissenschaft

Name, Vorname

Telefon E-Mail

Straße, Hausnummer

Land, PLZ, Ort

Ich erkläre mich einverstanden, dass der Verlag »Die Silberschnur« und Kooperationspartner meine Daten zu Direktmarketingzwecken verwenden dürfen.

ganz automatisch verschrieben wird. Auch dann, wenn nur ein paar von den Symptomen damit übereinstimmen.

"Mir wurde Ritalin verschrieben, um mich besser konzentrieren zu können, damit die vielen gleichzeitigen Gedanken sich auf einen reduzieren. Durch die Einnahme von Ritalin wurde mein Herzklopfen aber so stark, dass ich Angst hatte, es weiterhin einzunehmen", sagt ein Kind.

Soll ein KIND des LICHTS geimpft werden?

Nein. Es gibt zwar auch hier wieder Vor- und Nachteile, doch meiner Meinung nach überwiegen die negativen Aspekte auch in diesem Fall wieder.

In Amerika ist es obligatorisch, das Kind bis zum Schuleintritt 12-mal impfen zu lassen. Geht das Kind in eine Privatschule, haben die Eltern ein Mitspracherecht, doch in öffentlichen Schulen wird das Kind nur eingeschult, wenn es das ganze Impfprogramm erfüllt hat. Joy besuchte den Montessori-Kindergarten, und dank unseres guten Verhältnisses zur Leitung dieses Kindergartens konnten wir durch das feinmaschige Netz der Gesetze schlüpfen. Für Joys erstes Schuljahr haben wir uns dann für eine staatlich subventionierte Schule entschieden, die den neuesten Forschungen des Lernens entsprach. Nun war ich jedoch erneut mit dem Gesetz des Impfens konfrontiert. Während der Dauer von neun Monaten habe ich nach Möglichkeiten gesucht, das Gesetz zu umgehen – und ich kam an den Punkt, wo ich mich entschieden hatte, zurück nach Europa zu ziehen, weil ich mein Kind unter keinen Umständen den Impfstoffen aussetzen wollte. Für einen Monat habe ich mir dann eine Ruhepause gegönnt und gebetet, dass mir eine Lösung aufgezeigt wird. Eines Morgens rief mich meine damalige Freundin an, die meine Bedenken kannte, jedoch nicht mit mir teilte. Sie erzählte mir folgenden Traum:

"Ich bin heute Nacht aufgeweckt worden von einem Engel, der mir sagte, ich dürfe meinen 12-jährigen Sohn nicht mehr impfen lassen. Und der Engel sagte zu mir, ich müsse zu meinem Priester gehen und ihm diese Aufforderung mitteilen." Sie war so erstaunt und perplex über diesen

Traum, dass sie zu mir dazu nur sagen konnte: "Hat das etwas mit deiner Geschichte zu tun?" Und sie ermutigte mich mit den Worten: "Ich halte dich auf dem Laufenden!" Sie ist eine streng gläubige Mormonin, und ihre Religion beeinflusst jedes einzelne Tagesgeschehen. Am nächsten Sonntag kam sie zu mir mit folgender Botschaft: "Unsere Kirche steht über den irdischen Gesetzmäßigkeiten, und wir erhalten religiöse Glaubensfreiheit, wenn wir nachweisen können, dass wir eine Erscheinung und eine damit verbundene Botschaft erhalten haben." Sie schloss die Konversation mit folgenden Worten ab: "Ich lasse Christopher nicht impfen und werde nun einen offiziellen Antrag stellen für religiöse Glaubensfreiheit."

Tagelang kreisten meine Gedanken um diese Geschichte, und ich spielte sogar mit dem Gedanken, mich der Mormonenkirche anzuschließen, damit ich meine Tochter nicht impfen lassen musste. Die Antwort wurde mir indessen immer klarer: Nein, ich schließe mich nicht einer religiösen Gemeinschaft an, nur um mein Ziel zu erreichen. Ich rief meine Freundin an und fragte sie, welches ihre nächsten Schritte seien, um dieses Zertifikat "religiöse Glaubensfreiheit" zu erhalten. Während diesem Telefonat entschied ich mich, als "nicht-religiöse Mutter" genau dieselben Schritte zu unternehmen. Es kam so weit, dass wir dann genau am selben Tag miteinander im Wartesaal der zuständigen Behörde saßen und uns gegenseitig Mut machten. Wir beschlossen, dass sie zuerst hineingehen sollte, weil sie einen religiösen und somit formellen Hintergrund hatte. Nach fünf Minuten kam sie strahlend, mit dem gewünschten Zertifikat in der Hand, zurück. Nun war ich an der Reihe. Ich ging hinein, atmete tief ein, setzte mich auf den Stuhl und erklärte, dass es meine innere Überzeugung nicht zulasse, mein Kind zu impfen und dass ich dafür gebetet hätte, damit mir ein Engel eine Botschaft Gottes überbringe. Es sei mir dann wirklich auch gezeigt worden, dass das Kind durch die chemischen Produkte krank würde. Die Dame hatte noch ein paar Fragen und stellte dann die nötigen Papiere aus. Ich ging aus dem Büro zu meiner Freundin und fühlte, wie ich mein Kind zum zweiten Mal geboren hatte...

Ob die gleichen Gesetzmäßigkeiten in anderen Ländern gelten, weiß ich nicht. Was ich mit dieser Geschichte aber aussagen will ist:

Deine innere klare Haltung löst eine Energie aus, die Wunder geschehen lässt.

Wie kann ich mein Kind dazu bewegen, mehr Gemüse, Salat und Früchte zu essen?

Meine einfachste Strategie hierzu ist: Lass die Kinder mit den Händen essen. Zerkleinere rohes oder gekochtes Gemüse, und lass sie es in ihre Lieblingssoße dippen. Die großen Blätter des grünen Salats lerne ich die Kinder zu falten und ganz eng zu rollen. So können diese Blätter einfach gedippt werden, ohne die Tischdecke und die Kleider voll zu spritzen. Bei mir haben auf diese Weise sogar Kinder Salat gegessen, die noch nie in ihrem Leben ein grünes Blatt zerkaut hatten. Warum haben sie es getan? Weil es auf spielerische Art geschah und Spaß machte. Es ist etwas Neues: Ich darf mit den Händen essen.

Dasselbe kannst du mit Früchten machen, die sie in eine vorbereitete Früchtesoße dippen können. Du kannst hierzu z. B. einen Mix aus einer Saisonfrucht und Datteln, die das Mus süßen, machen und diesen für jedes Kind in eine kleine Schüssel gießen.

Konntest du beobachten, dass die Ernährung das Verhalten beeinflusst?

Ja, jedoch kann es von mir aus gesehen nicht generalisiert werden. Jedes Kind, jeder Mensch hat seine eigene innere Balance. Die beste Lösung ist, nach seinem Gefühl zu handeln, mit den Kindern zusammen einen Weg zu finden und ihnen viel Selbstverantwortung zu übertragen.

Wie soll ich mit dem Autoritätskonflikt umgehen?

KINDER des LICHTS sind von klein an so starke Persönlichkeiten, dass wir ständig einem Autoritätskonflikt ausgesetzt sind. Um diesen Konflikt mit jüngeren Kindern anzugehen, empfehle ich folgendes Vorgehen:

Setze dich mit dem Kind auf den Boden, denn das ist ein altes symbolisches und traditionelles Verhalten, ein Akt des Friedens und der Lösungsfindung. Setze dich in einem 45 Grad-Winkel neben das Kind, um den Energien freien Lauf zu lassen. Nun kannst du das Gespräch mit einer Frage eröffnen: "Was hält dich ab ... zu tun?" Und jetzt aufgepasst: Höre aufmerksam, mit allen deinen Sinnen zu. (Es kann sein, dass sich in deinen Gedanken bereits Antworten formen, um gleich selbst damit rauszusprudeln. Doch stopp – du sollst nur aktiv zuhören!). Fahre anschließend fort mit folgender Frage: "Gibt es noch etwas anderes, das dich stört?" Höre wieder aktiv zu und warte ab. Jetzt ist die Gelegenheit da, eine weitere, tiefere Ebene der Zuneigung zu schaffen. "Können wir gemeinsam eine Lösung finden?" Hier hast du die Möglichkeit, dein Verhalten zu erklären und dem Kind bewusst zu machen. Danach erarbeite gemeinsam mit ihm die Lösung, bis ihr beide ein gutes Gefühl dafür habt.

Wie belohnst du ein KIND des LICHTS?

Dies ist eine sehr gute Frage! Bis heute habe ich kein System gefunden, das über eine längere Zeitspanne funktioniert hat. Interessant ist, dass die Motivation, belohnt zu werden, oft schon nach Stunden wieder in sich zusammenfällt. Zudem ist das Belohnen ein alter "Erziehungstrick"... Ich habe mich darin geübt, das Belohnen sein zu lassen. Wenn mein Kind etwas gut macht, dann lobe ich es und feiere mit ihm seinen Erfolg.

Wie kann ich meinem Sohn helfen, das Herz zu öffnen?

Ich interpretiere deine Frage wie folgt: Du spürst, dass er seine Liebe nicht leben kann, und gleichzeitig weißt du aber, wie tief seine Empfindungen sind.

Wir haben alle bereits in unserer Kindheit begonnen, unser Herz einzuschließen. Wir können uns dies folgendermaßen vorstellen: Mit jeder Verletzung bauen wir eine Schicht des Schutzes auf bzw. schließen das Herz. Hast du schon einmal eine Zwiebel geschält? Bis du zur innersten

Schicht kommst, kannst du viele Schichten ablösen. So etwa kannst du dir vorstellen, wie wir Schichten, Mauern um unser Herz legen.

Die Übung "Öffne dein Herz" ist hier ein einfaches Instrument, auch für die ganz Kleinen, sich wieder zu öffnen bzw. im Zentrum zu bleiben.

Wie verhält man sich am besten, wenn das Kind sich nicht für das Lernen interessiert?

Oft langweilen sich KINDER des LICHTS. Sie haben andere Lernstrategien und haben Zugang zu Wissen, das nur noch aktiviert werden muss. Beobachte, ob das Desinteresse am Lernen nur vorübergehend besteht, und frage dich, mit was es zusammenhängen könnte. Wenn ein Kind Desinteresse an der Schule zeigt, ist es wichtig, dass wir den wahren Grund dafür finden, damit wir das KIND des LICHTS spezifisch fördern können. Vereinbare auch ein Gespräch mit seinen Bezugspersonen in der Schule.

Wie kann ich mich und mein KIND des LICHTS schützen?

Meine langjährige Erfahrung in "Schutzarbeit" führte mich zur Erkenntnis, dass uns das "Schützen" tatsächlich nur bedingt schützt und hilft. Frage dich in diesem Zusammenhang:

- Vor was will ich mich denn überhaupt schützen?

- Wie will ich mich schützen?

- Wie begrenzt mich das Schützen?

Heute praktiziere ich keine "Schutzarbeit" mehr, denn der Schutzmechanismus beschränkt meine Weiterentwicklung und den Zugang zu meinen feinen Sinneswahrnehmungen.

Ich ziehe es vor, die Fremdenergien täglich, manchmal stündlich zu reinigen, indem ich in mein Zentrum zurückfinde und damit wieder in meiner eigenen Kraft und im Licht bin.

Alternative Behandlungsmethoden für KINDER des LICHTS

Einleitung

"Krankheit ist weder Grausamkeit noch Strafe, sondern einzig und allein ein Korrektiv, ein Werkzeug, dessen sich unsere eigene Seele bedient, um uns auf unsere Fehler hinzuweisen, um uns von größeren Irrtümern zurückzuhalten, um uns daran zu hindern, mehr Schaden anzurichten und uns auf den Weg der Wahrheit und des Lichts zu bringen, von dem wir nie hätten abkommen sollen."

Edward Bach

Da in der Komplementärmedizin weniger oder kaum direkt am Symptom gearbeitet wird, sind oft mehrere Anläufe nötig, um das individuell der momentanen Situation Angepasste zu finden. Die Unterstützung der Selbstheilungskräfte haben sozusagen fast alle Therapieformen zum Ziel. Nur bedeutet dies für den Betreffenden, auch bei gleicher Diagnose oder gleichem Symptom, nicht zwingend dasselbe.

In erster Linie muss die/der passende Therapeut/in gefunden werden. Das heißt, dass das Kind gerne zu dieser Person gehen und den Raum, den Duft und die Therapie mögen muss – kurz: Die Chemie muss stimmen. Ob dem so ist, kann am besten in einer Probestunde getestet werden. In der Regel wissen gerade Kinder sehr genau, ob es für sie stimmig ist – oder eben nicht. Dann sollte man sich nicht scheuen, es bei einer anderen Stelle zu versuchen, denn all diese Punkte machen schon die Hälfte einer guten Therapie aus.

Auch die Frage, ob die gewählte Therapie bei diesem oder jenem Krankheitsbild hilfreich sein kann, ist nicht einfach zu beantworten. Aus dem Blickwinkel unserer Gesellschaft und dem schulmedizinischen Denken ist sie jedoch verständlich. Hier haben die Alternativtherapien ihre Chance, indem sie dem Hilfesuchenden einen neuen Blickwinkel auf seine Situation ermöglichen sowie die Person ganzheitlich in ihrer jeweiligen aktuellen Situation abholen und begleiten können.

Krankheiten im Kindesalter hängen fast immer mit der seelischen Situation des Kindes zusammen. Denn das Kind lebt noch stärker auf der Gefühlsebene und reagiert beispielsweise bei Konflikten mit Eltern und Geschwistern mit heftigen Gefühlen wie Angst und Wut.

Ganzheitliche Alternativmethoden versus traditionelle medizinische Methoden in der Gegenüberstellung

ganzheitlich	schulmedizinisch*
Das Symptom wird als Signal für eine innere Disharmonie gesehen.	Das Symptom steht im Mittelpunkt der Behandlung.
Das Symptom wird in einem größeren Zusammenhang gesehen. Der Arzt sucht nach den hinter dem Symptom stehenden Ursachen.	Der Arzt konzentriert sich ausschließlich auf das äußerliche Symptom des Patienten.
Die Behandlung umfasst den physischen, mentalen und emotionalen Körper des Patienten.	Der phychsische Körper des Patienten steht im Vordergrund der Behandlung.
Eine Veränderung des Lebensstils ist Teil der Behandlung.	Der Arzt verschreibt Medikamente zur Behandlung des Symptoms. Nur manchmal empfiehlt er eine Veränderung des Lebensstils.
Das Ziel der Behandlung ist die Wiederherstellung der Gesundheit.	Das Ziel der Behandlung ist die Beseitigung des Symptoms.

* Diese Gegenüberstellung soll jedoch die Schulmedizin nicht gänzlich ausschließen. Bei manchen Krankheitsbildern ist sie im Gegenteil sogar unumgänglich. Auf jeden Fall sollte daher bei Erkrankungen auch immer eine schulmedizinsche Abklräung erfolgen.

- **Akupunktur**

Die Akupunktur ist eine aus der chinesischen Medizin stammende Therapieform, bei der mit dünnen Nadeln in genau festgelegte Punkte der Körperoberfläche gestochen wird.

Die traditionelle chinesische Medizin (TCM) mit ihren Vorstellungen über die verschiedenen Energiebahnen im Körper, den Meridianen, bildet die Grundlage der Akupunktur. Die Akupunktur benutzt vor allem die zwölf Hauptmeridiane mit mehreren hundert Punkten. Durch Tasten, Ausmessen oder mit Hilfe eines Punktsuchgerätes werden die zu behandelnden Akupunkturpunkte genau lokalisiert und dann durch eine Akupunkturnadel stimuliert. Die Nadelung der Punkte soll Energiestauungen auflösen, "Leere" und "Überfülle" ausgleichen und die Lebensenergie wieder harmonisch fließen lassen. Nicht jeder Arzt, der diese Therapieform anbietet, hat ausreichende Kenntnisse in TCM, um eine erfolgreiche Behandlung durchzuführen... Neuere Studien berichten auch über die erfolgreiche Anwendung der Akupunktur bei Allergie-Patienten oder Asthma-Kranken.

- **Akupunkturmassage**

Die Akupunkturmassage arbeitet ebenfalls auf der Grundlage der chinesischen Energielehre, ersetzt allerdings die Nadeln durch eine Massage entlang der Meridiane, die einen Energiemangel aufweisen. Auch hier wird Krankheit als eine Störung des Energieflusses angesehen, wobei diese Technik weniger direkt wirkt als die Akupunktur, dafür kann sie aber praktisch von jeder Person, die sich ein bisschen in chinesischer Medizin auskennt, gefahrlos durchgeführt werden.

- **Ergotherapie**

Die Ergotherapie setzt sich aus der Beschäftigungstherapie und der Arbeitstherapie zusammen, die u. a.

- bei Konzentrationsschwäche,

- bei Störungen der Bewegungs- und Sinnesorgane,

- bei Herz-Kreislauf-Krankheiten und
- bei psychischen Störungen angewendet wird.

Der Anwendungsbereich ist also sehr breit und dient vornehmlich der Untersützung medizinischer sowie psychotherapeutischer Maßnahmen. Die Ergotherapie wird aber auch zur Erweckung oder Verstärkung von Kreativität und Eigeninitiative angewendet.

- **Ernährung**

Zu dem sicherlich heiklen Thema "Ernährung" fand ich eine interessante Synthese in dem Buch von Cherly Stoycoff und Susanna Stoll "Raw kids", erschienen im Verlag Alive Books Canada 2000, die mir so treffend erschien, dass ich sie hier wiedergeben möchte:

Die meisten unserer Nahrungsmittel sind biochemisch so verändert, dass kaum noch eine lebende Zelle darin enthalten ist. Es fehlen die meisten Vitamine, Spurenelemente und vor allem die Enzyme, die das Ganze erst für den Stoffwechsel verwertbar machen. Durch die vielen Zusatzstoffe der Fabriknahrungsmittel, das hocherhitzte Fett, den Fabrikzucker und vor allem aber durch die stark verarbeiteten Eiweiße aus Milch, Ei, Fisch, Kakao und Weizen kommt es beim Kind zusätzlich zu Belastungen.

Erst wenn man sich dies vergegenwärtigt, lässt sich erahnen, was wir einem sensiblen kleinen Organismus teilweise zumuten. Dass die gestörte Biochemie im Körper auch ihre Auswirkungen auf das Gehirn haben kann, ist eigentlich einleuchtend. So ist es auch verständlich, dass aus ganz normalen Kindern "wilde Teufel" werden können, die sich jedoch bei richtiger "Fütterung" auch wieder in liebenswürdige Kinder zurückverwandeln...

Untersuchungen, die Anfang der 90er Jahre durchgeführt wurden, ergaben, dass zu den häufigsten allergie- und aggressionsauslösenden Nahrungsmitteln Weizen, Farbstoffe,

Konservierungsstoffe, Kuhmilch, Schokolade und Orangensaft (weil Früchte mit Enzymen oder Pilzen geschält, pulverisiert und aufgegossen werden) zählen.

Auf die KINDER des LICHTS angewendet bedeutet dies:

- Ein KIND des LICHTS weiß, was ihm bekommt und was es an Nährstoffen benötigt.

- Lade das Kind zur Diskussion ein. Das fängt mit einem ehrlichen Wortwechsel an (je nachdem, wie alt das Kind ist). Erkläre, warum du denkst, dass es seine Ernährung ändern soll, und lasse, je nach seiner Fähigkeit, nichts aus, was sein Interesse wecken könnte. Sie können viel mehr verstehen, als wir ihnen zutrauen.

- Du musst unbedingt auf die Einstellung des Kindes achten, wenn du die Ernährungsumstellung beginnst, und du musst sicherstellen, dass das Kind sich nicht bestraft fühlt oder dass die Umstellung als ein Verzicht oder Verlust interpretiert wird.

- Es ist sehr wichtig, am Anfang nicht zu streng damit zu sein.

- Keine zwei Kinder reagieren gleich. Am besten fängst du da an, wo du gerade stehst und gehst jeden Tag einen Schritt weiter. Nimm nur einen Tag auf einmal, und lerne von jeder Situation. Zeige deinem Kind Liebe und Respekt, und sei vor allem ehrlich. Wenn du es so umsetzen kannst, bedeutet das Erfolg für dich.

Exkurs: Raffinierter Zucker

Zu diesem Thema finden wir auch bei Norbert Hartwig (aus dem Buch "Kefir und Göttertrank", vom Verlag "Die Silberschnur" 2004), eine interessante Aussage:

"Lebensmittel, die in ihrem natürlichen Zustand belassen sind, geben uns mehr als nur Nahrung; sie stabilisieren gleichzeitig die innere Ordnung im Körper und das einwandfreie Zusammenspiel aller Billionen Körperzellen. Ein Eingriff in diese natürliche Ordnung kann schwerwiegende

Folgen haben. Besonders Zucker und feinst gemahlenes Mehl bewirken eine unnatürlich hohe Ausschüttung von Insulin, eines der wichtigsten Hormone. Wird z.B. Getreide stark ausgemahlen, die Randschichten entfernt und dieses Mehl womöglich noch mit Zucker zu Brot, Kuchen, Plätzchen oder Pizza verarbeitet, überreizt dies das Hormonsystem im Körper. Trägheit, Fettleibigkeit und Diabetes können die Folge sein. Eine gesunde Ernährung berücksichtigt individuelle Bedürfnisse und belässt die Lebensmittel weit gehend im natürlichen Zustand. Frische Früchte, Kräuter, Beeren, Samen und schonend gegartes Gemüse sollten täglich auf den Tisch kommen, da sie eine große Nährstoffauswahl bieten und höchste Zufriedenheit erzeugen. Wenn du darüber hinaus dein eigenes Essen im Garten pflanzt, mit viel Liebe hegst und pflegst und die Fülle der Ernte genießt, machst du Essen zu einem Lebensstil, ein Fest für Körper, Geist und Seele. Gleichzeitig stellst du eine Verbindung mit Mutter Erde her und erlebst dich als einen wichtigen Teil des Kreises des Lebens." *(Norbert Hartwig)*

Vielleicht als Ergänzung noch ein kurzes Wort zu den bei Kindern so beliebten Softgetränken, egal wie diese nun heißen mögen: Es handelt sich hier um wahre "Zuckerbomben", denn sie bestehen im Wesentlichen aus Wasser, einem süßenden Stoff und einem Aromamittel. Dieser Süßstoff ist entweder Zucker oder ein chemischer Zuckerersatz wie Aspartam, auch bekannt als Nutra-Sweet, Equal, Spoonfull, Canderel, Sanecta oder einfach E 951...

Gerade bei diesen Zuckersersatzstoffen ist Vorsicht geboten, haben doch neue Forschungen gezeigt, dass diese nicht so ungefährlich sind, wie es die herstellende Industrie darstellt...

Deswegen: Ein guter Saft aus frisch gepressten Früchten, eventuell mit etwas Wasser vermengt, ist genauso erfrischend, bringt die wohltuende

Süße mit sich und ist vor allem 100% gesund... Und wenn unbedingt etwas gesüßt werden muss – wie wär's mit Stevia? Es ist "sündhaft süß und urgesund", wie Barbara Simonsohn in dem gleichnamigen Buch (Windpferd Verlag) eindrucksvoll ausführt.

- **Spirulina-Alge**

Spirulina ist eine natürliche Mikroalge, die 60 bis 70% rein pflanzliches Eiweiß enthält, außerdem Vitamine, Mineralstoffe und Spurenelemente. Spirulina stellt zudem hervorragend verwertbares Eisen zur Verfügung, womit oft gerade Frauen, Kinder und ältere Menschen nicht ausreichend versorgt sind.

Daneben enthält die Alge B-Vitamine, die beispielsweise unser Nerven- und Immunsystem stärken, verjüngend wirken, wichtig für gesunde Augen und Haare sind, ferner Zink, wichtig für ein gutes Gedächtnis und unser Immunsystem. Desweiteren enthalten Spirulinaalgen viel Kalzium und Kieselsäure für starke Knochen.

Spirulina bietet also eine Fülle an Inhaltsstoffen, wie sie nur die Natur zusammenstellen kann.

- **Blau-grüne Süßwasser-Mikro-Alge – die Klamathsee-Alge**

Diese älteste Alge wächst wild und wird sofort nach der Ernte gefriergetrocknet. Klamath-Algen sind eine vollkommen natürliche, organische Nahrung mit einer Vielzahl lebenswichtiger und seltener Vitalstoffe.

Sie enthalten:

- 60% pflanzliches Eiweiß
- alle essenziellen Aminosäuren
- Kohlenhydrate
- Lipide
- nahezu alle Vitamine
- Enzyme
- zahlreiche Mineralstoffe und Spurenelemente
- Chlorophyll

Klamath-Algen werden besonders zur Steigerung der Immunabwehr und als allgemeine Unterstützung in der Rekonvaleszenz, bei Vitamin- und Eisenmangel und als (Zusatz-) Nahrung zur Reduzierung des Appetits eingenommen.

- **Ayurveda – das "Wissen vom Leben"**

Ayurveda ist die älteste, überlieferte indische Ganzheitslehre, die sich auf die notwendigen physischen, mentalen, emotionalen und spirituellen Aspekte konzentriert, die wichtig für die Gesundheit bzw. Krankheit sind. Vollkommene Gesundheit kann demnach nur dann erreicht werden, wenn der Körper, der Geist und die Seele im Einklang mit dem Kosmos stehen.

Im Mittelpunkt dieser indischen Therapieform stehen die unterschiedlichen Temperamente oder Lebensenergien, die so genannten Doshas:

- Vata (Wind, Luft, Pneuma)

- Pitta (Feuer und Wasser, Chole)

- Kapha (Erde und Wasser, Phlegma)

Diese kommen nach ayurvedischer Vorstellung in jedem menschlichen Organismus vor, wobei meist ein oder zwei Doshas dominieren. In einem gesunden Organismus sollten sich diese "Energien" in einem harmonischen Gleichgewicht befinden. Ein guter Ayurveda-Arzt versucht zu erkunden, welche Doshas bei einem Menschen vorherrschen, weil jeder Typus andere Medikamente und Behandlungen benötigt.

Ayurvedische Heilkunst möchte ernsthafte Erkrankungen vermeiden; sie setzt deswegen also beim Auslöser der Erkrankung an und versucht, ungesunde Angewohnheiten abzustellen. Hinzu kommen dann eine Reihe von Behandlungen, die den Körper dazu bringen sollen, "sich selbst zu helfen". Bekannt sind etwa die diversen Ölmassagen und das Panchakarma, ein aus fünf Teilen bestehendes, wirkungsvolles Entschlackungs- und Reinigungsprogramm, das heute bis in die "Wellnessprogramme" bestimmter Institutionen Eingang gefunden hat.

Problematisch ist heute, insbesondere in Deutschland, die Tatsache, dass bestimmte sektenähnliche Vereinigungen sich dieser Ayurveda-Welle bedienen, um so Mitglieder zu werben...

- Essenzen
  Aura Soma

Die englische Apothekerin Vicky Wall mischte im Jahr 1983 in ihrem Labor jene Öle, die uns heute in ihrer Ästhetik und farbigen Brillanz faszinieren. Aura Soma besteht aus Elementen, die uns die Natur zur Verfügung stellt – Pflanzenfarben, pflanzliche Öle, ätherische Öle, Wasser, Pflanzenessenzen und Edelsteinenergien. Aura Soma wirkt ganzheitlich harmonisierend auf Körper (griechisch: soma), Geist und Seele (lat: aura – das, was den Körper umgibt, seine besondere Ausstrahlung). Durch die individuelle Farbauswahl aus den verschiedenen Aura Soma-Substanzen kann sich jeder Mensch besser kennen lernen. Das eigene Potenzial und die persönlichen Fähigkeiten werden einem bewusst gemacht, ebenso wie mögliche Hindernisse, die dem vollen Ausdruck der Persönlichkeit entgegenwirken. Die gegenwärtige Situation wird klarer einschätzbar, und man lernt, jene Möglichkeiten zu erkennen, die einem in Zukunft weiterhelfen.

Für Kinder wird beispielsweise die Flasche Nr. 20 (blau über pink) empfohlen. Ihr Name ist "Sternenkind". Sie regt in akuten Situationen die Selbstheilungskräfte des Kindes an.

- **Aeon Kinder-Set**

Zyklus des Kindes	Equilibrium Nr.	Anwendung	Affirmation
Neugeborene bis 9 Monate oder bis Fontanelle geschlossen ist	11	um Hüften, Unterbauch, unteren Rücken, auch um gesamten Rumpf und Hals	Ich liebe mich so, wie ich bin.
Stillzeit und wenn das Kind aus der Tasse zu trinken lernt	12	um den gesamten Hals	Je friedlicher ich werde, umso mehr Licht wird mir geschenkt.
Rebellionszeit – Trotzphase	13	um den gesamten Herzbereich	In jedem Ende liegt ein Neuanfang.
bis Schulbeginn – Schulanfänger	14	um den gesamten Solarplexusbereich	Je mehr ich meine Angst loslasse, umso mehr öffne ich mich für meine innere Wahrheit.
persönliches Schutzschild in der Schule	16	um den gesamten Haaransatz	Je mehr ich mir meiner Aufgabe bewusst werde, umso heller wird mein Leben.
7 Jahre bis zur Pubertät	15	am Haaransatz, um den gesamten Kopf	Je mehr Licht ich in mich hineinlasse, umso heiler werde ich.
Erste Hilfe, bis 12 Jahre	20	auf dem ganzen Körper	Liebe heißt, die Angst loszulassen.

Zyklus des Kindes	Equilibrium Nr.	Anwendung	Affirmation
Erste Hilfe, ab 12 Jahre	1	um den gesamten Haaransatz, an Hals und Ohren	Ich bin ganz. Ich integriere all meine Teile.
inneres Kind	20	auf dem ganzen Körper	Liebe heißt, die Angst loszulassen.
Nach Pubertät/ zusätzliche Auswahl	55	um den gesamten Unterbauch	Ich habe die Energie, meinen Idealen zu folgen.
nach der Pubertät/ zusätzliche Auswahl	77	überall am Körper	Ich lasse meine Illusionen los und sehe klarer.
nach der Pubertät/ zusätzliche Auswahl	86	um den gesamten Brustbereich	Ich öffne mich dafür, dass sich die Schöpfung in mir ausdrückt.
Bei älteren Kindern: Bedrohung durch Menschen oder Situationen	34	um den gesamten Herzbereich	Ich bin, der/ die ich bin.
Vergewaltigung	55	um den gesamten Unterbauch	Ich habe die Energie, meinen Idealen zu folgen.
Bettnässen	P5	Kinder und Erziehungs- personen, mindestens 28 Tage lang	

Zyklus des Kindes	Equilibrium Nr.	Anwendung	Affirmation
sprechen lernen (sich ausdrücken lernen)	12	um den gesamten Hals	Je friedlicher ich werde, umso mehr Licht wird mir geschenkt.
Konzentrationsmangel	15	am Haaransatz, um den gesamten Kopf	Je mehr Licht ich in mich hinein-lasse, umso heiler werde ich.
Sprachprobleme	15	am Haaransatz, um den gesamten Kopf	Je mehr Licht ich in mich hinein-lasse, umso heiler werde ich.
Stottern	15	am Haaransatz, um den gesamten Kopf	Je mehr Licht ich in mich hinein-lasse, umso heiler werde ich.
Schuleintrittsangst	14	um den gesamten Solarplexusbereich	Je mehr ich meine Angst los-lasse, umso mehr öffne ich mich für meine innere Wahrheit.
Angst vor anderen Menschen	15	am Haaransatz, um den gesamten Kopf	Je mehr Licht ich in mich hinein-lasse, umso heiler werde ich.

(Aus: Elsbeth Maurer: AURA-SOMA FARBLEXIKON, Via Nova 1999)

Bachblüten – Blumen, die durch die Seele heilen

Dr. Bach, der Erfinder der Bachblüten, erklärt die Wirkung seiner Bachblütenkonzentrate wie folgt: "Bestimmte wild wachsende Blumen, Büsche und Bäume höherer Ordnung haben durch ihre hohe Schwingung die Kraft, unsere menschliche Schwingung zu erhöhen und unsere Kanäle für die Botschaften unseres spirituellen Selbst zu öffnen und unsere Persönlichkeit mit den Tugenden, die wir nötig haben, zu überfluten und dadurch die Charaktermängel auszuwaschen, die unsere Leiden verursachen. (...) Sie heilen dadurch, dass sie unseren Körper mit den schönen Schwingungen unseres Höheren Selbst durchfluten, in deren Gegenwart Krankheit hinweg schmilzt wie Schnee in der Sonne."

Alle Bachblütenkonzentrate sind in beliebiger, individuell benötigter Zusammenstellung untereinander kombinierbar. In der Regel genügt eine Anzahl von vier bis sechs Blüten. Für Kinder sind Bachblüten besonders empfehlenswert, weil seelische Ursachen damit viel offensichtlicher zutage treten.

Mit den Energieschwingungen von Blüten können ungünstige Seelenzustände ausgeglichen werden. In den Essenzen sind keine Wirkstoffe im herkömmlichen Sinn enthalten, sondern nur sozusagen die "Seele" der Blüten.

Das weltweit bekannteste und auf allen Kontinenten am besten erprobte Bachblütenkonzentrat ist *Rescue.* Rescue hat sich als Erste Hilfe in vielen kleinen und größeren Notfallsituationen bewährt. Mit "Notfall" ist hier ein Zustand gemeint, in dem durch ein plötzliches unangenehmes Ereignis der innere "Haushalt" eines Menschen auf seelisch-energetischer Ebene völlig durcheinandergeraten ist. Dies trifft z. B. zu für Unfälle, Sportverletzungen, Verbrennungen, aber auch für Angstzustände (Auseinandersetzung, Gerichtstermin, Arztbesuch, Familienstreit, Bewerbungsgespräch usw.).

Rescue hilft, die durch eine seelische Notfallsituation erlittene Erschütterung des Energiefeldes schnell zu harmonisieren, so dass sich das ganze energetische System wieder stabilisieren kann.

Da die natürliche sensitive Wahrnehmungsfähigkeit im Kindesalter noch zuverlässig ist, "wissen" Kinder häufig selbst, ob sie die Bachblüten benötigen oder nicht. Häufig stellen Eltern fest, dass das Kind die Einnahme plötzlich verweigert oder auf einmal von selbst nach den Tropfen verlangt. Das liegt daran, dass Kinder oftmals sehr genau spüren, ob und wann ihnen die Einnahme gut tut.

• Farbpunktur

Farbpunktur ist eine Therapieform, die auf jeden Menschen individuell eingeht und ihn in seiner Ganzheit anspricht. Die gezielte Einstrahlung von farbigem Licht auf spezielle Akupunkturpunkte, Körperzonen und Linien bewirkt über das Lichtleitsystem des menschlichen Körpers dort einen Ausgleich, wo der Ursprung einer Belastung zu finden ist. Blockaden im Energie- und Informationsfluss werden dadurch gelöst, körperliche und psychische Selbstregulierung wird wieder möglich.

Die Farbpunktur lässt sich entweder als Alleintherapie oder therapiebegleitend einsetzen. Die Methode eignet sich auch besonders für Kinder. Sie bewirkt eine Förderung des allgemeinen Wohlbefindens, wirkt chronischer Müdigkeit und Erschöpfungszuständen entgegen, stärkt das Abwehrsystem, heilt entzündliche Erkältungskrankheiten, z. B. allgemeine Erkältungskrankheiten, Bronchitis, Sinusitis etc., wirkt bei Unruhe, Ängsten, depressiven Verstimmungen, Schlafstörungen, leichterer Migräne, hilft gegen Stressempfindlichkeit, bei Allergien und Asthma sowie bei Konzentrations- und Lernschwächen.

• Farbtherapie

Farbtherapie stellt eine Behandlung durch Bestrahlung mit den Farben des sichtbaren Lichtes sowie durch die farbliche Gestaltung von Räumen und Kleidern dar. Die Bestrahlung bestimmter Zonen der Hautoberfläche soll über die verschiedenen Farben des sichtbaren Lichtes eine Wirkung auf zahlreiche Erkrankungen haben. Als Anwendungsgebiete der Farbtherapie werden u. a. chronische Entzündungen, Allergien und Depressionen angegeben. Bei der Behandlung durch Farbgestaltung von Räumen,

Gegenständen oder Kleidung wird die psychologische Wirkung von Farben auf den Menschen genutzt.

• **Esogetische Medizin nach Peter Mandel**

Die Esogetische Medizin ist ein eigenständiges komplementärmedizinisches System, das aus neuartigem Denken entstand und dessen einzigartige Diagnostik die Basis schafft für völlig neue Ansätze in der Therapie. Entstanden ist die Esogetische Medizin durch empirische Forschung ihres Begründers Peter Mandel und die Zusammenführung von Erkenntnissen aus Medizin, Wissenschaft und Philosophie. Interessiert hat Peter Mandel dabei immer die Umsetzbarkeit der Erkenntnisse in zukunftsweisende diagnostische und therapeutische Konsequenzen, womit er weltweit Anerkennung findet.

Bahnbrechend ist die Entwicklung der Energetischen-Terminalpunkt-Diagnostik, kurz ETD, durch Peter Mandel, der zunächst die Weiterentwicklung der Kirlianfotografie vorausging.

Worin liegt der Nutzen der Esogetischen Medizin?

In einer einzigartigen visuellen Differential-Diagnostik, bei der Ein- und Auswirkungen von Materie (Körper), Energie (Seele) und Information (Geist) ablesbar sind, d. h.: Man hat die Kausalkette, die zum gegenwärtigen Problem führte, als individuelle Chronik des Patienten vor Augen!

In innovativen, zukunftsweisenden Therapiesystemen und Behandlungsformen, mit denen man die sehr subtilen und individuellen Wirkmechanismen durchbrechen und eine nachhaltige Änderung der Strukturen des Patienten auf allen drei Ebenen – und damit Heilung – bewirken können.

• **Homöopathie**

Entdeckt wurde die Homöopathie von dem Chemiker, Apotheker und Arzt Samuel Hahnemann. Die Homöopathie leistet sanfte und umfassende Hilfe bei einer Vielzahl chronischer und akuter Erkrankungen.

Einem Kranken wird hierbei in einer sehr feinen, eigentlich mehr energetisch wirksamen Dosierung ein Mittel gegeben, das normalerweise das Symptom auslöst. Die helfende Arznei spiegelt damit den Zustand des

Kranken auf eine Weise wider, die Lebenskraft und Selbstheilungskräfte auf spezifische Art aufweckt und anregt. Auch das seelische Befinden ist dabei mit zu beobachten und für die Therapie zu berücksichtigen. Die Vorteile der Homöopathie zeigen sich vor allem bei tief chronischen oder wiederkehrenden Erkrankungen wie beispielsweise bei Allergien, Migräne, Infektanfälligkeit, psychosomatischen Störungen usw.

- Kinesiologie

Das Wort "Kinesiologie" bedeutet "Lehre vom Energiefluss im bewegten Muskel". Das Ziel der Kinesiologie ist es, durch Aktivierung der Körperenergien das körperliche, seelische und geistige Gleichgewicht zu erhalten oder wiederherzustellen. Mit Hilfe von speziellen Muskeltests werden Energieblockaden im Körper aufgedeckt. Dabei übt der Therapeut leichten, gezielten Druck auf verschiedene Muskeln aus. Ein energetisch gut versorgter Muskel kann diesem Druck standhalten, ein energetisch "blockierter" Muskel gibt dem Druck nach. Mit Hilfe des Muskeltests findet der Therapeut auch heraus, womit die blockierte Energie am besten wieder zum Fließen gebracht wird. Dazu stehen verschiedene Methoden zur Verfügung, wie zum Beispiel die Massage von spezifischen Reflexpunkten, Entspannungstechniken, Ernährungsempfehlungen oder Bewegung.

Ein besonderes Anwendungsgebiet der Kinesiologie ist die Anregung von geistigen Fähigkeiten. Kinesiologie fördert das persönliche Lernpotenzial, beispielsweise bei Konzentrationsstörungen, Gedächtnisschwächen, Prüfungsstress oder Hyperaktivität.

- Musiktherapie

"Musik ist höhere Offenbarung als alle Weisheit und Philosophie", sagte Ludwig van Beethoven. Im Sinne Pestalozzis baut die Musik Menschen ganzheitlich auf, indem sie in vollkommener Ausgewogenheit auf Körper, Geist und Seele wirkt.

Die Musiktherapie ist eine Methode, die Erkenntnisse der Medizin, Musikwissenschaften, Psychologie, Philosophie und Soziologie miteinander verbindet und so versucht, über die Musik einen Zugang zum Menschen zu finden und diesen therapeutisch zu nutzen. Die moderne Musiktherapie ist dabei bemüht, den Menschen als eine Ganzheit zu erfassen. In der Musiktherapie wird zwischen aktiver und rezeptiver Musiktherapie unterschieden.

Unter aktiver Musiktherapie versteht man das aktive Musizieren, während der rezeptiven Musiktherapie das Anhören von Musik zugrunde liegt.

Ziele der Musiktherapie sind im Wesentlichen die Aktivierung und Auflösung emotionaler und kommunikativer Prozesse, die Regulierung psychischer und vegetativer Fehlsteuerungen und die Wiedergewinnung und Vertiefung ästhetischer Erlebnisfähigkeit.

Untersuchungen haben gezeigt, dass Schüler, die singen oder ein Instrument spielen, bis zu 51 Punkte mehr bei Intelligenztests erreichen als der nationale Durchschnitt. Es wird sogar angenommen, dass eine halbe Stunde klassische Musik die gleiche Wirkung habe wie 10 mg Valium.

Ein kleiner Wasserbrunnen mit dem Geräusch von tröpfelndem Wasser wirkt ebenfalls beruhigend und entspannend. Es gibt zwar keine wissenschaftlichen Untersuchungen über die beruhigende Wirkung von tröpfelndem Wasser, Erfahrungen haben jedoch gezeigt, wie wertvoll solche Geräusche sein können, vor allem für POS/ADD Kinder, die sich von Wasser in jeglicher Form angezogen fühlen.

• **Yoga für Kinder**

Yoga bedeutet "Einheit von Körper, Geist und Seele". Die Übungen bestehen aus Bewegungsfolgen, die mit verschiedenen Tieren oder anderen Lebewesen gleichgesetzt werden, wie z. B. Berg, Baum, Krieger, Held usw.

Da Kinder oftmals auf natürliche Weise eine Verbindung zu Tieren und anderen Lebewesen haben, können sie sich gut auf Yoga einlassen und haben Spaß an den Übungen.

Besonders Personen mit einem POS-Symptom ist es sehr zu empfehlen, durch Yoga einen Gleichgewichtssinn sowie die Fähigkeit, längere Zeit stillzustehen, zu entwickeln. Eltern können auch ein Spiel daraus machen, indem sie das Kind fragen: "Wie lange kannst du ein Berg oder ein Baum sein?", oder "Meinst du, du kannst so stehenbleiben, bis ich bis drei gezählt habe?"

Einige generelle Anmerkungen zum Thema Therapien:

Die folgenden Grundqualitäten versichern, einen guten Therapeuten zu finden:

- Du und deine Familie werden immer mit Respekt behandelt.
- Du wirst ohne Verurteilung liebevoll und herzlich behandelt.
- Du wirst durch deine persönlichen Angelegenheiten geführt, indem der Therapeut eine neutrale Einstellung zur Situation einnimmt.
- Du kannst mit Offenheit und Vertrauen deine Ansichten und Emotionen ausdrücken.
- Du wirst durch den Therapeuten, wenn nötig, herausgefordert, deine Einstellungen und Überzeugungen in Frage zu stellen.

Schlussbemerkung

Es ist mir ein ganz wichtiges Anliegen, mit folgendem Beispiel die Magie und die Macht jeder angegebenen alternativen Methode in einem anderen Licht zu sehen:

Jede Schule ist nur so gut wie der Lehrer, der die Klasse unterrichtet. Ob dieser Lehrer gerade deinem Kind entspricht, weißt du erst, wenn sich ein Lehrer-Kind-Verhältnis aufgebaut hat.

Jede Therapieform hat die Absicht, die Selbstheilungskräfte zu aktivieren und den Prozess zu beschleunigen. Doch jeder Mensch ist ein Individuum, und was dem einen entspricht und geholfen hat, mag dem anderen nicht zusagen oder ihn nur sehr reduziert unterstützen. Es gibt aber immer auch genau das Richtige für dich und dein Kind...

Die KINDER des LICHTS haben zudem die Fähigkeit, sich sehr schnell selbst zu heilen und brauchen oft nur die Aktivierung und Erinnerung an den gesunden Zustand.

Die Mühe und die Kraft, den Weg zu finden, zahlen sich aus – auf jeden Fall.

Denke immer daran: Die KINDER des LICHTS sind gekommen, um die Welt zu transformieren. Sie sind gekommen, um den Machtkampf und den Wettkampf zu beenden. Sie sind gekommen, um LOVING-WIS-DOM zu verankern.

Und zu guter Letzt:
Was gestern seine Wirkung hatte, mag heute nicht mehr dem veränderten Zustand entsprechen. Die KINDER des LICHTS haben die Fähigkeit, sich sehr schnell selbst zu heilen und brauchen oft nur die Aktivierung und Erinnerung an den gesunden Zustand.

Herausforderungen

Allergien und Empfindlichkeit
"Diagnose: Depressionen. Trevor war 10 Jahre alt, als ich ihn zum ersten Mal sah. Seine Eltern brachten ihn zu mir, weil sie glaubten, er sei depressiv, und er ging drei Jahre lang in gewissen Abständen zu einem Kinderpsychiater. Der Psychiater hatte den Eltern empfohlen, ihrem Kind ein Antidepressivum zu geben, doch sie wollten noch eine zweite Meinung dazu hören. Durch vorsichtiges Befragen wurde dann folgende Geschichte bekannt:

Die ersten Lebensjahre
Trevors Geburt war normal verlaufen, und seine Eltern freuten sich sehr über ihren Sohn. Vor seiner Geburt hatten die Eltern noch einige Teile ihres Hauses erneuert. Das Kinderzimmer bekam einen neuen Teppichboden und die Wände wurden frisch gestrichen. Aufgrund einer Ameisenverseuchung hatte die Familie aber das Haus kurz vor der Geburt des Babys mit einem Insektengift ausgeräuchert. Und weil sie auch einen schönen, weichen Rasen haben wollten, wurde dieser regelmäßig mit Herbiziden behandelt, um das Unkraut zu vernichten. – Trevor liebte es, mit seinem Hund auf dem Rasen zu spielen...

Die Schulzeit

Obwohl Trevor überdurchschnittlich intelligent war, interessierte ihn die Schule nicht, und er hatte auch kaum Freunde. Er hatte wenig Energie und beschwerte sich regelmäßig über Bauch- und Kopfschmerzen. Manchmal hielt er seinen Kopf in seinen Händen und schrie auf, dass er den Schmerz in seinem Kopf nicht mehr ertragen könne. Als Trevor älter wurde, hatte er regelmäßig wiederkehrende Ohreninfektionen und Halsschmerzen, die mit Antibiotika behandelt wurden. Die Eltern bestätigten, dass er ca. 20 Mal in seinem Leben Antibiotika nehmen musste. Hin und wieder bekam er Hautausschläge und Ekzeme, die von Dermatologen dann mit Cortisonsalbe behandelt wurden.

Als Trevor in der 2. Klasse war, diagnostizierte man bei ihm Legasthenie, und er bekam einen speziellen Lehrer, der ihm beim Lesen half. In dieser Zeit bekam er soziale Probleme, er begann andere Kinder zu schlagen und ihnen Schimpfnamen nachzurufen. Manchmal legte er sich auch auf den Boden und sagte, er sei zu müde, um sich zu bewegen. Seine Eltern meinten, dass dieses Verhalten ein indirekter Ausdruck dessen sei, dass ihm die Schule nicht gefalle. Sie beschlossen daher, ihr Kind in eine neue Schule zu schicken, die gerade erst geöffnet hatte. Doch in der neuen Schule verschlimmerten sich Trevors Symptome noch – sogar so weit, dass Trevors Lehrerin sagte, er müsse die Schule verlassen, wenn er keine Hilfe von einem Psychiater annehme. In der Schule hätten sie festgestellt, dass Trevor ein zorniger Junge sei, mit ernsthaften emotionalen sowie sozialen Problemen, die ein Eingreifen notwendig machten.

Nachdem Trevor fast ein Jahr in Therapie war, hörte er auf, andere Kinder zu schlagen und ihnen Schimpfnamen nachzurufen, aber er war apathisch und gereizt. Außerdem beklagte er sich regelmäßig über seine Müdigkeit. Einen Monat, bevor er in mein Büro kam, gestand er dem Therapeuten, dass er gelegentlich dachte, dass es sich nicht lohnen würde, so zu leben. Der Therapeut sprach mit den Eltern, die bereits durch das Verhalten ihres Jungen beunruhigt waren. Der Therapeut sagte, dass der Junge stark depressiv sei und antidepressive Medikamente nehmen müsse.

Während ich mir die Geschichte anhörte, merkte ich, dass Trevor ruhig in seinem Stuhl saß und seinen Blick starr auf den Boden gerichtet hatte. Meistens sprach die Mutter. Sie sprach mit einer ernsten, flehenden Stimme, während ihr die Tränen die Wangen herunterliefen. Im Ton des Vaters waren dagegen sowohl Ärger und Enttäuschung als auch Resignation und Mitleid zu spüren.

Neuer Blickwinkel

Nachdem ich mir die Geschichte angehört hatte, habe ich der Familie meine Herangehensweise in Bezug auf Depressionen erklärt. Ich machte ihnen deutlich, dass das meiste von Trevors Begleitung darauf fokussiert war, nach psychologischen Problemen zu suchen, die zu einer Depression geführt haben könnten. Es war jetzt an der Zeit, nach seiner Biochemie und den Umweltauslösern zu suchen.

Ursachenforschung

Es wurde mir klar, dass Trevors kleiner Körper einer Vielzahl von giftigen Chemikalien ausgesetzt worden war, die sehr einfach zu seinen Problemen geführt haben könnten. Eines der gängigsten in Innenräumen verwendeten Pestizide ist *Durban*, das kürzlich erst für den Innenraumgebrauch verboten wurde. Neuer Teppichboden kann zudem über mehrere Monate dutzende von giftigen Chemikalien freisetzen, u. a. solche, die Krebs hervorrufen können.

Ich vermutete, dass die chemikalische Überbelastung zu schweren Allergien geführt hatte, die wahrscheinlich seine immer wiederkehrenden Ohren- und Halsinfektionen verursachten sowie das Ekzem und andere Ausschläge. Ich ahnte, dass die Kopfschmerzen durch Nahrungsmittelallergien und/oder chemische Sensibilität verursacht wurden.

Experiment in der Wildnis

Um zu sehen, ob meine Vermutungen richtig waren, bat ich die Familie darum, Trevor für eine Woche zum Zelten in die Wildnis mitzunehmen. Sie sollten dort dann hauptsächlich Reis und Gemüse essen sowie Nüsse und frischen Fisch, sofern es ihnen möglich war, diesen im Fluss zu fischen.

Der Test fand während der Moskitozeit statt, deshalb bat ich die Familie, ein Moskitonetz anstatt Insektenschutzmittel zu benutzen.

Nachdem die Familie von ihrem einwöchigen Experiment zurückkam, hinterließen sie eine Nachricht auf meinem Anrufbeantworter, dass sie sich heillos gefreut hätten, den wahren Trevor zu erleben. Am Ende der Woche, so berichteten sie, sei sein chronischer Ausschlag fast verschwunden gewesen, er hatte mehr Energie als je zuvor, er schien ruhig und glücklich zu sein und er hatte weder Kopf- noch Bauchschmerzen. Sein Vater war erfreut, erzählen zu können, dass Trevor wandern ging, mit ihm Ball spielte und das Ganze anscheinend genoss.

Der Vater war jedoch noch nicht vollständig überzeugt und zweifelte, ob die Verhaltensveränderung eventuell lediglich mit dem Gefühl 'im Urlaub zu sein' zu tun hatte. Er wollte daher weitere Tests. Die Resultate zeigten, dass Trevor dutzende von Allergien hatte und empfindlich auf Chemikalien reagierte. Seine Nahrungsmittelallergien schlossen Milchprodukte, Weizen, Erdnüsse, Eier, Mais und Zucker mit ein, um nur einige zu nennen. Die Empfindlichkeit gegenüber Chemikalien bezog sich auf Formaldehyd, Benzol und andere Chemikalien.

Heilungsreise

Die Eltern beschlossen nun, ihre 'Heilungsreise' zu beginnen und ließen ihr Haus auf Schimmel, elektromagnetische Felder und andere Dinge hin untersuchen, die potenzielle Probleme darstellen könnten. Sie ließen den Teppich herausnehmen, verlegten Fliesen, reparierten undichte Stellen, installierten Wasserfilter für das Trinkwasser und die Dusche sowie einen Kohlenstoff-Luft-Filter im Kinderzimmer. Außerdem ließen sie von ihrer chemischen Rasenpflege ab.

Zur selben Zeit, als die Familie ihre Veränderungen im Haus unternahm, entfernte sie gleichzeitig einige Nahrungsmittel von Trevors Speiseplan, wie z. B. solche, die Gluten enthalten (Weizen, Hafer, Roggen und Gerste), Milchprodukte und Zucker. Die Eltern versuchten außerdem, primär biologisch gewachsene Nahrungsmittel zu essen. Nach ein paar Wochen schon hatten sich Trevors Symptome alle sehr verbessert, besonders, was seine Depressionen anging. Aber Trevor konnte die Diät nicht einhalten, weil er es als zu schwer empfand. Er erklärte sich jedoch einverstanden, eine wechselnde Diät zu machen, in der er es an zwei Tagen pro Woche vermied, die allergieverursachenden Nahrungsmittel zu essen.

Trevor erzählte seinen Eltern, dass er begann, den Zusammenhang zu erkennen zwischen dem, was er aß, und seinen Symptomen. Er stellte fest, dass Brot und Nudeln ihn schläfrig und depressiv stimmten. An dem Tag, nachdem er jeweils Milchprodukte gegessen hatte, fühlte er sich gereizt und überfüllt und sein Ekzem wurde schlimmer. Durch Eier bekam er Kopfschmerzen. Er stellte auch fest, dass sich die Symptome zurückbildeten, sobald er aufhörte, Süßes zu essen.

Am Ende des ersten Behandlungsmonats berichtete Trevor, dass er mehr Energie habe und glücklicher sei. Sein Bauch war nicht mehr aufgebläht, und er hatte weniger Verlangen nach Süßigkeiten.

Im zweiten Behandlungsmonat berichtete Trevor, dass die Ausschläge auf seiner Haut verschwunden seien und dass er keine Kopf- und Bauchschmerzen mehr habe. Die immer wiederkehrenden Ohrenschmerzen sowie die Halsschmerzen seien verschwunden.

Im 6. Monat erzählten Trevors Eltern, dass er sich in der Schule verbessert habe, viele Freunde habe und ihm Sport zum ersten Mal Spaß mache. Trevor berichtete selbst, dass er froh sei zu leben und keine Depressionsgefühle mehr habe.

Trevor ist jetzt 13 Jahre alt. Seine größten Sorgen sind die eines typischen Teenagers. Gelegentlich erscheinen einige seiner Symptome wieder, wenn er längere Zeit giftigen Chemikalien ausgesetzt ist oder wenn er zu oft die Nahrungsmittel isst, gegen die er allergisch ist. Aber er kann die entsprechenden Maßnahmen ergreifen und seine Symptome selbst behandeln, ohne die Hilfe seiner Eltern.

Resumée

Trevors Depression war ganz klar ein Symptom eines größeren Problems. Wäre Trevor einfach mit Antidepressiva behandelt worden, wäre der Grund seiner Depression unentdeckt geblieben, und seine Gesundheitsprobleme hätten sich wahrscheinlich verschlimmert. Trevors Depression stellte sich dank einer alternativen Herangehensweise jedoch als sekundär heraus. Im Vordergrund stand hingegen, dass er chemischen Mitteln ausgesetzt war sowie eine Nahrungsmittelallergie hatte. Beides löste sich jedoch durch entsprechende Behandlung."

(Erfahrungsbericht von Dr. Erica Elliott)

Disharmonische und schädliche Energien

Eine liebende Atmosphäre in
eurem Heim ist das Fundament
für euer Leben.

Dalai Lama

Karen Kingston sagt: "Damit dein Leben harmonisch ist, ist es von großer Wichtigkeit, dass du einen Fluss von reiner, vibrierender Energie in deinem zuhause und an deinem Arbeitsplatz hast."

Die KINDER des LICHTS haben ein sehr feines Wahrnehmungssystem und sind uns sehr dankbar, wenn wir ihnen energetisch gereinigte Räume zur Verfügung stellen.

Wann ist der richtige Zeitpunkt, die Reinigung vorzunehmen?

- Sofort – oder sobald du alle notwendigen Vorbereitungen getroffen hast und von da an in folgendem Rhythmus

- Neumond – Reinigung, um sich von Vergangenem zu lösen und sich auf den neuen Mondzyklus physisch, emotional, mental und spirituell vorzubereiten. Das Zeitfenster ist 24 Stunden vor dem Neumond offen, am Tag des Neumondes und 24 Stunden danach.

- Vollmond – Reinigung, um sich bei den unterstützenden Kräften und Energien zu bedanken und die Verbindungen zu stärken. Es ist der "lichtvollste" Tag des Monats. Er spiegelt dir auch die letzten 14 Tage des zunehmenden Mondes wider. Das Fenster ist 24 Stunden vor dem Vollmond offen, am Vollmondtag und 24 Stunden danach.

Vorbereitung:

Reinige, wenn du dich körperlich fit und gesund fühlst. Um gute Ergebnisse zu erzielen, räume zunächst auf und säubere den Bereich, den du reinigen möchtest (fegen, putzen oder staubsaugen). Nimm ein Bad oder eine Dusche, oder wasche dir zumindest Gesicht und Hände. Räume alle umherliegenden Lebensmittel in Schränke, und lege deinen Schmuck ab. Arbeite barfuß, wenn möglich, und alleine, es sei denn, andere Leute verstehen wirklich voll und ganz, was du tust. Arbeite in Ruhe ohne Hintergrundmusik, und stelle auch alle sonstigen Hintergrundgeräusche ab (Geräte usw.).

Methoden:

Beginne beim Haupteingang, und gehe von da aus in jedes Zimmer. Das Ganze ist auch empfehlenswert für Geschäftsräume, Bürogebäude und Autos usw. Als Zeichen des Beginns der Arbeit kannst du eine Kerze anzünden.

Du kannst eine der folgenden Methoden wählen:

- Mit Magnesiumsulfat: eine Schale gefüllt mit Magnesiumsulfat 24 Stunden in eine Ecke, zum Computer oder in ein anderes energetisches Feld stellen, das außer Balance ist. Wichtig: jeden Tag neu einfüllen.

- Mittels Klang: eine Glocke, Klangschale, Gong, positive Worte, Gebete...

Wir sind immer und überall mit allem verbunden, mit dem Königreich der Tiere, Pflanzen, Mineralien, mit den Planeten und Sonnensystemen. Wir sind die Reflektion des Makrokosmos.

Ich habe mich darin geübt, mein Umfeld so wahrzunehmen, dass ich die Energien und Botschaften "lesen" kann. Seit Jahren beobachte ich in allen Einzelheiten meine Lebensenergie und meinen Lebensfluss. Dies lässt mich auf eine sehr feine Art erkennen, in welche Richtung die Energie fließt, und ich habe die Möglichkeit, etwas daran zu verändern. Das Harmonisieren der Energien in meinem Umfeld ist eine tägliche Gewohnheit geworden, die heute für mich spürbar wahrnehmbar ist.

Noch einmal: Die KINDER des LICHTS haben ein sehr feines Wahrnehmungssystem und sind uns sehr dankbar, wenn wir ihnen energetisch gereinigte Räume zur Verfügung stellen.

Chatten im Internet macht Spaß – ist aber auch eine ernstzunehmende Gefahr

In der heutigen Zeit haben die meisten Kinder und Jugendlichen einen eigenen PC oder zumindest die Möglichkeit, einen PC oder Laptop zu benutzen und haben gelernt, über das Internet zu kommunizieren. Obwohl das Internet Distanzen schmelzen lässt und wir über tausende von Kilometern in kürzester Zeit miteinander in Kontakt treten können, bringt es leider auch Gefahren mit sich, vor allem für junge Benutzer. Diese Gefahren müssen wir Ernst nehmen.

Kinder und Jugendliche nutzen die virtuelle Unterhaltung oft unbeaufsichtigt und unaufgeklärt. Sie sprechen auch selten mit Erwachsenen über ihre Chat-Besuche und ihre teils auch unangenehmen Erfahrungen, weil sie Angst haben, dann nicht mehr chatten zu dürfen. Da Eltern, Erziehungsverantwortliche und Pädagogen manchmal selber wenig über das Chatten wissen und auch kein Interesse daran haben, löst es viel Unbehagen aus, und wenn sie sich doch einmal in diese "Welt" begeben, so ist es anfangs nicht leicht, die Orientierung zu behalten.

Eine der größten Gefahren für Kinder und Jugendliche besteht beim *Anbahnen eines sexuellen Missbrauchs via Internet*. Es geschieht oft, dass pädosexuelle Erwachsene im Chat-Raum nach Minderjährigen Ausschau halten, eine Zeit lang mit ihnen "plaudern", bis sie ihr Vertrauen erlangt haben, und dann versuchen, sich mit den Kindern alleine zu treffen. Studien belegen, dass es bei Kindern und Jugendlichen eine hohe Bereitschaft zu realen Treffen ohne Begleitung Erwachsener gibt. Ein sexueller Missbrauch kann die schlimme Folge sein.

Zu weiteren Gefahren gehören z. B.:
- *sexuelle Belästigung im Chat;* dies kommt besonders bei Kinder- und Teen-Channels vor. Solche Channels sind beliebte Orte, an

denen sich Pädosexuelle gerne "aufhalten" und ihre Fantasien ausleben. Typisch sind Fragen nach sexuellen Erfahrungen der Kinder- und Jugendlichen ("Hast du schon einmal Sex gehabt?") und Äußerungen zu eigenen sexuellen Erfahrungen, Praktiken und Wunschvorstellungen. Manchmal hilft das Verlassen des Dialogs oder Ignorieren des Chatters, um die Belästigung zu beenden. Es kann aber auch zu hartnäckigen und dauerhaften Übergriffen kommen.

- *Stimulierung durch Bilder und Objekte von Kindern*; jugendliche Chatter erhalten regelmäßig Anfragen nach Telefonsex, Cybersex, Netmeeting- und Cam-to-Cam Kontakten (Übertragung sexueller Aktivitäten per Web-Kamera). Chat-Partner fragen manchmal auch nach getragener Kinderunterwäsche und bieten entsprechende Bezahlung an. Auch die Zusendung von Fotos der Minderjährigen wird sehr hartnäckig verlangt.

- *Übergriffe per E-Mail oder Telefon*; Kinder reagieren oft auf vertrauensvoll scheinende Menschen sehr offen und geben ohne Bedenken ihre Identität (Name und Adresse, Telefon- und Handy-Nummer, private eMail-Adresse) im Chat preis. Dies kann zur Folge haben, dass man ihr Kind dann mit pornografischen Texten, Bildern, Spam, Viren und vielem mehr attackiert und belästigt.

Kinder und Jugendliche brauchen die Unterstützung der Erwachsenen, um sicher im Internet kommunizieren zu können, und sie müssen spüren, dass sie jederzeit und ohne Angst auf die Hilfe der Erwachsenen zählen können. Es ist empfehlenswert, den Austausch der Internet- und Chat-Erfahrungen genauso in das alltägliche Familiengespräch mit einzubinden, wie wenn über Erlebnisse in der Schule, der Berufsausbildung, der Freizeit und vielem mehr gesprochen wird.

Die folgenden zwei Checklisten geben Erwachsenen, Kindern und Jugendlichen eine Hilfestellung, um sich in der Chat-Welt sicherer bewegen zu können:

Es ist ratsam, folgende Punkte zu beachten:

Begleiten Sie Ihre Kinder!	Sie sollten die Räume kennen, in denen sich Ihr Kind aufhält, um es bei Bedarf schützen zu können. Nehmen Sie von Zeit zu Zeit an den Aktivitäten teil, zeigen Sie Interesse daran, was Ihr Kind tut, was es fasziniert und mit wem es sich unterhält.
Umgang mit Technik und selber ausprobieren	Sofern Sie es noch nicht können, lernen Sie den Umgang mit PC und Internet. Lassen Sie sich von Ihren Kindern die Technik erklären, und lassen Sie sich deren liebste Chat-Räume zeigen. Chatten Sie regelmäßig gemeinsam mit ihnen – so wie Sie z. B. auch gemeinsam fernsehen.
Lieblingschats unter Favoriten speichern	Sorgen Sie dafür, dass Ihre Kinder ihre Lieblingschats unter den Favoriten abspeichern und dass der Anmeldevorgang automatisiert wird. So können Ihre Kinder diese schnell und problemlos aufrufen, und es besteht keine Gefahr, durch Tippfehler auf einer anderen Seite zu landen.
geeignete Chats suchen	Suchen Sie je nach Alter und Fähigkeit Ihres Kindes einen oder mehrere geeignete Chats, in denen Ihr Kind sich sicher und wohl fühlt.
Rollenspiel	Geben Sie sich bei gemeinsamen Chatbesuchen als Kind aus. Durch dieses Rollenspiel erleben die Kinder, dass sich im Chat Erwachsene als Kinder ausgeben können.

Es ist ratsam, folgende Punkte zu beachten:

Belästigungen	Üben Sie mit Ihren Töchtern und Söhnen, wie man sich gegen sexuelle Anmache und Exhibitionisten wehren kann. Das fördert auch das Vertrauen zwischen Ihnen und Ihren Kinder, damit, wenn eine sexuelle Belästigung geschieht, die Kinder sich nicht genieren, Ihnen dies mitzuteilen.
kein Chatverbot aussprechen	Durch ein Chatverbot erreichen Sie nur, dass Ihre Kinder heimlich chatten; z. B. bei Freunden, im Internetcafé oder bei Ihrer Abwesenheit.
Aufklärung	Bereiten Sie Ihr Kind vor, dass der Chat-Partner oft nicht der ist, für den er sich ausgibt.
anonyme E-Mail-Adresse	Für die Kinder und Jugendlichen unbedingt eine zweite, anonyme E-Mail-Adresse anlegen, damit die offizielle Familien-E-Mail-Adresse unbekannt bleibt.
Begrenzung der Chat-Zeiten	Eine Absprache der Chat-Zeit pro Tag, Woche oder Monat ist sehr empfehlenswert und hilft, andere Kontakte wie Spielen mit anderen Kindern, nicht zu vernachlässigen.
Machen Sie die Regeln	Klare Regeln für den Umgang mit dem Internet sind pädagogisch sicherlich sinnvoller als Verbote.
Kontrolle	Internetanschlüsse niemals im Kinderzimmer installieren, da das Kind sonst unkontrolliert online gehen kann. Wenn der PC an einem zentralen Ort im Wohnbereich steht, hat dies den Vorteil, dass die Erwachsenen so ganz nebenbei mitbekommen, wie lange und womit sich das Kind im Internet beschäftigt.

Es ist ratsam, folgende Punkte zu beachten:	
Melden Sie Auffälligkeiten und Verstöße!	Auffälligkeiten, Übergriffe, sexuelle Belästigung etc. können gesichert/gespeichert und dem Internet-Anbieter (Provider) gemeldet werden.

Checkliste für Kinder und Jugendliche

Tipps, die dir helfen, sicherer chatten zu können	OK, halte mich daran
Chatte am Anfang nicht alleine, sondern bitte Eltern oder Geschwister um Hilfe.	
Suche dir einen Chat-Raum, in dem es "Aufpasser", so genannte Operatoren, gibt. Sie achten auf einen korrekten Umgang unter Chattern und helfen dir, wenn du nicht zurechtkommst.	
Im Chat-Raum zeigst du dich nicht mit deinem richtigen Namen, sondern wählst dir einen Nicknamen aus. Wähle einen, der dir gefällt: z. B. aus deinem Lieblingsbuch, deinem Lieblingsfilm oder einfach ein Wort, das lustig ist. So bleiben deine persönlichen Daten geschützt.	
Wenn du aufgefordert wirst, dein Profil zu erstellen, gib keine persönlichen Angaben bekannt oder, noch besser, bitte deine Eltern beim Erstellen um Hilfe.	
Verrate beim Chatten nie deine Adresse, Telefonnummer und deinen Nachnamen. – Es ist gut, wenn du anonym bleibst!	
Zu deinem Nicknamen hast du auch immer ein Passwort. Bitte gib es nie weiter; auch nicht deiner besten Freundin oder deinem besten Freund. Dies schützt vor Missbrauch.	

Tipps, die dir helfen, sicherer chatten zu können	OK, halte mich daran
Wenn du chattest, sei freundlich und natürlich, aber bleibe auch misstrauisch und glaube nicht alles, was andere im Chat über sich erzählen.	
Triff dich nicht persönlich mit Leuten aus dem Chat. Vor allem nicht gleich am Anfang, und besprich es zuerst mit deinen Eltern. Das erste Treffen sollte immer an einem öffentlichen Ort (Café, Bahnhof etc.) stattfinden und niemals ohne Begleitung eines Erwachsenen.	
Sei misstrauisch und vorsichtig, wenn ein Chatter/eine Chatterin <ul><li>versucht, so vertraut zu tun, als ob er/sie dich gut kennt</li><li>schmeichelt und dir übertriebene Komplimente macht</li><li>sich detailliert über dein Aussehen erkundigt und z. Bsp. wissen will, ob du schon Schamhaare hast</li><li>hauptsächlich über Sex reden will und dich fragt, ob du schon sexuelle Erfahrungen hast</li><li>wissen will, ob du alleine vor dem PC sitzt</li><li>unbedingt mit dir telefonieren will</li><li>nach deinem Namen, deiner Adresse und Handynummer fragt</li><li>dich schnell besuchen oder treffen will</li><li>dich fotografieren oder mit dir einen Film drehen will</li><li>dir Angst machen will, dir droht oder dich sogar zu erpressen versucht</li><li>nicht will, dass du mit anderen über den Chatkontakt sprichst</li></ul>	
Wehre dich, wenn dich im Chat jemand beschimpft oder mit Gerede über Sex, taktlosen Fotos, Filmen oder Anmache nervt. Sag einfach ganz klar und deutlich "NEIN!" Oder "lass mich bitte in Ruhe, ich will nicht chatten" oder "geh bitte weg und belästige mich nicht".	

Tipps, die dir helfen, sicherer chatten zu können	OK, halte mich daran
Am besten vertreibst du unliebsame Chatter, wenn du ihnen sagst, dass du Erwachsene um Hilfe bittest wie z. Bsp. "du sprichst so gerne über Sex, ich hole schnell meine Mutter, dann kannst du mit ihr chatten" oder "ich speichere alles, was du mir geschrieben hast und gebe es meinen Eltern".	
Ganz wichtig ist, geniere dich nicht, und informiere auf jeden Fall einen Erwachsenen über einen solchen Kontakt! *(Copyright: Swisscom/Bluewin-Portal)*	

SOS-PINNWAND

Was kann ich ändern?

_____

_____

_____

_____

Wie kann ich es umsetzen?

_____

_____

_____

_____

Meine Intention, um die Beziehung zwischen mir
und _____ zu verbessern.

_____

_____

_____

_____

Kapitel 5

Erziehung und Schulbildung

*"Was hinter uns liegt und
was vor uns liegt,
sind Winzigkeiten im
Vergleich zu dem,
was in uns liegt."*

Oliver Wendeli Holmes

Die Schule von heute und morgen

Bist du auch schon jenen Kindern begegnet – Kindern, die einfach ihren Weg gehen, sich nicht um das kümmern, was um sie herum geschieht – Kinder, die scheinbar Spielregeln in einer Kindergruppe gar nicht richtig wahrnehmen, einfach darüber hinweggehen? Kindern, die einfach nur noch destruktiv sind, abgestellt wirken, für nichts mehr zu motivieren sind, fahrig, unkonzentriert, einfach unmöglich?

Der folgende Fall ist für mich, wenn auch ein besonders eindrücklicher, so doch nur einer von vielen, wie sie immer wieder im Zusammenhang mit der Schule vorkommen. Und es werden immer wieder Fragen in einem wach – Fragen zu unserem Schulsystem, zu den Erwartungen und Denkweisen von uns Erwachsenen, Fragen aber auch zu den Kindern und Jugendlichen, die immer gehäufter mit den immer gleichen Problemen in unseren Klassen auftauchen.

Tatsache ist, dass sich z. B. in der Stadt Zürich die Anmeldungen beim Schulpsychologischen Dienst in Bezug auf "psychosoziale Problematik" in den letzten sechs Jahren fast verdoppelt haben. Innerhalb von zwei Jahren wurden die Stellen der Lehrer für Einzelunterricht in der Stadt Zürich von fünf auf zehn verdoppelt. 1996/97 erhielten im Kanton Zürich noch 110 Schüler eine Spezialschulung, im Herbst 1999 waren es bereits 180 Schüler. Nicht weiter verwunderlich sind denn auch die Ausgaben der IV-Kinder (POS / ADD fällt auch darunter) stark gestiegen: 1980 bezahlte die IV 220 Millionen Franken, 1998 waren es bereits 615 Millionen. Auch wenn man die teuerungsbedingten höheren Ansätze pro Kind berücksichtigt, ist das eine gewaltige Zunahme. Auch die Ausgaben des Bundesamtes für Justiz an Heime für straffällige Jugendliche und Schwererziehbare sind geradezu explodiert: von 47 Millionen im Jahre 1990 auf 77 Millionen Franken 1999. (Quelle: der Schweizerische Beobachter Nr. 17/2000)

Ganz offensichtlich hat sich das Verhalten der Schüler in der Schule verändert – und offensichtlich in eine Richtung, die es schwieriger macht, den Bildungszielen gerecht zu werden, die von der Gesellschaft vorgegeben sind. Gemäß den "Leitideen für die Volksschule" nach einer Konferenz der Innerschweizer Erziehungsdirektoren 1984 hat die Schule "die Aufgabe, jedem Kind bei der Entfaltung seiner Persönlichkeit zu helfen. Sie muss sich bemühen, allen Möglichkeiten individueller Begabung gerecht zu werden und auf ausgewogene Bildung der menschlichen Kräfte bedacht sein. Verstand, Gemüt, Wille, Bildung, Gemeinschaftssinn, handwerkliche und künstlerisch-schöpferische Fähigkeiten sollen gleichermaßen angeregt, gepflegt und gefördert werden. Sie achtet auf den jeweiligen Entwicklungsstand des Schülers und fördert in ihm die Bereitschaft, sich selbst als ein sich entwickelndes Wesen zu erkennen."

Konkret haben wir heute in der Schule aber die Situation, dass Lehrer, die in erster Linie Fachleute für das Lernen sind, sich mehr als die Hälfte ihrer Zeit als Konfliktmanager, Psychologen und Betriebsfachleute verdingen. Das heißt, über 50% ihres Aufwandes und ihrer Energie investieren sie in den Umgang und die Bewältigung von sozialen Abläufen in einer Klasse und die kräfteraubende Arbeit, um Schüler dafür zu motivieren, auf ein vorgegebenes Ziel hin zu arbeiten. Rund ein Drittel der Junglehrer springt schon in den ersten zehn Berufsjahren ab.

Welche Erklärungsmöglichkeiten gibt es, dass Jugendliche heute mehr Schwierigkeiten machen? Ist die Schule daran schuld, sind es die begleitenden Eltern zu Hause, die Kinder selber – oder ist es die Gesellschaft? Um diese nicht einfachen Fragen zu beantworten, ist zu überlegen, was sich eigentlich denn in den letzten zehn bis zwanzig Jahren in den verschiedenen Bereichen von Schule, Familie und Gesellschaft verändert hat.

Spannungsfeld Schule

Nehmen wir zuerst die Schule (und ich beziehe mich dabei vor allem auf die Veränderungen in Schweizer Schulen, da ich hier mehr Einblick habe). Zwei generelle Einflüsse sind hier bemerkbar: Es ist dies einerseits der Ruf, durch Individualisierung den Kindern mehr gerecht zu werden. Dies führte dazu, dass sich in den letzten Jahren die Klassengrößen tendenziell klar nach unten bewegten und dieser Trend höchstens durch Finanzierungsprobleme in einzelnen Kantonen zeitweise zu bremsen war.

So lag z. B. im Kanton Schwyz der Klassendurchschnitt im Schuljahr 1999/2000 bereits bei 19,3 Schülern im Gegensatz zu 1978/79, wo der Durchschnitt noch bei 24,3 Schülern lag. Diese Reduktion der Klassengröße ermöglichte es den Lehrern, individueller auf die Schüler einzugehen, neue Lernformen wie Werkstatt- und Projektunterricht sowie Planarbeit in den Unterricht zu integrieren. Gleichzeitig musste aber auch die sprachliche und kulturelle Integrationsarbeit in den Klassen erhöht werden, da immer mehr Kinder aus anderen Kulturkreisen und Sprachregionen zuzogen. Schüler haben mit diesen Veränderungen heute viel mehr Freiraum, was die Form des Lernens, dessen Zeitpunkt und Inhalt betrifft. Dieser Fortschritt hat jedoch die Situation in der Schule ganz offensichtlich nicht erleichtert. Die andere Veränderung betrifft den Einfluss, der von der Arbeitswelt, der Wirtschaft, in der Schule wirkt. Fremdsprachen sollen früher erlernt werden, und die Informatik hält bereits Einzug in die Primarschulen. Leistung, genaues Arbeiten, gute Teamarbeit werden gefordert und beeinflussen entsprechend das Schulklima.

Der Einfluss der Individualisierung einerseits und der Einfluss, den die Arbeitswelt auf die Schule ausübt, widersprechen sich häufig im Schulalltag, weil man ihnen nicht gleichzeitig gerecht werden kann. Lässt man den Kindern ihre Individualität und akzeptiert, dass sie gewisse Leistungen nicht erbringen wollen oder sich nicht in Gruppen integrieren lassen – oder versucht man mit Nachdruck, dies zu verändern? Dies ist oft eine schwierig zu handhabende Herausforderung.

Dieser Umstand hat dazu geführt, dass die Veränderungen Richtung Individualisierung vor allem im Primarschulbereich sehr offensichtlich sind, dass aber dann bereits in der Oberstufe Leistungsdruck, Gleichbehandlung und reine Stoffvermittlung wieder an der Tagesordnung sind. Es entsteht schnell der Eindruck, dass sich in der Schule bezüglich Unterrichtsform und -inhalt kaum etwas verändert hat. Reformen sind eben nur so gut, wie sie von den Beteiligten getragen werden und unter welchen Zwängen sich diese fühlen.

Konkret erlebt man dann auch bei den Eltern, dass sie sich oft in den ersten vier Schuljahren sehr energisch für einen Schulunterricht einsetzen, den ihr Kind einfach gerne besucht, der also sehr menschlich und angepasst für ihr Kind sein soll. Die gleichen Eltern wechseln dann ihre Auffassung, wenn es für ihr Kind darum geht, in die Oberstufe überzutreten. Da muss dann plötzlich die Leistung stimmen, ihr Sohn bzw. ihre Tochter soll ja schließlich etwas Rechtes werden und beste Voraussetzungen für den Start ins Berufsleben haben. Damit ist das Spannungsfeld Schule perfekt.

Wie sieht es mit den Veränderungen in den Familien in den letzten 20 Jahren aus?

Die Erziehungsvorstellungen der Eltern von heute weisen ein viel breiteres Spektrum auf, als dies noch vor zwanzig Jahren der Fall war. Es gibt Kinder, die sehr angepasst und diszipliniert sind und die von zu Hause einen sehr guten sozialen Umgang mitbringen. Schülerinnen und Schüler kommen jedoch heute zum größten Teil aus Kleinfamilien (ein oder zwei Kinder), werden sehr frei erzogen, müssen sich nur wenig einschränken und unterordnen. Es ist darum nicht überraschend, dass viele von ihnen in der Schule sehr selbstbewusst ihre Bedürfnisse durchzusetzen versuchen und häufig auch schlecht mit Frustrationen umgehen können, wenn etwas in der Großgruppe eines Klassenverbandes nicht so läuft, wie sie sich das vorstellen.

Diesem Umstand ist es in erster Linie zu verdanken, dass die Schule heute sehr viel mehr Integrationsarbeit leisten muss als früher. Der Anteil von Kindern, die aus schwierigen Familienverhältnissen stammen, ist in den letzten Jahren ebenfalls angestiegen und erschwert die Integrationsaufgabe noch zusätzlich.

Welchen Einfluss hat die Gesellschaft auf die schulischen Gegebenheiten?

Die Gesellschaft ist der Repräsentant für die Wertvorstellungen, die die Menschen kollektiv vertreten. In den obigen Abschnitten wird bereits die Tendenz deutlich, dass heute in der Gesellschaft die Wertvorstellungen der Menschen immer diffuser und uneinheitlicher werden. Von rechts bis links, von grün bis schwarz, von Atheismus bis Sektenhörigkeit ist alles zu finden. Die Orientierungslosigkeit ist groß – und damit auch die gesellschaftlichen Probleme. Dass diese Situation vor Familien und Schule nicht Halt macht, ist nicht weiter verwunderlich. Gerade die öffentliche Schule ist letztendlich nichts anderes als ein lebendiges Abbild unserer Gesellschaft.

Erklärungsansätze für das veränderte Verhalten von Kindern und Jugendlichen

Wenden wir uns direkt den heutigen Kindern und Jugendlichen zu, um hier nach Erklärungen für ihr verändertes Verhalten zu suchen. Hier gibt es die Möglichkeit, zwei Sichtweisen aufzuzeigen, eine aus der Gesellschaft folgernde und eine mehr utopisch/esoterische.

Folgernd aus unserer gesellschaftlichen Realität und folgernd aus der Situation der heutigen Familien kann man argumentieren, dass logischerweise von unseren Kindern und deren Entwicklung nichts anderes zu erwarten ist, als was wir zunehmend in den Erziehungsinstitutionen feststellen. Denn die Kinder sind das Ergebnis dessen, was in Gesellschaft und Familie gesät wird. Wir bekommen sozusagen von unseren Kindern den Spiegel vorgesetzt für das, was wir selber leben. Bei dieser Argumentation wird die Frage umso schwieriger sein, wie wir uns aus diesem Kreis von Aktion und Reaktion wieder herausholen können. Denn bekanntlich kann man Probleme nicht mit demselben Denken lösen, mit dem man sie geschaffen hat. Wir werden denn auch bei den später in diesem Kapitel aufgezeigten Versuchen, diese Probleme in den Griff zu bekommen, sehen, dass diese Ansätze immer wieder auf der Ebene von Symptombekämpfung ansetzen. Das heißt, die Interventionen sind immer in jeder Hinsicht sehr aufwendig und der Erfolg mäßig.

Wenden wir uns dem utopisch/esoterischen Erklärungsversuch zu: Nehmen wir an, dass hinter dem, was wir sind und was wir tun, sich nicht nur ein Aktions-Reaktionszirkel dreht, sondern dass hier gleichzeitig noch das grundlegende Naturgesetz der Evolution wirkt (übrigens ein sehr wissenschaftlicher und kein esoterischer Gedanke). Falls wir von dieser

Voraussetzung ausgehen, dann müsste man noch andere Betrachtungsweisen in den Erklärungsversuch für die Situation und das Verhalten unserer Kinder und Jugendlichen miteinbeziehen. Das heißt, wir müssten uns fragen, in welche Richtung uns die Evolution denn eigentlich führen will und gleichzeitig annehmen, dass wir etwas aus dem Verhalten unserer Nachkommen erkennen und lernen könnten. Denn diese sind ja die jüngste Errungenschaft gerade eben dieser im Universum wirkenden Evolution. Das heißt, dass das Verhalten unserer Kinder nicht nur allein eine Reaktion auf die von ihnen bei uns angetroffene Umgebung ist, sondern gleichzeitig ein Ausdruck dessen, was die Evolution als Zielvorgabe von uns will. Falls dem nämlich so ist, hätten wir eine große Chance, daraus den Weg der Evolution zu erkennen und damit die Möglichkeit, den Versuch zu starten, mehr im Einklang damit zu leben. Denn schließlich wird jedes Tun, das wenig oder gar nicht im Einklang mit der Evolution steht, nur Probleme und Leiden verursachen.

Schauen wir das Verhalten unserer heutigen Jugendlichen etwas genauer an. Oft sind sie für uns sehr egoistisch, sie tun nur das, was ihnen Spaß macht, haben sonst keinen Durchhaltewillen. Nur was sie interessiert, motiviert sie, und das, was nach unserer Meinung für sie wichtig sein sollte, lässt sie oft kalt. Und wir sind dann hin und her gerissen zwischen fürsorglicher Unterstützung und Druck, zwischen liebevollem Verhalten und gefrustetem Dazwischenfahren. Es ist unseren Kindern oft egal, welche alltäglichen Verhaltensprinzipien gelten oder nicht, was man tut oder wie man sich verhält, und sie neigen oft zu zerstörerischem Tun, wenn sie unter Druck kommen. Sie sehen nicht ein, warum man etwas wissen sollte und kümmern sich nicht um die daraus entstehenden Konsequenzen. Sie machen sich keine Sorgen um ihre Zukunft in der Überzeugung, dass die Eltern sie schon wieder aus den schwierigen Situationen herausholen werden.

Oft haben wir Eltern wirklich den Eindruck, dass sie unsere Wertvorstellung belächeln oder in Frage stellen, wenn z. B. mein Sohn mich etwa zur Rede stellt und fragt, ob etwa unser Familienname im Dorf darunter leiden würde, wenn er statt der höher eingestuften Sekundarschule nur die Realschule besuchen würde. Solch entwaffnende Bemerkungen und viele Verhaltensweisen der Jugendlichen geben Anlass, sich etwas tiefere

Gedanken über Leben und Lebenssinn zu machen... Wissen wir selber eigentlich, was wir im Leben wollen, was der tiefere Sinn des Lebens ist? Oder rennen wir einfach durchs Leben, gestresst von der Herausforderung, im Beruf bestehen zu können, um den Lebensunterhalt sicherzustellen, und getragen von der Sehnsucht nach den nächsten Ferien, wo wir wieder einmal all das tun können, was wir sonst nicht können?

Hier sind es wieder die Kinder, die uns zu Antworten provozieren wollen, die uns mit ihrem Tun zurufen: "Was nicht im Dienste der Liebe steht, ist destruktiv fürs Leben!" Sie wollen uns sagen: "Wir sind auf dieser Welt, um das Leben zu genießen und einander zu dienen. Genießen bedeutet, etwas wahrzunehmen und es zu lieben. Ohne Liebe also kein Genuss. Liebe ist das Grundgesetz. Kultivierung des Denkens steht nicht an erster Stelle, wie wir das auf dieser Welt praktizieren. Zivilisiert ist ein Planet, wenn dieses Grundgesetz der Liebe der Maßstab für alles Tun und Sein auf dieser Welt ist. Dazu braucht man kein Geld, keine Regierung, sondern nur Menschen, die sich zu jener Stufe entwickelt haben, wo sie spontan im Einklang mit diesem Grundgesetz leben, weil sie die Wachheit und Weitsicht haben, zu spüren, dass jedes andere Verhalten ihnen selber am meisten schadet. Leistung und Wettkampf, um gewinnen zu können ist der Same für Krieg und Zerstörung."

Ich möchte an dieser Stelle bewusst noch etwas weiter vom eigentlichen Thema abschweifen, da es meines Erachtens sehr wichtig ist zu verstehen: Vielleicht tragen unsere Kinder und Jugendlichen all diese Botschaften tief in sich als Entwicklungsplan der Evolution, die durch das Naturgesetz gegeben ist. Als Erwachsene haben wir zwei Möglichkeiten, entweder diese Botschaften in den Verhaltensweisen unserer Kinder verstehen zu lernen und sie aufzunehmen oder in der Gefangenheit unseres irdischen Lebens unterzugehen. Es gilt, auf unserem Planeten Moral und Ethik mit unserer Intelligenz in ein wirkliches Gleichgewicht zu bringen, nur so kann unser Wissen den Fortschritt und das friedliche Zusammenleben sicherstellen.

Unsere Kinder und Jugendlichen als Träger der Vision einer Evolution, die uns zu einem Ziel, einem lichtvollen Ziel, tragen wollen – KINDER des LICHTS! – Muss dieser Gedanke nicht gerade für uns Erwachsene sehr viel Hoffnung und Zuversicht in die Zukunft vermitteln? Kinder und Jugendliche also, die versuchen in dieser Welt mit all den veralteten Prinzipien dieses neue Verständnis von Mensch-Sein zu leben, die einen unermüdlich und mit allen uns brüskierenden Provokationen, die anderen etwas zaghafter.

Dabei gibt es auch diejenigen Jugendlichen, die in diesem Kampf der Kräfte bereits aufgegeben haben, bei denen das Selbstbewusstsein verkümmert und wir als Erwachsene sie dann als die braven, vorbildlichen Söhne und Töchter loben, die kein Wässerchen trüben und ganz ordentlich den Weg gehen, weil sie angeblich gemerkt haben, was der einfachste und schnellste Weg zum Erfolg in dieser Welt ist. Und derweil verschließen wir die Augen vor all dem, was täglich in der Welt geschieht, an Unrecht, Gewalt, Krieg, Umweltzerstörung usw. Wichtig ist einfach, dass es unseren Kindern gut geht, selber nicht wissend oder uns wenig darüber Rechenschaft gebend, was denn eigentlich die zukünftige Welt sein wird, die auf unsere Nachfahren zukommt.

Nicht zu vergessen jene Kinder, die ob dem Frust über ihre gescheiterte Mission in Depression, Sucht oder Kriminalität abgleiten und uns so eine Lebenslektion erteilen, die wir Erwachsenen meist noch nicht gelernt haben, richtig zu verstehen.

Aus diesem Blickwinkel ist es nicht weiter verwunderlich, dass in Auseinandersetzungen in Familie und Schule genau das geschieht, was wir heute erleben – ein immer mehr explodierendes Spannungsfeld zwischen der evolutionären Kraft, repräsentiert von vielen unserer Jugendlichen auf der einen Seite und unserem verkorksten System mit all den veralteten Prinzipien, aufrechterhalten von uns ängstlichen Erwachsenen auf der anderen Seite, in der Meinung, wir müssten unsere Jugendlichen davor beschützen, dass sie eben von diesem System aufgefressen werden, und wir sie darum frühzeitig für dieses System zurechtzubiegen hätten. Müssten wir da nicht etwas mehr loslassen und uns öfter Gedanken machen, was uns unsere Jugendlichen eigentlich sagen wollen, wo sie mich ganz persönlich in diesen Evolutionsprozess miteinbeziehen wollen, für mehr Lebensqualität für uns alle. Das gäbe uns mehr Vertrauen in die Zukunft unserer Kinder. Welchen Dienst tun wir ihnen eigentlich, wenn wir sie auf die Welt von heute vorbereiten wollen, die es morgen mit den heutigen Strukturen und Prinzipien gar nicht mehr gibt? Das Tempo der Veränderung müsste uns bezüglich dieser Idee heute schon wachrütteln.

Ich bin mir bewusst, dass gerade eine solche Interpretation hier und da Protestschreie provozieren könnte. Ich bin jedoch der Meinung, dass es bitter Not tut, unsere jetzige Situation aus einer unkonventionellen Sichtweise zu analysieren, um schließlich für die Zukunft einen besseren Weg gehen zu können.

So weit also mein Spektrum von Interpretationen, das uns mögliche Erklärungsversuche für das nicht immer einfache Verhalten unserer Kinder gibt.

Die Zukunft der Schule

Welche Konsequenzen, Hilfestellungen und Lösungsansätze ergeben sich aus den Erklärungsversuchen? Was wird schon getan, welches sind die Erfolgsaussichten, und was ist noch zu tun bzw. ist notwendig, wenn wir nachhaltig Erfolg und eine bessere Situation in Schulen und Familien haben wollen?

Wie wir bereits gesehen haben und jetzt noch sehen werden, sind in der Schule die belastenden Entwicklungen offensichtlich und die konkreten Interventionen bereits vielerorts angelaufen. Die Schule von heute hat sich enorm geöffnet. Ihre Strukturen lassen heute innere Reformen zu, die mit wenigen Einschränkungen alle Visionen von irgendwelchen Privatschulen integrierbar machen würden. Mit dem Konzept von teilautonomen Schulen haben es heute vielerorts die Gemeinden in der Hand, gestützt auf sehr offen gehaltenen Leitideen des Kantons, ihre Schule mit einem eigenen Leitbild zu entwickeln und zu führen. Grenzen werden heute nicht mehr von den Strukturen gesetzt, sondern einfach von den Menschen, die an dieser Schule beteiligt sind, den Kindern, den Eltern, den Lehrpersonen, den Schulleitungen und den Schulbehörden. Ihre Visionen und Vorstellungen, ihr Verhalten, ihre Motivation und Belastbarkeit entscheiden heute mehr denn je, was unsere Schule ist oder sein soll.

Man macht in unserem Schulsystem vielerorts noch einen weiteren Schritt: Neben der Förderung der Individualisierung wird in der Schule eine weitere Grundhaltung umgesetzt, nämlich die der Integration. Schwierige und leistungsschwache Schüler sollen nicht mehr ausgegrenzt werden, indem man sie in speziellen Sonderklassen beschult, sondern sie sollen integriert in den Klassen gefördert werden. In diesem Konzept gibt es konkret in jeder Klasse eine mit Zusatzausbildung qualifizierte zweite Lehrperson, die im Rahmen von durchschnittlich zwei bis vier Lektionen spezielle Unterstützungsarbeit für Kinder leistet, die dies aus verschiedenen Gründen nötig haben. Dabei besteht auch die Möglichkeit, bei Bedarf Schüler losgelöst vom Klassenverband individuell oder in Kleingruppen zu betreuen. Eine zwar noch wenig umgesetzte Idee ist zudem, dabei nicht nur im Sinne von Nachhilfe tätig zu sein, sondern z. B. auch Schüler mit speziellen Hochbegabungen zu unterstützen. Daneben existieren fast überall all die zusätzlichen Hilfsangebote von Fachstellen, angefangen vom Deutschunterricht für Fremdsprachige, logopädischer und psychomotorischer Unterstützung, Legasthenie- und Dyskalkulie-Therapien, Sprachheilkindergarten, Einführungsklasse, dem schulpsychologischen Beratungsdienst, dem Kinder- und Jugendpsychiatrischen Dienst, all den Möglichkeiten von Sonderbeschulungen in speziellen Kleinklassen, Tagesschulen, Internaten und Heimen. Man kann mit gutem Recht behaupten, dass die Gesellschaft heute mit enormem Aufwand die Erziehung und Bildung unserer Jugendlichen trägt und unterstützt.

Neu dazu kommen heute bereits vereinzelt Ombudsstellen für die Schule und Anlaufstellen für spezielle Schulfragen, um auch in akuten Situationen für betroffene Schüler, Eltern und Lehrpersonen Soforthilfe vor Ort anzubieten.

Nicht zu Unrecht wächst trotzdem oder gerade deswegen in Teilen der Bevölkerung die Kritik an der Schule in die Richtung, dass es ja unglaublich sei, dass (nach ihrer Meinung) mit so viel Aufwand nicht mehr als vor dreißig Jahren erreicht wird. Auch ich wage trotz all der enormen Anstrengungen und Aufwendungen für eine noch bessere Schule die Prognose, dass mit den bereits vorher genannten Konflikten in den Zielvorstellungen sowie mit dem weiten Feld von Erziehungs- und Führungs-vorstellungen das Dilemma in der Schule trotzdem oder gerade deswegen immer größer wird. Dies darum, weil in der Analyse der Gründe für die schwierige Situation in unserem Erziehungssystem eine wichtige Komponente nicht miteinbezogen wird. Diese Komponente will ich im Folgenden deutlich machen. Starten wir einmal an einem ganz grundlegenden Punkt und überlegen uns, was eigentlich Lernen meint:

Unser Geist ist ein Teil der universellen Natur

Der menschliche Geist ist selbst ein Produkt der Evolution und funktioniert nach denselben natürlichen Gesetzmäßigkeiten. Seine Kreativität und Intelligenz entspringen einem grundlegenden Wissensfeld der Natur. Dieses wird von den Quantenphysikern "Einheitsfeld aller Naturgesetze" genannt. Somit ist alles Denken nichts anderes als ein Aufbauen und Vernetzen von natürlichen Grundimpulsen. Man kann es auch ein Schöpfen aus dem universellen Gedächtnis der Natur nennen. Genauso funktioniert Lernen.

Lernen heißt: sich erinnern

Lernen heißt also, von innen die Impulse aus dem universellen Einheitsfeld der Natur zu spüren (Intuition) und sie mit den Informationen von außen für zukunftsorientierte Entwicklung zu vernetzen (Innovation). Sich erinnern und sich gleichzeitig den äußeren Gegebenheiten anpassen, ist der Schlüssel zu Erfolg in Schule und Weiterbildung. Je besser man dies kann, umso einfacher und spontaner wird das Lernen.

Lernen wird durch innere Blockaden behindert

Der Zustand des Nervensystems, die Zahl und die Stärke von Verschüttungen und Blockaden in Geist, Psyche und Physiologie eines Lernenden entscheiden über Lernfähigkeit, Motivation, Konzentration und Wahrnehmungsfähigkeit. Ist der Zugang zum Einheitsfeld aller Naturgesetze behindert, wird Lernen mühsam und frustrierend, Gewaltbereitschaft und Suchtgefahr steigen.

Praktische Tipps für Lehrer von ADD/POS-Kindern

- Setze das Kind so, dass es mit seinem rechten Ohr in deiner Nähe sitzt, da die rechte Gehirnhälfte mit dem verbalen Lernen verknüpft ist.
- Entwerfe Plakate, auf denen z. B. geschrieben steht "leise" oder "bereit machen". Einigen Kindern hilft es, Aufforderungen zusätzlich noch geschrieben zu sehen.
- Erlaube ADD/POS-Kindern so oft wie möglich, beim Aufstellen von Grenzen mitzuhelfen.

(Franz Rutz, Ombudsbeauftragter in der Schule, Meditationslehrer und Vater)

Führerschein für Eltern

Wie dringend ist die Förderung von Bildung für Eltern?

Interview mit Peter Hasler, Arbeitgeberpräsident ('Die Weltwoche' 3/2005): Er mache in seinen Referaten manchmal einen kleinen Test, das Publikum fragend, wer einen Hund habe. Ein Viertel halte jeweils die Hand hoch. Auf die Folgefrage, wer einen Hunde-Erziehungskurs absolviert habe, meldeten sich dann praktisch *alle* Hundebesitzer. Darauf frage er: "Wer hat Kinder?" Die Hälfte der Leute bejahe dies in der Regel. Aber auf die Frage, wer einen Erziehungskurs gemacht habe, zeige dann niemand auf. Hasler: "Kinder erziehen können offenbar alle Eltern ganz selbstverständlich..."

Interview mit Raphael Romano, Psychotherapeut ('Der Beobachter', 5/2005): "Das Interesse an Erziehungsfragen ist zurzeit riesig. Sendungen wie 'Die Super Nanny' (RTL) boomen – auch in der Schweiz: Über 17000 Zuschauer schalten im Durchschnitt ein, das ist ein Siebtel des Publikums in dieser Sendezeit.

Das Angebot an Elternkursen ist groß. Trotzdem verzichten die meisten Eltern darauf. Viele Eltern erziehen noch immer so, wie sie sich auf die Badeferien vorbereiten: wenig Bewusstsein, wenig Planung. Doch erfolgversprechende Erziehung will so bewusst und akribisch geplant sein wie eine Weltreise."

Feedback eines Vaters von zwei Kindern:
"Wieso hast du dich zum Workshop FÜHRERSCHEIN FÜR EL-TERNSEIN angemeldet?"
"Als ich diese Zeilen (s. u.) in deinem Flyer zum Workshop las, fühlte ich mich total betroffen. Ich habe mich mit meiner Frau sofort angemeldet, denn ich weiß, dass ich dringend etwas tun muss, damit es uns allen besser geht. Nie hätte ich gedacht, dass ich mich eines Tages meinem Kind gegenüber so verhalte, wie ich es manchmal tue. Ich möchte am Morgen dem Mann, den ich im Spiegel sehe, wieder gern in die Augen schauen."

Die Familie stellt die grundlegende Bildungsinstitution

Die Familie stellt die grundlegende Bildungsinstitution für Kinder und Jugendliche dar. Sie ist ursprünglicher und begleitender Ort für die Bildung von menschlichen Qualitäten, die zu einem friedlichen Miteinander für ALLE befähigen – und zugleich Ausgangspunkt für alle weiteren Bildungsprozesse außerhalb der Familie. Die interaktive Zusammenarbeit zwischen Familie und Schule sowie zwischen Kindertagesstätte und weiteren Einrichtungen der Kinder- und Jugendhilfe ist deshalb von ausschlaggebender Bedeutung für die Weiterentwicklung unserer Gesellschaft.

Die PISA-Studie erfasste bereits im Jahr 2000 die Basiskompetenzen von Schülern und Schülerinnen im internationalen Vergleich. Sie belegt in Übereinstimmung mit Befunden früherer wissenschaftlicher Untersuchungen, dass das in der Familie vermittelte und angeeignete Humanvermögen die wichtigste Voraussetzung und wirksamste Grundlage für schulisches Lernen und lebenslange Bildungsprozesse darstellt und Weiterentwicklung und

Fortbestand unserer Gesellschaft, möglicherweise der Menschheit, überhaupt erst ermöglicht.

Die wirkungsvollsten Lernprozesse finden früh und innerhalb der Vater-Mutter-Kind-Beziehungen statt.

- Die Bildungsprozesse in der Familie und im Beziehungsgeflecht mit Gleichaltrigen sind die ausschlaggebenden Faktoren für die Wahl des Schultyps, der Bildungsinteressen und des Kompetenzerwerbs des jungen Menschen.

- Die Verfügbarkeit der Eltern, die Zeit der Eltern für ihre Kinder und die Intensität der Kommunikation bestimmen die Qualität der Familien-Beziehungen.

- Je besser die Lernvoraussetzungen in den Anfängen des Lebenslaufes beschaffen sind, desto umfassender und leichter vollzieht sich die Entwicklung der besten Qualitäten zum Wohle aller während des ganzen Lebens.

Wer sind die hervorragendsten Förderer der Entwicklung und Bildung des Kindes?

Die Eltern. Sie sind die *ersten* Lehrer ihrer Kinder:

- Lernen beginnt im Mutterleib.

- Kinder stellen ihre ersten Fragen ihren Eltern, Eltern geben die ersten Antworten.

- Von den Eltern hören die Kinder die ersten Worte, von ihnen übernehmen sie die Sprache der Familie.

- Eltern kennen die Balance ihrer Kinder zwischen Über- und Unterforderung am besten.

- Eltern gestalten die Bereiche, in denen Kinder nach Lösungen suchen können und wo sie offen sind für Belehrungen.

Welche Fähigkeiten braucht das Kind in der Schule für erfolgreiches Lernen?

- Ausdauer erwerben, um eine Sache zu Ende zu führen.

- In Kontakt bleiben mit dem ursprünglichen inneren Entdeckerdrang.

- Erkennen, dass Erfolge und Misserfolge im Zusammenhang mit dem eigenen Verhalten stehen, und erkennen, wie daraus Lernschritte für zukünftiges Verhalten abgeleitet werden können.

- Vertrauen in die eigene Wirksamkeit gewinnen.

- Frustrationen aushalten und Irritationen oder Misserfolge überwinden lernen.

- Bereitschaft entwickeln, sich anhaltend zu bemühen und langfristige Ziele im Auge zu behalten.

- Wege der Selbstermutigung finden, um sich zu Selbstständigkeit und Verantwortungsübernahme zu befähigen.

Wo und wann entwickelt das Kind die Fähigkeiten für schulisches und lebenslanges Lernen?

Die Fähigkeiten für schulisches und lebenslanges Lernen entwickelt das Kind nicht in einem Unterrichtsfach der Schule, sondern weitaus früher in der täglichen Erfahrung mit den Eltern, die in ihrer Weise auf die frühen Schritte der Kinder fördernd oder hemmend reagieren und damit mehr oder weniger gute Voraussetzungen für das schulische Lernen schaffen. Wenn Eltern in dieser Hinsicht versagen, ist es kaum möglich, außerhalb der Familie diese Mängel auszugleichen.

(Vgl. hierzu: Wissenschaftlicher Beirat für Familienfragen des BMFSFJ (Hrsg): Die bildungspolitische Bedeutung der Familie – Folgerungen aus der PiSa-Studie, Schriftenreihe des BMFSFJ, Verlag W. Kohlhammer, Stuttgart 2002)

In meiner beruflichen Arbeit als Ausbilderin zum FÜHRERSCHEIN FÜR ELTERN begegne ich Eltern, die top motiviert sind, ihren Kindern die besten Voraussetzungen zu bieten, damit diese Kinder in ihrem Leben glücklich und erfolgreich werden. Ich frage sie dann: "Kannst du dir vorstellen, dass deine Kinder zu Hause ebenfalls keinen größeren Wunsch haben, als dich strahlend und glücklich zu sehen?" Einige von ihnen antworten dann: "Manchmal kann ich das fast schon nicht mehr glauben, und das erschreckt mich!"

Viele Eltern fühlen sich überfordert und verzweifeln beinahe an sich selbst. Im Workshop treffen sie dann auf andere Eltern, denen es ähnlich geht. Allein diese Tatsache erleben sie als wohltuend. Um sich im heutigen Dschungel von Erziehungsmethoden und Ratschlägen zurechtzufinden, haben sie entschieden, sich auf sich selbst zu besinnen und ihre Grundhaltung und Verhaltensweisen in einem begleiteten Lernprozess zu hinterfragen.

Der "Führerschein für Eltern" ist eine Investition in die Familie – für die junge Generation und für Frieden. In der Gefahrenzone "Straßenverkehr" bestehen wir auf Sicherheitsprofilen, lassen uns ausbilden, erwerben eine Lizenz. Im Straßenverkehr wissen wir, was die Signale bedeuten: rot, orange, grün. Wissen wir das auch in Eltern-Kind-Beziehungen? Wann haben wir zu stoppen, wo vorsichtig zu sein, zu warten und wie beflügeln wir zur "freien Fahrt"? Im Auto steuert der Pilot. Wer führt im Familienmobil? Eltern oder Kinder?

Führerschein für Elternsein heißt: Sicherheit, Beweglichkeit, Leichtigkeit und Freude in die Familie und ihr Umfeld bringen – eine Investition in sich selbst und in die junge Generation, die sich ein Leben lang lohnt.

Programm für Eltern,
die ihre Führungsqualitäten tiefer erkennen und in den Vater-Mutter-Kind-Beziehungen weiter entwickeln wollen:

1. Das unbegrenzte Potenzial in mir
   • neue innere Werte; eine neue innere Haltung
   • das Prinzip der Ermutigung
   • neue Begleit-Instrumente: Disziplin und Vorbild

2. Wie beeinflusst die Sprache meine Beziehungen?
   • Mit welcher Sprache erreiche ich mein Kind wirklich?
   • Welche Sprache stabilisiert Selbstvertrauen?

3. Was braucht das eifersüchtige Kind?
   - Geschwisterstreit – Geschwisterliebe?
   - Was wirkt Frieden stiftend?

4. Wie fördere ich die soziale Entwicklung?
   - Wie unterstütze ich Ablösungsprozess und Selbstständigkeit?

5. Wie begleite ich starke Gefühle?
   - Wut, Frustration, Angst, Trotz, Trauer, Hilflosigkeit

6. Wie gelingt es, einen klaren Rahmen zu setzen *und* Freiräume zu schaffen?
   - Welche Rahmenstruktur braucht mein Kind?
   - Wie kann ich liebevoll, klar *und* konsequent sein?

7. Wie gehe ich mit auffallendem Verhalten um?
   - Wie reflektiert mein Kind unsere Beziehung?
   - Wie kann ich störende Verhaltensmuster korrigieren?

8. Welche Orientierung will ich meinem Teenager geben?
   - Was brauchen Teenager?
   - Was brauchen Teenager-Eltern?

9. Spielen und Reden in der Familie
   - *Wozu* und *wie* ist Spielen wichtig?
   - Wie gestalte ich ein Familiengespräch?

10. Rückblick, Ausblick, Selbstreflexion

Elternstimmen
   - "Im Kurs haben wir gelernt, unsere Kinder besser zu verstehen und auf sie einzugehen. Es ist das Beste, was unserer Familie passieren konnte."

- "Nach jedem Kursabend löst es bei mir große Freude aus, nach Hause zu gehen und meine beiden Kinder zu begleiten."

- "Die zwischenmenschliche Beziehung in meiner Familie und deren Folgen und Auswirkungen wurden viel bewusster und intensiver, seit ich diesen Kurs besuche."

- "Seit ich den Kurs besuche, kann ich meine vier Kinder noch besser verstehen und mich in sie einfühlen. Wir sind sehr dankbar für die Erkenntnis, dass die Kinder uns helfen, in unserer eigenen Entwicklung weiterzukommen."

- "Ich schätze die praktischen Tipps, die ich gut im Alltag mit meinen zwei Kindern umsetzen kann. Vieles ist damit einfacher geworden."

- "Der Kurs hilft mir, einen stressfreien Umgang mit meinen beiden Kindern zu pflegen sowie sie bei den Lernschritten zu unterstützen und zu begleiten. Ich habe auch erkannt, welches meine eigenen Bedürfnisse sind und gelernt, diese auch zu realisieren."

- "Wie gelingt es mir, Grenzen zu setzen, Freiräume zu schaffen und dabei liebevoll *und* konsequent zu sein? Für diese und andere Fragen erhielt ich Hilfestellungen, die sich im Alltag bewähren. Ich fühle mich neu gestärkt und aufgebaut für das Abenteuer 'Leben in der Familie'."

- "Der Elternkurs hat uns als Familie viel gebracht. Unser Alltag ist ruhiger, gelassener, strukturierter und vor allem mit viel Freude erfüllt. Gegenseitiger Respekt wird groß geschrieben. Meine Kreativität wurde wachgerüttelt. Mein Mann und ich haben uns die Erziehung auch viel mehr zum Gesprächsthema gemacht. Probleme tauchen immer wieder, auf und wir versuchen, sie gemeinsam anzugehen."

(Von: Margitta Dietermann, Ausbilderin "Führerschein für Elternsein")

Legasthenie und Dyskalkulie

Grundsätzlich ist hierzu zu sagen, dass die Ursachen von Legasthenie und Dyskalkulie in der Art und Weise zu suchen sind, in der genau ein Mensch wahrnimmt. Unterschiede in der Wahrnehmung gibt es so viele, wie es einzelne Menschen gibt. Somit kann auch nicht genau gesagt werden, "was ich hier sehe, ist exakt dasselbe, wie das, was der Mensch/das Menschenkind neben mir sieht". Uns ist dies in der Theorie meist allen klar, was es jedoch in der konkreten Auswirkung bedeutet, und wie weit diese Wahrnehmungen auseinander gehen, liegt jedoch nicht im Bereich unseres Vorstellungsvermögens. Dies aus dem einfachen Grund, weil wir nicht auf die Idee kommen, dass jemand anders "sehen" könnte wie wir selber. Gerade das "Sehen" wird fälschlich meist als etwas "Objektives" betrachtet, höchstens eingeschränkt durch mangelnde Sehfähigkeit der Augen. Ähnliche Phänomene haben wir bei unserem Hörvermögen – die Art und Weise, wie wir hören, halten wir für die "Richtige" – solange wir – rein akustisch – andere Menschen verstehen, Musik hören können und unser Gehör "geprüft" wurde. Auch hier gibt es viele Varianten, und sie werden uns erst bewusst, wenn wir in irgendeiner Weise damit gearbeitet haben. Unterschiede haben wir ja auch in der Art und Weise, wie wir uns in unserem Körper spüren und mit ihm verbinden können oder eben nicht. All unsere Wahrnehmungen sind beeinflusst durch viele Komponenten wie Geburt, Gesundheit, Umfeld, Sensibilität, Wahrnehmungsbegabung, Stress, Medikamente, Gesellschaft, Familie – inkl. Familiengeschichte, Wohlstand, Ego, Erziehung, Religion, Vorstellung und vieles mehr.

Menschen mit Legasthenie, Dyskalkulie und verschiedenen Formen von so genannten ADS/POS-Problemen verfügen über zusätzliche Wahrnehmungen verschiedenster Ausprägung. Diese Wahrnehmungen zeigen sich meist so, dass ihre nonverbale Denkweise sehr aktiv und ausgeprägt ist. Je nach Auswirkung auf das individuelle Menschenkind sind diese aktiven Bilder der Hinderungsgrund für die nicht klare Erfassung und

Verarbeitung von Buchstaben und Zahlen sowie der Auslöser für "Träumen", Desorientierung und Unkonzentriertheit. Weitere Auslösungsmomente für Desorientierung sind auch der Ansturm diverser Gefühle im Raum, das Unvermögen, sich abgrenzen zu können, sowie viele Wahrnehmungen mehr. Für das Lernen ist es auch wichtig, dass die neurologischen Bahnen für die Formerfassung durchgängig sind. Ist dies nicht der Fall, führt dies im Extremfall dazu, dass ein Mensch sein Umfeld – trotz intaktem Sehvermögen – nur auf etwa drei Meter wahrnehmen kann, weil er den Rest ausblendet. Dies tut er, weil ihm dieses sonst, bei eingehender weiterer Betrachtung und nicht durchgängiger Formerfassung, körperliche Beschwerden beschert. Natürlich geschieht dieser Vorgang für den Legastheniker selbst unbewusst.

Ronald D. Davis, selbst Autist, Legastheniker und Erfinder der bekannten Davis®-Methode, sagt dazu: "Weil Legastheniker hauptsächlich in Bildern denken, entwickeln sie gewöhnlicherweise eine starke Bilderwelt. Sie begreifen etwas aufgrund von Bildern oder Gefühlen und weniger durch ein verbales Aufnehmen. Wenn sie der erste Anblick eines Objekts verwirrt, drehen sie es geistig und betrachten es aus einem anderen Blickwinkel oder Ausschnitt. Aufgrund dieses Gedankenprozesses entwickeln sie viele einzigartige Fähigkeiten und Talente.

Diese Gabe ist jedoch auch die Ursache für ein Problem. Wenn Legastheniker ihre Orientierung verloren haben, erleben sie ihr eigenes Denken als Realität. Die meisten Menschen fallen beim Anblick einer optischen Illusion, oder wenn sie einem irreführenden sinnlichen Impuls ausgesetzt sind – wie zum Beispiel bei Vergnügungsfahrten in die virtuelle Realität – in einen Zustand der Desorientierung. Er ist für Legastheniker der Normalzustand, denn Desorientierung ist ihre natürliche Antwort auf jede verwirrende Information – genauso wie der Ausgangspunkt für kreative Problemlösung."

Die Davis®-Methode gibt Kindern mit Legasthenie, Dyskalkulie und ADS/POS Möglichkeiten an die Hand, die ihnen helfen:
• ihre Wahrnehmung kennen zu lernen und zu steuern

- ihre Desorientierung zu korrigieren
- ihre Auslöser zu bearbeiten und zu verstehen
- Selbstverantwortung zu übernehmen
- ihre Energie an die Arbeit oder das derzeitige Tun anzupassen
- ihr Nervensystem zu entlasten

Unabhängig davon, ob ein Kind mit Legasthenie/Dyskalkulie und/oder ADS/POS-Symptomen zusätzlich durch Fachpersonen betreut wird, ist im Umgang mit ihnen Folgendes angezeigt:

- ruhige, liebevolle Begegnung
- bildhafte Sprache benutzen
- bei Nervosität: erst eigene Ruhe stärken
- klare Eigenwahrnehmung – keine vom Gefühl unterschiedlichen Äußerungen machen, um das Kind nicht zu verwirren
- positive Gedanken (es wird sie spüren, wie auch die negativen)
- positive Aussagen
- klare Grenzen setzen, klare, wiederkehrende Abläufe einhalten

(Von: Maya Muraro, Liz. Davis®-Beraterin)

Zusammenfassung der wichtigsten Punkte, wertvolle Informationen und Anregungen

Gut zu wissen
- Erziehen ist lernbar. (Ein Anreiz: Wie werden Kinder, die keine Erziehung genossen haben, ihre Kinder erziehen können?)
- Eltern sind verantwortlich für ihre Kinder.
- Die Konsequenz der Eltern ist gefordert, auch wenn sie manchmal unangenehm ist, z. B. wenn die Kinder in der Öffentlichkeit oder im Zusammensein mit Gästen zurechtgewiesen werden müssen.

- Laut verschiedener Studien fühlt sich etwa ein Drittel aller Eltern überfordert.
- Laut weiterer Studien sind Eltern, die gezielt Kurse besucht haben, sicherer im Umgang mit ihren Kindern.
- Die Lebenqualität der Kinder und Eltern kann mit einer konsequenten Kinderbegleitung entscheidend gesteigert werden.

Bewegung ist wichtig!
- ... und unerlässlich für die Gesundheit.
- Sei deinem Ihrem Kind ein Vorbild – und bewege dich selbst mehr an der frischen Luft, oder spiele gemeinsam mit deinem Kind häufiger im Freien.
- Achte dabei auf bequeme Kleider zum Toben, Springen etc.
- Stelle in diesem Zusammenhang unbedingt auch Regeln zum Gebrauch von Fernseher, PC etc. auf.

Die richtige Ernährung
- Zu jedem Essen am besten Wasser trinken.
- Zwinge das Kind nicht, alles aufzuessen.
- Nicht mit Süssigkeitsentzug drohen.
- Gemeinsames Essen und Kochen sollten zur Norm werden.
- Das Essverhalten sollst du möglichst früh beeinflussen und bewusst lenken, denn einmal etablierte ungesunde Verhaltensweisen lassen sich nur schwer wieder korrigieren.
- Gib Übergewicht von Anfang an keine Chance (achte daher neben einer gesunden Ernährung auch auf ausreichende Bewegung).

Allgemeine Belastungen und Veränderungen, unter denen die Kinder leiden können:
- Der Alltag wird schneller und hektischer.
- Die allgemeine Komplexität der Welt und das vorherrschende Leistungsdenken belasten viele.

- Elektrosmog herrscht mittlerweile in fast jedem Raum (Computer, Handy etc.).
- Wir sind nahezu überschwemmt von Informationstechnologien und Medien, die den Alltag und das Familienleben ungünstig beeinflussen.
- Unsere Lebensmittel verlieren immer mehr an Nährwert.
- Die Auflösung und der Verlust von Werten und Sicherheiten in sämtlichen Lebensbereichen wirken sehr belastend.
- Die Verarbeitung der zunehmenden Flut von Informationen und Wissen erzeugt ungesunden Stress.

"Wesentlich ist, dass das Kind möglichst viele Dinge selbst entdeckt. Wenn wir ihm bei der Lösung aller Aufgaben behilflich sind, berauben wir es gerade dessen, was für seine geistige Entwicklung das Wichtigste ist."

Emmi Pikler

"Hilf mir, es selbst zu tun."

Maria Montessori

"Du musst deinen Intellekt in größtmöglichem Ausmaß entwickeln, damit er ein angemessenes Werkzeug für die Intelligenz deines Herzens werden kann; jedoch nur die Intelligenz des Herzens kann den Intellekt zur höchsten Ebene entwickeln."

Joseph Chilton Pearce

"Die emotionale Erfahrung von Kindern, wie sie sich in Bezug auf sich selbst und die Welt um sich herum fühlen – all das hat ungeheuer große Auswirkungen auf ihr Wachstum und ihre Entwicklung. Es bildet die Grundlage, auf der jegliches Lernen, das Erinnerungsvermögen sowie Gesundheit und Wohlbefinden basieren."

Joseph Chilton Pearce

SOS-PINNWAND

Was kann ich ändern?

_____

_____

_____

_____

_____

Wie kann ich es umsetzen?

_____

_____

_____

_____

Meine Intention, um die Beziehung zwischen mir

und _____ zu verbessern.

_____

_____

_____

_____

Kapitel 6

KINDER des LICHTS –
Erfahrungsberichte

*Wir sind tausende von Meilen
getrennt – und trotzdem
nahe beieinander!
Du bist meine Mutter,
ich bin deine Tochter!
Das ist unsere HERZENSverBINDUNG –
wir sind eins.*

Joy Muriel Kägi Maurer, 11 Jahre

Ich habe schon fast alles vergessen

"24 Stunden nach einer Hausgeburt suchte ich die Familie für eine Nachkontrolle noch einmal auf. Ich saß mit den Eltern zusammen im Wohnzimmer, und wir unterhielten uns. Neben uns befand sich das Abhörgerät des Babysitterlautsprechers. Plötzlich hörten wir die Stimme des 3-jährigen Sohnes, wie er zu dem Neugeborenen sagte: 'Erzähl mir, wie es war, bevor du hierher kamst. Ich habe das alles fast schon wieder vergessen.'

Wir gingen in das Kinderzimmer und sahen den 3-Jährigen zusammen mit dem Baby im Kinderbett sitzen."

Eine Hebamme

Überlebensstrategie

"Letztes Jahr, in einer Stunde der zweiten und dritten Klasse, war ich von einem kleinen, unschuldigen Kind derart berührt, dass ich fast weinen musste. Wir waren dabei, Kinderbücher von der Autorin Eve Bunting zu lesen, und an jenem Tag schauten wir uns ihr Buch 'Wie viele Tage bis Amerika?' an. Anschließend sprachen wir darüber, wie es ist, wenn das Leben im eigenen Heimatland so schlimm ist, dass du alles, was du besitzt, verkaufen würdest, um eine Chance für ein besseres Leben an einem anderen Ort zu haben. Die Geschichte erzählt von Menschen, die ihr Heimatland mit einem Schiff verließen. Irgendwann fiel der Motor aus, und sie mussten sich dem Gang der Wellen überlassen. Bald darauf hatten sie auch nichts mehr zu essen. Als sie endlich eine Küste erreichten und an Land gehen wollten, gaben ihnen die Soldaten nur etwas zu essen und schickten sie zurück aufs Meer. Die Leute waren verzweifelt – bis sie endlich Amerika erreichten, wo sie herzlich und mit offenen Armen begrüßt wurden. Sie kamen genau am Ernte-Dankfest, dem 'Thanksgiving Day', dort an.

Wir redeten also über die eben gelesene Geschichte miteinander, darüber dass manche Menschen in einigen Ländern nicht willkommen waren. Vielleicht weil sie kein Geld hatten oder keine Arbeitsstelle, oder weil sie die Sprache des neuen Landes nicht sprechen konnten. Da sagte eine

Schülerin, sie heißt Joy, dass sie wisse, wie man Geld bekommen könne. Ihr sei eine Frau mit einem kleinen Baby auf dem Schiff aufgefallen. Wenn das Baby größer werde und seine Zähne verlieren würde, dann könnte seine Familie mit dem Zahngeld von der Zahnfee etwas zu essen kaufen. (In Amerika gibt es die Tradition, wo die Kinder ihren herausgefallenen Zahn unter das Kopfkissen legen. Die 'Tooth-Fairy' holt ihn dann in der Nacht ab und legt anstelle des Zahns ein Geldstück hin.)

Diesen Moment in meinem Beruf als Lehrerin werde ich nie vergessen."

Brenda Slaven, Lehrerin

Wohin das wohl noch führen wird mit ihr

"Rina ist dreieinhalb Jahre alt, enorm ehrgeizig, sehr selbstbewusst und selbstbestimmt. Sie ist außergewöhnlich kreativ. Ihre geistige Aktivität grenzt manchmal an Wahnsinn. Oft reagiert sie wie eine 16-Jährige, denn ihr Denken und Fühlen ist oftmals nicht mehr kindlich. Sie hat eine Sichtweise und eine Art, die Dinge wahrzunehmen und zu erfassen, die mir manchmal unheimlich ist. Oftmals frage ich mich, wohin das wohl noch führt, wenn sie älter und älter wird. Denn die Diskussionen gestalten sich jetzt schon ganz anders, als dies normalerweise bei kleinen Kindern üblich ist. Sie hat gar keine Angst und hat ein grenzenloses Vertrauen in sich und ihren Schutzengel (mein verstorbener Lebenspartner). Trotz ihrem Temperament und der nie enden wollenden Energie ist Rina sehr feinfühlig in zwischenmenschlichen Bereichen. Sie spürt sogar am Telefon, wie es mir geht."

Eine Mutter

Fernsehen

"Es war einmal ein Mädchen, das an einem Freitagnachmittag nicht lange genug vor dem Fernseher sitzen konnte. Deshalb entschied sich die Mutter zu folgendem 'Experiment':
- Hauptrolle: Joy
- Nebenrolle: Mama

- wichtigstes Objekt: Fernseher
- Erzählerin: Mama

Von Montag bis Freitagnachmittag ist der Fernseher grundsätzlich ausgeschaltet. Seit langem ist dies eine Abmachung, die auch respektiert wird. Es ist Freitagnachmittag, der Tag der Woche, an dem sich Joy einen Trickfilm anschauen darf. Nachdem die vereinbarte Zeit längst abgelaufen ist, erkundige ich mich bei ihr, wann denn der Film zu Ende sei. Ich erhalte keine Antwort. Ich entscheide mich dazu, mich nicht auf einen Streit einzulassen, sondern dies als Anlass für einen *Big-Healing-Journey* zu nehmen.

Meine Absicht steht also fest: Ich werde Joy am nächsten Morgen gleich wieder vor den Fernseher setzen, bis sie so voll davon ist, dass sie nicht mehr kann.

Samstagmorgen: Joy schaut fern.

Sie hat den ganzen Tag nie nach etwas zu Essen gefragt. Ich öffne den Kühlschrank und sehe sofort, dass ihre Schachtel mit den Süßigkeiten fast leer ist.

Als sie gegen 22:00 Uhr immer noch vor dem Fernseher sitzt, ist meine Geduld fast zu Ende. Dennoch ermuntere ich mich, das Experiment durchzustehen, was auch immer dabei herauskommen wird.

Ich fordere sie laut dazu auf, ins Bett zu verschwinden. Sie geht nicht, stattdessen legt sie sich auf den Teppich im Flur. Ihr fallen schon fast die Augen zu. Außerdem hustet sie und ist total fertig. Ein Zeichen mehr, wie die letzten Fehrnsehstunden sie beeinflusst und auch ihre Gesundheit geschwächt haben. Trotz allem entscheide ich mich für einen weiteren Fernsehtag – oder sogar noch einen. Jedenfalls so lange, bis sie sich ein Leben lang an diese Lernerfahrung erinnern kann.

Sonntagmorgen 7:00 Uhr: Ich nehme Joy und trage sie vor den Fernseher.

Sie schaut tatsächlich ohne längere Unterbrechungen bis 21:00 Uhr fern. Sie ist so verändert, ihr Gesichtsausdruck ist 'verzerrt', ihre Stimme ist anders. Es ist, als wäre sie eine andere Person. Sie ist mir fremd. Sie spürt dies natürlich sofort.

Ich versuche ihr am folgenden Beispiel die Logik zu erklären: 'Was würdest du sagen, wenn ich dir Käfer und Dreck zum Essen geben würde? Würdest du es essen?' – 'Sicher nicht!' – 'Also warum schaust du dann fern?' – 'Du hast es gesagt, ich muss und so mache ich es.' – 'Also schau mal, wenn ich dir sage: 'Iss Käfer!', dann sagst du doch auch nein, oder?' – 'Ja, sicher.' – 'Nun, wie ist es denn mit dem Fernsehen?' – 'Nun, du sagst, ich muss schauen – und deshalb mache ich es.' Sie geht wieder Fernsehen schauen, freiwillig.

Ich frage mich, ob ich mit meiner Methode noch auf dem richtigen Weg bin. Ich habe mich jedoch dafür entschieden, dass sie erst wieder in die Schule geht, wenn sie die Lehre aus diesem Experiment gezogen hat.

Montagmorgen: Ich wecke sie um 6:15 Uhr und setze sie vor den Fernseher. Ich hoffe, dass sie die Lektion bis 8:00 Uhr gelernt hat und ich sie dann wie üblich in die Schule fahren kann.

Ihr gesundheitlicher Zustand hat sich mittlerweile so sehr verschlechtert, dass sie nun alle paar Minuten hustet. Endlich kommt die erwartete Reaktion: 'Ich will nicht mehr fernsehen! Ich fühle mich krank und will spielen!'

Ich fordere sie daraufhin auf, mir zehn Einsichten zu nennen, die sie nun aus diesem vielen Fernsehen zieht. Außerdem möchte ich von ihr wissen, welche Veränderungen sie in sich spürt. Als Antwort kommt sofort: 'Ich bin erst sieben, also kann ich dir nur sieben Einsichten sagen.'

Für die anschließende Ausarbeitung der folgenden sieben Erkenntnisse benötigt sie nur 30 Minuten:

- Fernsehen macht dich krank, wenn du an einem Tag zu viel schaust!
- Fernsehen macht deine Augen schläfrig!
- Fernsehen nimmt dir deine Energie!
- Fernsehen ist schlecht für dich!
- Es dauert drei Tage, bis du wieder gesund bist!
- Fernsehen macht müde!
- Besser ist es, nur einmal am Tag fernzusehen!

Mit großem Stolz überreicht sie mir das Geschriebene. Dann fragt sie mich: 'Kann ich nun in die Schule gehen?' – 'Eine wirklich große Überraschung wartet auf dich um 12 Uhr. Willst du mir bis dahin bei der Erledigung der ausstehenden Hausarbeiten dein Bestes geben?' 'Jaaaaaaaaa!' – Ich bin erleichtert. Total erleichtert. Es ist kaum zu beschreiben: Endlich ist das Experiment TV gelungen, und mit allen Konsequenzen hat es sogar bei Joy funktioniert.

Später arbeitet Joy sehr fokussiert, und sie beendet ihre Arbeiten vor 12 Uhr. Ich frage sie, ob sie Lust hätte, sich ganz schön anzuziehen. Danach fahren wir zwei zusammen los. Die Überraschung hat magische Kraft. Unterwegs fängt sie an zu raten, wohin wir jetzt fahren. Bei dieser Gelegenheit erfahre ich, worüber sie sich ein nächstes Mal freuen kann.

Wir kommen an unserem Ziel an. Sie ist außer sich vor Freude! Endlich geht ein großer Wunsch in Erfüllung: Mittagessen bei *Red Lobster*!

Wir führen zusammen gute Gespräche und vereinbaren, nicht mehr über die vergangenen drei Tage zu sprechen. Der Husten hat bereits den Höhepunkt erreicht und kann nur noch besser werden. Sie meint: 'Es braucht drei Tage, um diesen Husten zu machen, so braucht es auch drei Tage, um ihn wieder loszuwerden.' Während des Essens erkundigt sie sich, ob sie nun in die Schule dürfe. Sie träumt vor sich hin, ziemlich müde von den turbulenten Tagen.

Das Fernsehen hat wirklich einen enormen Effekt. Ich bin davon überzeugt, dass er viel größer ist, als wir annehmen oder wissen. Kurze Zeit später biegen wir in den Parkplatz der Schule ein. 'Wow, wir gehen in die Schule? Kann ich bleiben bis 3 Uhr?' So glücklich habe ich sie in den letzten Tagen kaum gesehen.

Ich bin sehr DANKBAR für diese Erfahrung."

Elsbeth Maurer, August 1999

Muscheln am Strand

Joy und ich spazierten schon eine ganze Weile am Strand entlang. Sie suchte, ganz in sich vertieft, nach schönen Muscheln. Plötzlich kam sie auf mich zugerannt und sagte hellauf begeistert: 'Mama, Mama, schau mal, was ich gefunden habe! Schau dir diese Muschel an. Siehst du diese Farbe, die gar keine Farbe ist? Genau so sieht es aus, da, wo Jesus lebt. Siehst du, wie die Muschel glänzt? Und in dieser Farbe sieht man alle anderen Farben. So sehen die Säulen von seinem Haus aus. Weißt du, wir waren doch da in einer Kirche. So sieht das da aus.' Ich nahm die hauchdünne Muschel in meine Hand und bewegte sie im Sonnenlicht hin und her. Es war eine Perlmuttmuschel. Joy sagte: 'Bewahre sie auf für mich, dann kann ich mich immer daran erinnern.'

Joy, 3 Jahre

Apfelsaft

"Ich hatte von meiner neuen Kundin Wendy den Auftrag, ihre Wohnung energetisch zu reinigen. Joy hatte sich dazu bereit erklärt, mir dabei zu helfen, die Energien zu 'lesen'. Kaum waren wir da, hat sie auch schon gleich die Wohnung erkundet und sich in ein Zimmer zurückgezogen, und ich begann mit meiner Arbeit, die aber mehr Zeit in Anspruch nahm als geplant. Nachdem mehrere Stunden verstrichen waren, unterbrach mich Joy und sagte mir, dass sie hungrig und durstig sei. Wendy bot ihr ein Glas Apfelsaft an. Dieses trank sie in wenigen Zügen leer und verlangte nach einem zweiten – und kurz darauf sogar noch nach einem dritten Glas Apfelsaft. Innerhalb weniger Minuten verwandelte sie sich in ein Energiebündel. Sie begann, in den Socken über die Möbel zu springen, schwang sich wie ein Äffchen auf den Tisch, um einen Affentanz aufzuführen und verschwand dann gleich in das eine oder andere Zimmer, um uns dann auf allen Vieren anzugreifen.

Wendy und ich verstanden die Welt nicht mehr. Was war geschehen? Sie hatte doch nur Apfelsaft getrunken. In dem Moment gab sie uns auch schon die Antwort: 'Mama, jetzt bin ich hyperaktiv, oder?' Wir schauten uns an und lachten und wurden von ihrer Energie angesteckt. Sie fand es toll und benahm sich noch verrückter. Auf der Heimfahrt fragte ich sie, was denn los war. Sie antwortete: 'Weißt du, der Zucker in dem Apfelsaft hat mich ›hyper‹ gemacht.'

Joys Rat: 'Wenn deine Kinder müde sind, gib ihnen nur Wasser, keinen Apfelsaft, denn der macht deine Kinder ›hyper‹. Mama mischt mir den Saft immer mit Wasser, auch wenn ich das nicht so mag. Es tut mir jedoch besser, und man gewöhnt sich an den Geschmack.'

Joy, 8 Jahre

Am Strand

"Jeden Sonntagvormittag verbrachten wir am Strand. Joy hatte an diesem Sonntagmorgen aber kaum gefrühstückt, was jedoch für sie nichts Außergewöhnliches war. Kurz nach 10 Uhr kam sie auf mich zu und verlangte mit ihrer bestimmenden Art ein Kinder-Schul-Lunchpaket. Und sie beschrieb mir genauestens dessen Inhalt. Ich wusste bis zu diesem Zeitpunkt nichts von der Existenz dieses vorfabrizierten Fast-Foods. Bereits während ihrer Ausführungen fällte ich aber eine klare Entscheidung. Ich war nicht bereit, mich jetzt ins Auto zu setzen und schon gar nicht, um dieses Lunchpaket zu kaufen. Sie trotzte noch einen Moment lang, biss dann jedoch genüsslich in einen Apfel und vertiefte sich wieder ins Spielen. Eine Weile später gingen wir am Strand spazieren. Unterwegs begegnete sie einem Mädchen, und sie spielten eine Weile zusammen. Das Kind hatte Hunger und fragte Joy, ob sie auch etwas essen wollte. Joy war begeistert. Aus unerfindlichen Gründen hatte dieses Einzelkind zwei Lunchpakete dabei. Das eine davon entsprach genau dem von Joy zuvor beschriebenen Lunchpaket."

Liebende Weisheit

"Ich hatte die letzten Monate eine sehr schwierige Zeit mit meinem Sohn Jan und wusste, dass ich bei mir etwas verändern musste und auch wollte. Seit deinem Workshop haben Jan und ich wieder ein ganz inniges Verhältnis zueinander – gerade so wie während der Zeit nach der Geburt. Denn ich habe an sich mein Kind von Anfang an als etwas Besonderes bzw. als ein Geschenk betrachtet. Doch später hat sich meine Einstellung dazu verändert, und ich bin mit der Situation nicht mehr klar gekommen. Ich meditiere mindestens zweimal am Tag, d.h. ich begebe mich in die Energie der KINDER des LICHTS. Es ist für mich absolut notwendig, dass ich dies gleich am Morgen tue. Denn ich erwische mich immer wieder dabei, wie ich in destruktive Muster oder Selbstgespräche rutsche.

Seit ich selbst in diese Energie gehe, ist es mit Jan viel einfacher, und ich schaffe es besser, dass sich schwierige Situationen schnell wieder entspannen. Er schreit nicht mehr lange. Manchmal weint er, doch das hört sich mehr nach Trauer oder momentaner Hilflosigkeit an. Ich musste seit deinem Workshop kein einziges Mal mehr die Eingangstür verschließen, weil ich Angst hatte, dass er davonläuft – und das mit noch nicht einmal drei Jahren. Es ist einfach so, dass wenn ich mit mir selber klar bin, bin ich es auch mit Jan – und wir haben dann eine schöne und liebevolle Zeit miteinander.

Nebeneffekt: Da ich jetzt überwiegend in dieser LIEBENDEN WEIS-HEIT bin, erlebe ich generell mit meinen Mitmenschen schöne Situationen und mehr Lächeln. Auch habe ich seit Jahren wieder eine Astrologieberatung gemacht, die mir sehr viel Spaß bereitet hat. Es ist überhaupt ein anderes Leben. Jedoch halte ich es in dieser Energie der KINDER des LICHTS kaum fünf Stunden auf meinem Bürostuhl aus. Ich bin jetzt also auch 'hyperaktiv'. Das Tolle daran ist für mich, dass ich jetzt nachvollziehen kann, wieso Jan so viel Power hat, warum er verhältnismäßig wenig Schlaf braucht und es bei ihm so rund geht."

Mutter von Jan Ole, 3 Jahre

Drama im Kinderzimmer

"Anfang Mai 1996 zogen wir voll freudiger Erwartungen in unser neues Heim. Eine zwar eher kleine und alte 4-Zimmer Wohnung, Parterre, aber mit einem riiiiiesengroßen Garten. Genau das Richtige für uns und unser erstes Baby, das wir in einem Monat erwarteten. Am 4. Juni war es dann so weit, Raphael kam zur Welt. Ein riesiges Ereignis. Unser Leben wurde ganz schön auf den Kopf gestellt. Raphael entwickelte sich prächtig und wurde ein richtiger Sonnenschein, der er immer noch ist. Nur mit dem Schlafen wollte es nicht so recht klappen. Mit sechs Wochen schlief er das erste Mal durch. Das hielt dann etwa zwei Wochen an. Danach weckte er uns regelmäßig vier bis fünf Mal pro Nacht, nur kurz, entweder war es der fehlende Schnuller, mal hatte er Durst, oder dann wollte er uns einfach nur kurz hören und spüren. Danach schlief er wieder friedlich bis zum nächsten Mal. Stutzig wurden wir aber, als er mit drei Monaten das erste Mal bei den Großeltern schlief und nur einmal erwachte, um zu essen bzw. zu trinken. Wir dachten: 'Soso, du kannst es also doch!', und freuten uns für die Großeltern. In der nächsten Nacht bei uns war dann aber alles wieder beim Alten. So ging das dann bis Raphael knapp anderthalb Jahre alt war. Wenn er bei den Großeltern war (etwa einmal pro Monat) schlief er meistens durch oder wachte höchstens einmal auf. Gedanken machten wir uns nicht viel deswegen, es war einfach so. Für uns war es gut, wir konnten ihn so mit gutem Gewissen abgeben, und selber wieder mal gut schlafen. Auffallend war im Rückblick nur, dass Raphael, wenn er mal krank war, eigentlich nur mit den Atemorganen und mit Fieber zu kämpfen hatte. Er hatte oft Husten und relativ häufig Fieber.

Am 14. Juli 1998 kam dann Joel auf die Welt. Raphael ging es in dieser Zeit nicht so gut, er hatte wieder einmal Husten. Dann erbrach Raphael einmal in der Nacht – und das war der Anfang einer sehr intensiven Zeit. Am nächsten Morgen musste ich zum Arzt, und da Raphael immer noch nicht fit war und auch ein wenig Fieber hatte, brachte ich ihn zu seiner Großmutter. Ich holte ihn wieder, doch nach ein paar Stunden mussten wir dann aufbrechen, da die Wehen einsetzten. Er ging wieder zu seiner Großmutter. Schön und gut, Joel war jetzt also da, alle freuten sich, Raphael kam uns täglich besuchen. Er war aber immer noch krank und sah auch dementsprechend aus. Am Sonntag durfte ich mit Joel heimgehen, und so ziemlich das Erste, was Raphi zu Hause machte, war erbrechen (nach einer Woche ohne Erbrechen!).

So gingen wir dann am Montag, Joel war sechs Tage alt, mit Raphael zum Doktor. Der meinte, dass es ein RSV-Virus sei, der damals herumging. Der Arzt verschrieb uns etwas und bat uns wiederzukommen, wenn es in zwei Tagen nicht besser sei. Es war nicht besser, Raphael hatte immer noch starken Husten, und ab und zu erbrach er auch. Ich dachte ein paar Mal an Keuchhusten, aber irgendwie verwarf ich den Gedanken immer wieder, es war ja nur ein Virus. Als Raphael eines Morgens Fieber bekam, ging ich mit ihm zum Arzt. Er wurde geröntgt, mit der Diagnose: Lungenentzündung (Joel war knapp vier Wochen alt zu diesem Zeitpunkt). Ja, und jetzt gab es Antibiotika. Ein paar Tage später fing Joel an zu hüsteln. Da wir ja sowieso alle zwei Tage zum Arzt mussten, war Joel auch unter Kontrolle, doch am Abend des 25. August hörte er während des Hustens auf zu atmen. Nur sehr kurz, aber lang genug, um mich unsicher zu machen. Was sollten wir tun? Es war 22.00 Uhr, sollten wir die Nacht abwarten? Aber nein, unsere Alarmglocken läuteten, und da unser Arzt nur um die Ecke wohnte, riefen wir ihn an und konnten sofort vorbeikommen. Danach ging alles sehr schnell. Ein Baby das nicht atmet, gehört zur Beobachtung ins Krankenhaus. Uns wurde gesagt, dass sie ihn 24 Stunden beobachten wollten. Als wir Raphis Krankheit erwähnten, wurden die Ärzte hellhörig. Das ist bestimmt Keuchhusten (es waren zu diesem Zeitpunkt schon drei Keuchhustenbabys im Spital)! Am Samstag kam der Bescheid, dass das Blutergebnis negativ sei, das heißt, kein Keuchhusten, wir mussten aber noch auf den Sekrettest warten, weil dieser genauer sei. – Das Sekret war positiv. Joel ging es immer schlechter, ich war so froh, im Krankenhaus zu sein, er hatte extreme Hustenanfälle, an denen er fast erstickte. In der schlimmsten Phase war er bis zu 18-mal blau im Gesicht; wir mussten alles aufschreiben, darum weiß ich es so genau. Ich bin sicher, dass er es zu Hause nicht überlebt hätte, seine Lungen waren voller Schleim, die Schwestern mussten ihn regelmäßig absaugen. Als sie das erste Mal mit dem Sauerstoff kamen, brach es mir fast das Herz, ich dachte, jetzt ist es vorbei. Es war wirklich sehr schwierig. Zum Glück war Raphi in dieser Zeit bei meinen Schwiegereltern gut aufgehoben, ihm ging es langsam besser, er wurde gut betreut, und er hat nie geweint, weil er nicht bei mir sein konnte. Das war für mich total wichtig. Ich weiß nicht, was ich getan hätte, wenn er nicht so ‘verständnisvoll’ gewesen wäre. Ich hätte mich für einen entscheiden müssen, und das wäre mir sehr, sehr schwer gefallen. So konnte ich wirklich 24 Stunden bei Joel sein. Ich ließ ihn keine fünf Minuten allein. Wenn ich mal weg musste, kam Martin oder sonst jemand, der bei ihm bleiben konnte. Das war mir sehr wichtig, ich hätte ihn nie allein lassen können. Ich hielt ihn auch immer während der Anfälle auf dem Arm, die Schwestern und ich waren mit der Zeit ein eingespieltes Team.

Nach zwei Wochen ging es Joel so gut, dass wir heimgehen konnten. Wir hatten es überstanden, endlich konnten wir wieder eine Familie sein. Martin holte uns ab, wir aßen zu Mittag, danach ging Raphi schlafen und Martin musste auch noch einmal schnell weg. Ich band Joel auf den Rücken, er schlief ein und ich begann unsere Sachen auszuräumen. Da plötzlich fing er wieder an zu husten. Ich nahm ihn schnell vom Rücken, legte ihn auf meine Arme und klopfte auf den Rücken, genauso wie im Krankenhaus. Nichts, kein Atem, kein Lebenszeichen, nur ein blaues Gesicht und Augen, die mich anschauten. Ich schüttelte ihn und schrie ihn an, er solle atmen, aber nichts. Ich rannte zum Arzt. Durch das Schütteln fing er wieder an zu atmen. Als wir in der Praxis ankamen, atmete er wieder, aber er war immer noch bläulich und hatte blaurotgefleckte Haut. In dem Moment glaubte ich, dass es auf der Welt nichts Schlimmeres gibt als unsere Situation. Ich hatte einen tiefen Schock, ich weiß noch, dass ich innerlich zitterte, bis wir auf der Krankenhausstation ankamen, ich rechnete jeden Moment mit einem neuen Anfall, ich fühlte mich erst im Untersuchungszimmer sicher. Es war zum Verzweifeln. Nicht schon wieder das Ganze von vorn. Im Krankenhaus waren sie ratlos. Vor vier Stunden hatten sie uns entlassen, und jetzt waren wir schon wieder da.

Ich verbrachte die nächsten Tage mit wenig Mut, dafür mit viel Tränen. Unser Umfeld reagierte auf dieses Ereignis mit viel Anteilnahme. Meine Schwiegermutter sprach mit einer Kollegin über das Geschehene, und diese meinte, dass das sehr komisch sei, da wir ja vom Krankenhaus das OK zum Heimgehen bekommen hätten. Sie fragte, ob wir nicht einmal im Haus Abklärungen machen wollten (wir alle wussten, dass wir Schimmelpilz im Haus hatten, im Keller blätterte die Wand zum Teil schon ab, und bei uns in der Küche war ebenfalls in einer Ecke Schimmelpilz). So ließ Martin dann einen Baubiologen kommen, der unsere Wohnung maß und auspendelte – mit dem erschütternden Ergebnis:

Pilzsporen in der Luft, an den Wänden, Magnetfelder, Wasseradern. Was man dagegen tun kann? Das Haus abreißen und neu aufbauen. Für uns hieß das: ausziehen. Er sagte auch, dass Joel im Moment auf keinen Fall in dieser Wohnung leben dürfe, da er noch zu geschwächt sei und er wieder reagieren könnte. Nach zwei Wochen erneutem Spitalaufenthalt konnten wir wieder gehen – und ich sage extra nicht nach Hause, weil wir kein zu Hause hatten. Wir wohnten sieben Wochen bei Martins Eltern, in dieser Zeit suchten und fanden wir eine Wohnung. Der Baubiologe hat uns angeboten, die neue Wohnung auch auszutesten, was er dann auch getan hat, und diese war zum Glück in Ordnung. Das Besondere: Raphael schlief nach zwei Wochen durch, sein Husten war und ist weg, Fieber hatte er auch nicht mehr so oft, und auch Joel ist zum Glück bei bester Gesundheit und ohne Folgeschäden. Im Januar 2000 waren wir das letzte Mal krankheitshalber beim Arzt, früher waren wir fast monatlich dort."

Kaum zu glauben

"Als Jonas vier Jahre alt war, bekam er eine Spieltrompete. Er lief durch das Haus und machte Musik. Als er in die Küche kam, sagte er mir, dass früher in diesem Haus ein paar Männer sehr viel Musik gemacht hätten. Ich wurde sofort hellhörig und fragte genauer nach. Er sagte, dass ein paar von ihnen noch im Himmel seien und die anderen bereits wieder auf der Erde. Ich kann bestätigen, dass dies stimmt, denn das Haus, in dem wir wohnen, ist das Haus meiner Großeltern. Dort wurde tatsächlich vor 40 bis 50 Jahren in einer Familienmusikgruppe an jedem Wochenende Musik gespielt.

Vor einiger Zeit rastete ich ziemlich aus und schrie meinen Sohn nur noch an. Als ich mich wieder beruhigt hatte, fühlte ich mich schlecht, so dass ich mich bei Jonas-Arin entschuldigte. Ich nahm ihn in die Arme. Er legte seine Arme um meinen Hals und tröstete mich mit den Worten, dass dies nicht so schlimm sei. Ich sei eben etwas nervös gewesen. Als ich das hörte, fiel ich fast aus allen Wolken.

Mein Mann und ich hatten neulich eine kleine Auseinandersetzung. Da wir uns nicht einig wurden und ich mich von ihm nicht verstanden fühlte, liefen mir ein paar Tränen über die Wangen. Jonas-Arin kam dazu und fragte mich, was ich hätte. Ich sagte ihm, dass ich traurig sei. Er wischte mir die Tränen weg und legte seine Arme um meinen Hals. Er tröstete mich und fragte mich nach ein paar Minuten, ob es mir nun besser gehe.

Mein Mann war sprachlos. Denn Jonas-Arin lebte meinem Mann genau das vor, was ich mir von ihm wünschte.

Vor ein paar Wochen hat mir Jonas-Arin zweimal ganz spontan Heilung gegeben mit großer Wirkung. Das eine Mal hatte ich starke Kopfschmerzen. In der Regel entwickeln sich diese Kopfschmerzen bis zum Abend zu starker Migräne. Jonas-Arin legte seine Hände auf meinen Schmerzpunkt und nahm die Spannung weg. Dies dauerte höchstens zwei Minuten, und ich arbeitete bis zum Abend ohne große Probleme. In vergangenen Situationen aber war ich mit Brechreiz schon sehr früh ins Bett gegangen.

Die zweite Situation: Ich hatte mir durch eine unglückliche Situation so fest in meine Backe gebissen, so dass mir ganz schwarz vor Augen wurde. Die Abdrücke aller Zähne waren auf der Backeninnenseite zu sehen, und es schwoll auch sofort an. Jonas-Arin kam spontan und legte seine Hand auf meine Backe – und die Schwellung ging sofort zurück. Nach 15 Minuten sah man an der Backeninnenseite kaum mehr die Zahnabdrücke. Mein Mann und ich waren völlig erstaunt, doch Jonas-Arin meinte ganz selbstverständlich, dass dies der 'normale' Weg sei zu heilen."

Lewin war ein fröhliches und pflegeleichtes Kleinkind

"Lewin war ein fröhliches und pflegeleichtes Kleinkind. Er war immer gut gelaunt, aß viel; er war einfach ein glückliches Kind. Die ersten Impfungen ließen wir machen, auch bekam er Antibiotika gegen eine Bronchitis. Danach wurde er nur noch homöopathisch behandelt. Er ist heute sehr selten krank. Als er 15 Monate alt war, beobachteten wir, dass er vor seinem Schatten davonrannte; er hatte Angst vor seinem eigenen Schatten!

Mit zweieinhalb Jahren veränderte sich dann sein Wesen: Er aß nicht mehr alles, war wählerisch und zeigte sich von einer ganz anderen fremden Seite. Während dieser Zeit fing ich an, verschiedene spirituelle Heilmethoden zu lernen. Lewin wurde sehr ängstlich, traute sich nichts zu und blieb auch in seiner gesamten Entwicklung zurück.

In der Spielgruppe fühlte er sich unter anderen Kindern nicht wohl, er fixierte sich nur auf seinen Freund. Obwohl die Gruppenleiterin sehr geduldig und liebenswürdig war, konnte sich Lewin in diesem Jahr nicht richtig öffnen.

Im Kindergarten ging es ähnlich weiter. Er hatte einfach keine Lust, in den Kindergarten zu gehen, obwohl auch diese Lehrerinnen sehr liebenswürdig und tolerant waren. Oft beobachtete Lewin die anderen Kinder über lange Zeit, machte bei Spielen und im Kreis nicht mit, bis die Lehrerinnen ihn für ein Spiel begeistern konnten.

Im zweiten Kindergartenjahr ging es ihm dann immer schlechter, und er wurde depressiv. Wir ließen ihn homöopathisch behandeln, was seinen Zustand etwas verbesserte. Aber Lewins Zustand verschlechterte sich langsam.

Vor Lewins Schuleintritt wechselten wir aufs Land. In der Schule hatte er Mühe, und er weigerte sich, im Unterricht mitzumachen. Er fand auch kaum Anschluss an andere Kinder; er zog sich innerlich und äußerlich völlig zurück. Morgens hatte ich Mühe, ihn aus dem Bett zu bekommen. Er klagte oft über Kopfschmerzen und Müdigkeit und hatte Heimweh nach seinen früheren Kameraden.

Nach einem halben Jahr in dieser Klasse und völliger Verzweiflung meinerseits suchte ich eine Lösung und fand sie in der Einführungsklasse. In dieser Klasse haben die Schüler Zeit, den Erstklässlerstoff in zwei Jahren zu lernen. Zuerst musste Lewin allerdings 'abgeklärt' werden, musste also in die Psychomotorik, zum Schulpsychiater und zu einem Kinderarzt. Der Kinderarzt war ganz erstaunt, warum ich dieses Kind zur Abklärung bringen müsse, und zum Glück wurde er als 'normal' begutachtet. So kam nie die Frage nach Ritalin auf.

In der Einführungsklasse fühlte sich Lewin von Anfang an wohl und wurde auch sehr gut aufgenommen. Zu Beginn wollte Lewin zwar auch hier nicht recht mitmachen; er gab sich lustlos. Doch die Lehrpersonen akzeptierten sein Verhalten nicht und bewegten ihn dazu zu kooperieren. Zuhause jedoch machte er nur das Allernötigste, die Schule interessierte ihn überhaupt nicht. Er hatte immer andere Interessen. Er ist sehr kreativ und kann das auch gut umsetzen.

Im Herbst 2006 kontaktierte ich Elsbeth, damit sie uns begleitet, denn ich suchte einen neuen Weg in der Erziehung mit Lewin. Ich erarbeitete in vielen Stunden Heimarbeit die STANDORT-ANALYSE und entdeckte, ohne zu wissen wie die Zusammenhänge sind, viele kleine bedeutsame Einzelheiten aus meinem Leben. Elsbeth leitete mich an, zwei weitere Arbeiten zu schreiben: einen chronologischen Lebenslauf der Entwicklung von Lewin seit seiner Geburt – und parallel dazu meinen eigenen. Die Analyse aus dieser Arbeit zeigte, dass sich Lewins Zustand zunehmend verschlechterte, parallel zu meiner Entwicklung und Meisterausbildung. Zu dieser Zeit machte ich mein Meisterschaftsseminar, womit ich die Möglichkeit gehabt hätte, energetisches Heilen selbst zu unterrichten. Ich merkte, dass vieles nicht stimmte und wusste auch, dass es mit mir zu tun hatte. Elsbeth machte mich dann auf die energetischen Heilmethoden aufmerksam, die für die neuen Kinder nicht optimal seien. Das Resultat aus der erweiterten STANDORT-ANALYSE brachte schließlich klar zum Vorschein, dass zwischen meiner persönlichen Weiterbildung und dem Voranschreiten der negativen Auswirkungen in Lewins Entwicklungsgeschichte ein deutlicher Zusammenhang bestand.

Im ersten Moment war ich natürlich irritiert. Ich stoppte dann aber jede Behandlungsform und jede Art von Fremdenergie und machte die Übungen, die mir Elsbeth zeigte.

Ich bemerkte schnell, dass sich bei Lewin in kleinen Schritten viel bewegte. *Vor* der Familienbegleitung hatten Lewin und ich oft schwierige Zeiten. Ich fühlte mich immer gestresst, weil ich mich für alles allein verantwortlich fühlte, und dieser Zustand war für mich oft unerträglich. Ich fühlte mich mit den Problemen völlig allein gelassen, da auch mein Mann und ich nicht das beste Verhältnis zueinander hatten und er sich recht oft außer Haus aufhielt. Lewin selbst hatte zu dieser Zeit häufig unerträgliche

Ängste vor dem Einschlafen, sah Hexen und Räuber und andere düstere Gestalten, so dass ich an seinem Bett bleiben musste, bis er eingeschlafen war.

Seit Beginn der Familienbegleitung mit Elsbeth hat Lewin aber unglaublich viele Fortschritte gemacht. Heute hat er noch ab und zu Ängste, aber ich muss nicht mehr warten, bis er eingeschlafen ist. Er ist auch viel fröhlicher und ausgeglichener geworden. Sein Appetit hat zugenommen, wählerisch im Essen ist er jedoch immer noch.

Lewin ist jetzt in der zweiten Einführungsklasse und fühlt sich wohl. Die Lehrpersonen machen mit den Kindern verschiedene Brain-Gym-Übungen für eine bessere Konzentration beim Lesen und Rechnen. Im Lesen ist er noch nicht besonders schnell, doch er liest gern und freiwillig – jeden Tag! Vor ein paar Monaten wäre das noch undenkbar gewesen! Er verbessert sich sehr – und ich staune. Wenn er die Übung 'Öffne dein Herz' unmittelbar vor dem Lesen macht, ist der Erfolg deutlich größer. Im Rechnen ist er gut und schnell. Jeden Abend stellt er regelmäßig (!) den Wecker, um am Morgen selbstständig aufzustehen! Neuerdings hat er damit begonnen, mir abends nach dem Nachtessen das Geschirr abzutrocknen – und das ohne Aufforderung! Er ist auch viel gesprächiger geworden, zeigt überall mehr Interesse. Seine ganze Entwicklung ist enorm voran geschritten. Am ersten Tag nach den Osterferien kam er am Mittag nach Hause und sagte ganz stolz: 'Ich glaube, ich gehe jetzt gerne zur Schule, und schlecht gelaunt bin ich dort auch nicht mehr.' Seit diesem Tag kommt er immer fröhlich nach Hause, macht seine Hausaufgaben und ist zufrieden.

Vor zwei Monaten haben wir den 'Familientisch' eingeführt. Bei diesem Familientisch geht es darum, schlechte Gewohnheiten mit einem Vertrag zu verbessern. Natürlich macht da die ganze Familie mit, und werden gewisse Vereinbarungen missachtet, gibt es Konsequenzen. Bei Lewin gibt es dann beispielsweise kein Fernsehen, mein Mann muss mit dem Hund spazieren gehen und ich 'darf' das Auto staubsaugen. Meistens klappt das sehr gut. Die Schuhe sind jetzt ordentlich hingestellt, der Fernseher wird nach gewissen Abmachungen ausgeschaltet, die Fernbedienung wird nicht mehr versteckt, die Bettzeit ist klar definiert, die schmutzigen Kleider wandern in den Wäschekorb und auch für Lewins Zähneputzen bin ich nicht mehr verantwortlich. Alles in allem gibt es für Lewin mehr Verantwortung. Hält er die Vereinbarungen ein, werden diese nach einer gewissen Zeit gelockert. Alles ist einfacher und geregelter geworden, und auch wir als Eltern müssen uns wieder mehr anstrengen, um keine 'Konsequenzen' fürchten zu müssen. Lewin beobachtet uns sehr genau, ob wir richtig handeln oder nicht...

Ich fühle mich heute nicht mehr für alles allein verantwortlich. Auch wenn der Turnsack mit der Dreckwäsche herumliegt, interessiert mich das überhaupt nicht; es ist nicht meine Arbeit, die Wäsche auszupacken. Ich kann inzwischen die Verantwortung bei dem lassen, dem sie gehört, und klar sagen, was ich will – sowie auch, was mir nicht passt.

Die Beziehung zu meinem Mann war vor der Familienbegleitung schwierig. Wir hatten uns nicht mehr viel zu sagen, alles drehte sich nur noch um Lewin. Wir waren beziehungsmäßig fast am Ende. Mein Mann war zunächst gegen eine persönliche Familienbegleitung, da er ja nichts ändern wollte und sich sowieso nichts von dieser Begleitung erhofft hat. Er war sehr skeptisch – und ich sah ihn fast nur noch mit kritischen Augen.

Doch nach einem halben Jahr geht es uns jetzt viel besser. Erstaunt nehme ich wahr, wie mein Mann sich von seiner guten Seite zeigt: Er macht den Abwasch für mich, entschuldigt sich für Fehler und kann sein Mitgefühl ausdrücken. Er spricht aus, dass Lewin sich positiv verändert hat. Die beiden streiten nicht mehr so oft; es ist ruhiger geworden. Mein Mann und ich reden nun auch öfter miteinander, auch über Gefühle und Verletzungen, nehmen uns mehr Zeit füreinander, umarmen uns auch oft. Ich weiß, dass wir unsere Beziehung in Ordnung bringen werden, auch wenn es noch viel zu tun gibt.

Der Workshop *Öffne dein Herz* hat sehr viel bewegt in meiner Familie.

Die wöchentlichen schriftlichen Feedbacks veranlassen mich, genauer zu beobachten. Ich will wissen, wie und warum ich reagiere. Immer wenn ich falsch reagiere, merke ich es sofort. Ich habe auch das Schweigen gelernt, manchmal klappt das unglaublich gut.

Die Bonding-Übung, die ich dreimal täglich durchführte, brachte mich in meine Mitte und in die Verbindung mit meiner Ursprungskraft. Am ersten Tag reagierte mein Körper mit einem spontanen Hustenanfall, Atembeschwerden und Schmerzen im Nacken, in den Hüften und Beinen. Bei Lewin beobachtete ich gleichzeitig ebenfalls heftige Reaktionen: Er zeigte sich von seiner unangenehmsten Seite am Morgen, im Verlauf des Tages dann von seiner fröhlichen und spaßigen Seite und immer noch völlig energiegeladen tanzend und singend am Abend. Sein Kommentar: Er findet es toll, auf der Erde zu sein!

Während meine körperlichen Schmerzen und meine Müdigkeit über Tage anhielten, entwickelte sich mein Mann positiv, wurde hilfsbereit, wertschätzend. Lewins Befindlichkeit pendelt zwischen Hochs und Tiefs: Unkonzentriertheit, körperliche Beschwerden, gewohnte Ängste beim Einschlafen und Schwierigkeiten mit Kindern und Lehrern in der Schule sowie abendliche Hyperaktivität auf der einen Seite – und neue Schritte auf der anderen Seite: selbstständiges freiwilliges Lesen und Rechnen, ausdauerndes Helfen bei der Arbeit, liebenswürdige Kooperation und aktive Kreativität. Auffallend ist, dass er zum ersten Mal mit einer Freundin telefoniert hat, um sie zum Spielen einzuladen. Später nahm er sogar an der Geburtstagsfeier eines Kindes teil und ist vom Erlebten in der Gruppe total begeistert. Er integriert sich nun selbst.

Die Meditation tut mir sehr gut, und ich praktiziere sie jetzt täglich. Auch mein 'Druckknopf' am Solarplexus bringt mich jedes Mal in einen ruhigen Zustand.

Während ich meditiere, sehe ich Licht in mir. Es ist wie die Sonne oder Sterne, oder es ist einfach hell. Ich konzentriere mich intensiv auf diese Sonne, und dabei habe ich im Bereich oberhalb des Nabels ein wunderbares Gefühl, das ich manchmal den ganzen Tag lang spüre. Auch wenn ich tagsüber an das Gefühl denke, dann weiß ich: Es muss das Licht in mir sein. Dieses schöne Gefühl möchte ich nicht missen! Ich möchte noch viel mehr üben, mein Licht in mir wahrzunehmen, denn es ist einfach Übung nötig.

Morgens fühle ich mich auch nicht mehr so 'gerädert' wie zuvor, und es geht mir also auch körperlich besser.

Seit kurzem meditiere ich auch mit Lewin, dem es ebenfalls sehr gut tut. Er fühlt sich dadurch gut und fit. Auch seine Lernerfolge steigern sich sichtbar und seine Leistungen sind eindeutig besser, wenn er vorher meditiert. Er soll aber selbst entscheiden, wie oft und wann er meditieren möchte.

Die ganze Familie macht viele kleine erfolgreiche Schritte, und zusammengefügt sind es große Schritte!

Heute weiß ich, was mir gut tut, und ich sehe vieles klarer. Genauso kann ich auf vieles verzichten, was mir vorher wichtig war. Ich schaffe es jetzt, klar Position zu beziehen und konsequent zu bleiben. Vorher war ich nicht konsequent, ließ mich immer wieder überreden, wenn mir Lewins schöne Augen bittend zuzwinkerten... Heute sage ich Ja oder Nein. Es darf aber auch noch Kompromisse geben.

Ich werde diesen Weg weitergehen."

Exkurs: Was schwächt die Oberfläche der Auras?

[...] Leider werden viele Aktivitäten, die nicht-physische Wesenheiten ins menschliche Energiefeld einschleusen, von den Welt-Religionen, Schulmedizinern und New-Age-Heilern bereitwillig übernommen. Vieles davon hat sogar eine lange Tradition und wurde auch schon von unseren Vorfahren angewandt, die der fast universellen Praktik des Schamanismus anhingen.

Die Hauptaktivitäten, welche die nicht-physischen Wesenheiten ins menschliche Energiefeld einschleppen, sind Channeling oder die Anrufung von nicht-physischen Wesenheiten [...]. Es gibt eine sehr große Anzahl verschiedener Lebensformen in den nicht-physischen Dimensionen. Jedoch haben sie eines gemeinsam und zwar ihre Neigung, die Funktion des menschlichen Energiesystems zu stören und die Aura-Grenzen zu schwächen, wenn sie aktiv und/oder passiv die Erlaubnis erhalten haben, ins menschliche Energiefeld einzudringen. Angesichts dieser Tatsachen sollten wir uns einen Moment Zeit nehmen, um über den weit verbreiteten Glauben nachzudenken (im Osten sowohl wie im Westen), das manche nicht-physische Wesenheiten wohlwollend sind und/oder keinen eigenen Willen oder ein Ego haben und/oder keine eigenen Ziele verfolgen. Dieser Glaube, der seinen Ursprung bei den alten Hebräern hat (und vom Judentum, Christentum und Islam übernommen wurde), ist nicht allgemein akzeptiert. Die Kosmologie des Hinduismus, des Yoga und des Tantrismus akzeptiert dagegen das uralte yogische Prinzip der Entsprechung, das besagt »wie oben, so unten« und »wie unten, so oben«. Sie erkennen an, das nicht-physische Wesenheiten ebenso wie ihre menschlichen Gegenparts, über einen individuellen Verstand und ein Ego verfügen, sowie eigene Interessen verfolgen, die egoistisch sind und der Selbsterhaltung dienen. [...] Die einzigen Ausnahmen von dieser oben erwähnten Regel, sind Jivamuktis (erleuchtete Menschen), Boddhisatvas (Meister, die in der Einheit mit Atman geboren wurden) und Avatare (das universelle Bewußtsein in menschlicher Form), die einen physisch-materiellen Körper haben, aber im universellen Bewußtsein zentriert und losgelöst sind vom individuellen Verstand und Ego. [...]

(Textauszug aus: Keith A. Sherwood, »Chakras & Karma«, Seiten 72ff, ISBN 978-3-89767-153-9, www.schirner.com)

An'amore

"Vor einem halben Jahr hatten wir einen brüllenden kleinen Vulkan im Haus: unsere Tochter, die im Kindergarten und daheim nur noch litt. Unsere Tochter begann, andere Kinder zu schlagen und die Lehrerin in allen möglichen und unmöglichen Situationen zu provozieren. Teildispensation vom Unterricht, Besuche von Schulinspektor und Heilpädagogen im Kindergarten, Elterngespräche waren die harmlosen Folgen davon. Die schwerwiegenden trafen unsere Tochter. Sie wurde ausgegrenzt, die Kinder hatten die ausdrückliche Erlaubnis, sie zu schlagen (schließlich hatte sie ja einmal angefangen damit). Mütter beschimpften das Kind auf dem Weg nach Hause. Unsere Tochter hatte extreme Schlafstörungen. Sie begann sich zu fürchten, wenn wir uns nicht im selben Zimmer aufhielten wie sie. Und natürlich gab es täglich mehrere laute Auseinandersetzungen, weil sie sich auch den kleinsten Anforderungen des Alltags verweigerte.

Jetzt sitzt wieder eine wache Kleine bei uns am Tisch. Sie erzählt vom Kindergarten, freut sich unbändig auf die Schule. Sie will in die Montessori-Schule, obwohl ihre Freundinnen sie bedrängen, doch mit ihnen in die Waldorf-Schule zu gehen. Kinder bevölkern unser Haus wieder, und unsere Tochter spielt mit den Nachbarskindern: friedlich und ohne unsere Aufsicht. Sie malt, reitet und ist ganz stolz, weil sie jetzt auch allein einkaufen gehen kann. Im Garten steht ihr Treibhaus für Sommergemüse neben ihrem Topf mit Heilkräutern.

Zwischen diesen beiden Szenen liegen drei Monate. Ein viertel Jahr voller Arbeit, Veränderung, Lernen und Glück. Elsbeth Maurer war der geistige Schlüssel zu einem neuen Zugang zu unserer Tochter (und der Welt). Die Arbeit mit ihr hat sehr viel ausgelöst und ermöglicht. Ich habe gelernt, dass KINDER des LICHTS, oder eben Indigo-Kinder, etwas radikal anderes brauchen als das, was das Repertoire gegenwärtiger Erziehungsmethoden bieten kann. Was diese Kinder brauchen, ist eine spirituelle und geistige Erziehung – also letztlich das Wachstum von uns Eltern. Das zu lernen, ist ein großes Glück und eine große Herausforderung. Ich bin dankbar, dass ich auf Menschen getroffen bin, die mich darin unterstützen.

Elsbeth Maurer hat mich als Erstes gelehrt, die liebende Verbindung zu meiner Tochter zu erkennen und zu pflegen. Eine Mutter liebt doch ihre Tochter immer, meinen Sie? Ja. Und doch sind im Alltag – gerade wenn ein Kind uns an unsere Grenzen bringt – tausend kleine Situationen, in denen diese Verbindung klein und unmerklich für kurze oder längere Zeit unterbrochen wird. Ein Wutanfall, ein innerer Rückzug aus Erschöpfung können für uns unbemerkt vorbeigehen: Einem Indigo-Kind aber entgehen sie nicht, und es reagiert darauf. Reaktion, Gegenreaktion – und schon dreht sich die Spirale, bis irgendwer zu weinen beginnt oder eine Tür knallt. Dass das nicht mehr geschehen muss, ist für uns alle ein großes Glück.

In einer Rückführung habe ich erkannt, dass unsere Tochter viele, sehr viele Gründe hat, sich ihres Platzes auf der Welt nicht sicher zu sein. Die

Lichtarbeit an dem Thema ist für mich neu, beunruhigend und befrei-
end zugleich. Sie hat erst begonnen, und ich freue mich darauf, mehr
dazu zu lernen.

Ganz wichtig für das Wachstum unserer Tochter und das von uns
Eltern war der Wechsel in einen Waldorf-Kindergarten. Der Wechsel
hatte eine Schatten- und viele Sonnenseiten: Dadurch, dass wir unsere
Tochter aus dem Regelkindergarten versetzten, erhielten Eltern und Lehrerinnen die Bestätigung dafür, dass SIE das eigentliche Problem des
Kindergartens war. Etliche Kinder und Mütter im Viertel geben ihr und
mir das immer noch deutlich zu spüren. Die Sonnenseiten aber waren
viel stärker und zahlreicher. Wir lernten eine neue Kindergärtnerin kennen, welche uns und unsere Tochter im eingeschlagenen Weg bestärkte
und uns unterstützte, wenn wir mutlos und ängstlich waren. Sie und
Elsbeth Maurer mussten uns zeitweilig geradezu die Augen aufreißen,
damit wir die Veränderungen in unserer Tochter wahrnahmen. Nach all
den negativen und schmerzhaften Erfahrungen waren wir sehr stark in
der Angst verhaftet und trauten uns nur langsam, die Schritte zu sehen, die unsere Tochter machte. Dabei gab es so wunderbare 'Zufälle',
die ihr Halt und Bestärkung gaben. Mit Frau Maurer arbeitete sie beispielsweise daran, den 'Greeny' (so nennt sie ihren Schatten) zum Freund
zu machen – gleichzeitig erzählte die Kindergärtnerin im Kindergarten
die Geschichte von den 'Streitteufelchen', die im Zwergenland befreit
wurden...

Nach dem dreiwöchigen Intensivprogramm, das ich mit Elsbeth Maurer durchgearbeitet hatte, blühte unsere Tochter richtig auf. Sie bestand
den Probetag in die Montessori-Schule und wurde ohne weiteres aufgenommen. Für uns Eltern war damit ein großes Problem gelöst: Denn eine
Regelschule für unser Lichtkind wäre undenkbar gewesen. Unsere Tochter
wäre darin mit Sicherheit zerbrochen. Doch wichtiger als unsere Erleichterung war das Gesicht unseres Mädchens, das während dieses ganzen Tages
nur eines zeigte: Glück, Friede und freudige Neugier. Wir glaubten uns
über alle Berge.

Doch wer sich über alle Berge glaubt... Es kam der Einbruch. Unsere
Tochter begann wieder, im Kindergarten andere Kinder zu schlagen, ver-

weigerte sich der Kindergärtnerin total und begann, zu Hause zu lügen. Ich war mutlos: Nach all der Arbeit, den Stunden und Wochen hatte alles doch nichts genutzt. Frau Maurer und die Kindergärtnerin nahmen den Einbruch gelassen hin, ich konnte das aber nicht. An einem dieser 'schwarzen Tage' begann sich unsere Reaktions-Gegenreaktions-Spirale wieder zu drehen.

Die Arbeit ist noch nicht zu Ende. Sie hat eben erst angefangen für uns Eltern. Ich weiß jetzt, was es heißt, dass Indigo-Kinder uns in eine andere Bewusstseinsebene führen. Ich weiß zwar noch überhaupt nicht, wohin mich dieser Weg führen wird, aber ich freue mich darauf und auf die Menschen, denen ich dabei begegnen werde.

Fortsetzung:

So einfach, wie ich das vor einem Jahr geschrieben habe, ist das nun doch nicht. In eine andere Bewusstseinsebene geführt zu werden ist ja eine schöne Herausforderung. Was aber dazu gehört, ist vor allem die Konfrontation mit 'alten' Denkweisen.

Doch erst einmal hat unsere Tochter ein großes Stück Befreiung erfahren. Sie hat erkannt, dass sie die Farben der Auren von Menschen wahrnimmt und hat begonnen, mit mir darüber zu kommunizieren. An'amore hat mir aufgetragen, in der Fortsetzung dieses Berichts darüber zu schreiben: 'Das ist das Wichtigste, Mama.' In Konfliktsituationen helfen wir An'amore, ihre und die anderen Farben (Auren) zu definieren. Durch die Wiederherstellung der persönlichen Farben und deren Vereinigung im Licht kann man den Konflikt entschärfen.

Noch ist es schwierig für sie zu verstehen, dass die Fähigkeiten, die sie hat, nicht alle Kinder haben.

Ereignis auf dem Spielplatz

Sie geht auf einen gleichaltrigen Jungen, den sie zum ersten Mal sieht, zu. Nach der Begrüßung stellt sie ihm folgende Frage: 'Wie alt ist dein Vater?' Ich bin erstaunt über die Frage. Sie hatte sie noch nie einem Kind aus heiterem Himmel in dieser Art gestellt. Der Junge schaut sie an und beginnt zu erzählen: 'Mein Vater ist 75, und ich finde das schrecklich.

Ich warte hier auf dem Spielplatz, bis er nebenan mit Golfspielen fertig ist. Ich bin oft allein.' An'amore hört geduldig zu und lädt ihn ein, mit uns zu spielen.

Solche Situationen, in denen sie die zentrale Thematik anderer Menschen (auch Erwachsener) klar wahrnimmt, erleben wir häufiger.

Lehrer/Eltern-Dialog

Lehrer: Welche Diagnose hat An'amore?

Mutter: Keine.

Lehrer: Aber das ist ja nicht möglich. Sie muss eine Diagnose haben. Der Vorfall gestern war abnormal. Wenn ich die Diagnose von An'amore weiß, kann ich ihr besser gerecht werden. Ich hatte schon einmal eine solche Situation mit einem Kind, das sein Ritalin vergessen hatte einzunehmen.

Vater: An'amore hat kein Ritalin.

Lehrer: Was hat sie aber für eine Diagnose?

Vater: Sie hat keine Diagnose. An'amore nimmt manchmal mehr wahr als andere Kinder. Das überfordert sie zuweilen.

Lehrer: (schüttelt den Kopf) Ja, was machen Sie denn zu Hause, wenn sie so aggressiv ist?

Mutter: Ich versuche, mit ihr zu kommunizieren.

Lehrer: Aber das ist in solchen Fällen gar nicht möglich.

Mutter: Es ist schwierig, reden allein genügt nicht: Es braucht mehrere Kanäle.

Die Kommunikation läuft also auf zwei verschobenen Ebenen. Es ist nicht möglich, dem Lehrer in diesem Zusammenhang zu erklären, dass An'amore in solchen Momenten liebende Energie braucht, ein offenes Herz und manchmal die Bitte zum Schutzengel oder zum Erzengel Gabriel. Es ist schwierig, auf so unterschiedlichen Ebenen eine gute Zusammenarbeit mit den Lehrenden im Interesse des Kindes zu erreichen.

Die wichtigste Arbeit für uns Eltern ist im Moment die Disziplin: unsere eigene. Wir merken, wie eminent wichtig es ist, dass wir täglich Zeit für uns haben, dass wir uns an unsere inneren und äußeren Abmachungen mit An'amore auch an hektischen Tagen halten.

Die Herausforderung, mit unseren Kindern zu wachsen, konfrontiert uns unausweichlich mit der jetzigen, hiesigen Realität."

Das Dilemma einer Mutter

"Ich habe einen 15 Monate alten Sohn, von dem ich glaube, dass er eines dieser 'neuen Kinder' ist. Ich liebe meinen Sohn total und könnte ihn niemals verletzen. Aber mein Sohn macht mich verrückt!

Ich war mein ganzes Leben lang viel mit Kindern zusammen und bin niemals auf ein solch unruhiges Kind gestoßen. Ich kann nichts mit ihm anfangen. Ich kann ihn nicht schlafen legen, ich kann ihm nichts zu essen geben außer Brot, Joghurt, tropischen Früchten und Plätzchen. Ich weiß, dass diese Dinge auch bei 'normalen' Kindern manchmal vorkommen, doch mein Sohn treibt es bis ins Extreme. Keine Elternratschläge, die ich gelesen oder von anderen gehört habe, ließen sich auf meinen Sohn anwenden.

Ich wende die gelernten Techniken meiner Ausbildung ständig an meinem Sohn an. Außerdem habe ich alle Schlafmethoden ausgetestet. Ich habe versucht, ihn schreien zu lassen. Ich habe ihn für ein bis zwei Stunden aufstehen lassen, in der Hoffnung, dass er dann einschläft, aber er tut es nicht. Ich habe versucht, ihn bei meinem Mann und mir schlafen zu lassen. Keines dieser Dinge hat bei uns funktioniert. Ich müsste eigentlich einen Job außerhalb des Hauses annehmen, um meine Familie finanziell zu unterstützen, doch es geht so nicht mit meinem Sohn.

Er ist hochintelligent. Er hat ein Vokabular von mehr als 60 Wörtern. Er putzt sich bereits alleine seine Zähne und macht es wirklich sehr gut. Ich habe Tonnen von 'veraltetem' Spielzeug, wie beispielsweise Legobausteine, für ihn bereitgestellt. Er versteht Spanisch (sein Vater ist hispanisch, spricht jedoch nur selten Spanisch mit ihm). Er kann zwei bis drei Anweisungen befolgen ('Wo ist die Fernbedienung? Stelle den Fernseher an und gib sie mir.'), und er kann alles öffnen. Genauso sieht er Dinge, die sonst niemand sieht. Er war nie krank, hat nie Antibiotika genommen, und er hatte seinen ersten Zahn mit drei Monaten. Und er hat Augen, die dein Herz dahinschmelzen lassen. – Doch ich bin am Ende mit meinen Kräften. Ich bin so frustriert, wenn ich versuche, ihn zu verstehen. Ich brauche unbedingt Ratschläge. Ich muss lernen, andere Wege zu gehen, um damit fertig zu werden."

Babys – die Kommunikationswunder der neuen Zeit

"Warum Babys wirklich alles verstehen, und weshalb wir ihren Botschaften ganz vertrauen können – ein Erlebnisbeispiel.

Joy Muriel ist inzwischen ein paar Monate jung und zum ersten Mal mit ihrem amerikanischen Pass unterwegs im herbstlichen Europa. Nein, nicht alleine – sie reist mit ihren Eltern Elsbeth und Heinz. Wohlbehütet und warm hat sie es in ihrem farbigen und flauschigweichen Reisekorb.

Joys Vater ist Partner in einer Unternehmung für Personalentwicklung in der Schweiz. Seit geraumer Zeit scheint es so, als wären im Team subtile Unstimmigkeiten in der Luft. So auch an diesem regnerischen Nachmittag, als wir zu dritt in Bern im Büro vorbeischauen. Es ist an der Zeit, Joy Muriel und das Team miteinander bekannt zu machen.

Joy hat solche Vorstellungsrunden schon öfter erlebt und jeweils sichtlich genossen. Wieso ich das weiß? Ja, das ist ganz einfach: Meine eigenen Referenzerfahrungen von früheren Vorstellungsrunden sind tendenziell eher (von Ausnahmen abgesehen) mit unbehaglichen Gefühlen assoziiert. Ich könnte mir vorstellen, dass das für viele Menschen auch so war oder noch heute so ist. Ganz im Gegensatz zu Joy (und wahrscheinlich vielen Babys): Sie hat von Anfang an ihre Freude an solchen Runden mit vergnügtem Quietschen, Brabbeln und leuchtenden Augen ausgedrückt. Völlig natürlich und unbefangen, (noch) frei von den gesellschaftlich konditionierten Massenhypnosen und Paradigmen.

Wir kommen also zu dritt und gutgelaunt ins Büro, mitten ins aktive Geschäftsleben. Doch kaum sind wir drinnen, oder, etwas genauer ausgedrückt, in der Nähe einer bestimmten Person, beginnt Joy zu schreien – sichtlich nicht vor Freude, sondern vor Unbehagen.

Nun, was tun wir als Eltern? Selbstverständlich tun wir das, was wir gelernt haben: das Baby beschwichtigen, beruhigen, streicheln, ablenken... Basierend auf der (vielleicht falschen) Annahme, dass mit dem Baby etwas nicht stimmt.

(Totaler Zufall? In dem Moment, in dem ich diesen Beitrag schreibe denke ich zwangsläufig an Joy und ihr Unbehagen von damals. In dieser Sekunde taucht sie auf, schlaftrunken kommt sie von ihrem Schlafzimmer ins Büro auf meinen Schoß und sagt mit verschlafener Stimme: 'Dad, ich habe Bauchweh.' Sie berührt mit ihrer Hand den Solarplexus (nicht den Bauch). Ist das wirklich Zufall, oder sind das ganz natürliche Zusammenhänge? Doch wir wissen ja: Alles ist mit allem verbunden im Universum. Nichts ist isoliert und unabhängig von allem.)

Es half allerdings alles nichts, inklusive Windeln wechseln. Sobald wir außerhalb des Energiebereiches dieser Person waren, ging es Joy aber gleich besser. Etwas besser. Aha, wir haben es geschafft! Also, zurück in die Vorstellungsrunde. – Doch nur Geschrei und Zappeln war die Folge. So geht's hin und her, und kaum sind wir draußen – da scheint die Welt wieder völlig in Ordnung zu sein. – Jetzt wollen wir es aber wirklich wissen: Zurück in die Büroluft, zu den Menschen: Joy schreit. Raus auf den Gehsteig: Joy geht es gut. Obschon wir uns damals nicht alles erklären können, entscheiden wir uns für die leichtere Variante: Wir gehen nach Hause.

Ein paar Monate später liegt die Kündigung der entsprechenden Person auf dem Tisch, und das Team fällt schrittweise auseinander. Auch die geschäftliche Partnerschaft beginnt, sich aufzulösen. – Babys haben ihr Wahrnehmungssystem offensichtlich noch so komplett offen, dass sie auf allen Ebenen erfassen und kommunizieren können. Babys – die Kommunikationswunder unserer Zeit, der Zukunft. Die Fragen und Herausforderungen an uns Erwachsene lauten: Was können wir hier und jetzt tun, um in dieser Hinsicht zu 'er-wachen'? Wie transzendieren wir als Gesellschaft die alten Paradigmen, die konditionierten Massenhypnosen, die uns einschränken?

Unsere Kinder sind Wunder – in jeder Hinsicht. Ich wünsche mir, das ganz zu begreifen, solange ich hier bin. Und in dieser Zeit einen wirkungsvollen Beitrag leisten zu können, damit es unseren Kindern gelingt, die alten Paradigmen mit uns umzuwandeln, damit die Welt der Spiele, der Träume, des Lernens in Märchen und Wundern, der natürlichen Entwicklung unseres Potenzials Realität werden."

Dad Heinz, Joy ist damals 3 Monate alt

Martin – Sorgenkind oder Wegbereiter?

"Martin ist unser 'Nachzügler', 9 Jahre nach zwei 'pflegeleichten' Kindern. Er hatte schon eine schwere Geburt. Schon bald bemerkte ich, dass dieses Kind mehr Betreuung brauchen würde als die beiden anderen, und ich war auch dazu bereit. Martin war von Anfang an sehr empfindlich: lang, feingliedrig, sehr hellhäutig und rotblond.

Zu Hause ging es dann aber erst recht los: Wir hatten nie länger als zwei Stunden Ruhe, Tag und Nacht, trotz vollem Stillen. Auch nachts schrie er nach dem Stillen weiter; ich wiegte ihn auf dem Rücken liegend hin und her und hielt mir dabei die Ohren zu. Nach zwei bis drei Monaten war ich am Ende meiner Kräfte und suchte Hilfe beim Kinderarzt und bei der Mütterberatung. Eine erfahrene Säuglingsfürsorgerin kannte einen 'elektrolytisch' wirkenden Tee, der die Blähungen (Koliken) etwas verteilte, doch schon bald fing das Zahnen und Ekzeme an den Handgelenken an. Nur Cortisonsalbe half für kurze Zeit.

Mit fünf Monaten machte er eine Windpocken-Infektion durch, und mit sieben Monaten eine schwere Darmgrippe mit bedrohlich hohem Fieber und Krankenhausaufenthalt.

Gehen konnte Martin erst mit 16 Monaten, wobei er stets das linke Bein etwas nachzog und den linken Arm spastisch ausstreckte. Dafür bekam er später Psychomotorik-Therapie. Sprechen lernte Martin dagegen aber schon mit 2 1/4 Jahren, und zwar gleich in ganzen, korrekten Sätzen. Ruhig war er eigentlich nur, wenn ich ihn auf dem Schoß am Klavier hatte und das ganze Kinderliederbuch mit ihm durchsang und -spielte. Mit einem Jahr konnte er schon stundenlang die Melodie von 'Der Mond ist aufgegangen' vor sich hinträllern. – Aufreibend war jedoch die motorische und akustische Unruhe: keine fünf Minuten bei einem Spiel, kein Mittagsschlaf ab einem Alter von zwei Jahren und nachts alle anderthalb Stunden wach, und zwar für längere Zeit.

Gut zweijährig stellte ich Martin einem Kinderpsychiater und Kollegen vor in der Hoffnung auf Hilfe. Eine Kindergärtnerin begleitete uns, damit ich ein paar Minuten ruhig mit dem Therapeuten sprechen konnte. Dieser weigerte sich jedoch, das Kind anzuschauen, bevor ich 'in Ordnung' sei. Er begann mit mir eine Therapie, in der ich lernen sollte, meine Familie besser zu strukturieren. Ich gab mir also noch mehr Mühe – und wünschte ihm insgeheim von Herzen ein POS/ADD-Kind in seinen Elfenbeinturm...

Martins Sprechenlernen brachte dann einige Erleichterung, jedoch anderthalb Jahre später sagten die beiden großen Kinder eines Sonntagabends weinend: 'Wir haben keine Familie mehr!' Da klopfte der Vater auf den Tisch und riet mir, Hilfe bei meinem ehemaligen Praktikumsleiter an der Kinderpsychiatrischen Poliklinik zu suchen. Eine Abklärung durchzustehen, wie ich sie früher selbst mit solchen Familien durchgeführt hatte, wäre ich nun nicht mehr imstande gewesen. Erst jetzt konnte ich diesen Eltern die Belastung nachempfinden, die ein schwer verhaltensauffälliges Kind mit sich bringt, und dass viele Äußerungen und Ratschläge seitens der Beratungsstellen bloß als arrogante Besserwisserei auf sie wirken müssen.

Im Wartezimmer spielte Martin dann mit einem ausgedienten Sceno-Test (eine große Schachtel, in der ein Proband seine Welt darstellt). Er nahm das Krokodil, ging damit durchs Zimmer und sagte: 'Das ist das Krokodil, das beißt alle Leute.' Dann holte er das Auto: 'Jetzt überfährt das Auto das Krokodil, und dann ist es tot!' – Zu dieser Zeit war er bei gewissen Leuten im Dorf bereits als 'der böse Martin' bekannt.

Als der Professor das Kind zehn Minuten erlebt hatte, sagte er: 'Das ist schon ein wilder Teufel. Das glaube ich, dass der Sie fertig machen kann.' Für die nächsten zwei Jahre bekam er Ritalin, was uns täglich wenigstens für ein paar Stunden Erleichterung brachte und ein einigermaßen normales Familienleben ermöglichte. Die Abendstunden waren jedoch von

Anfang an ein Horror: Martin war dann total verstimmt, unfähig zu spielen und nicht einmal mehr am Fernseher ruhig. Zuerst wirkte das Medikament 2 x 4 Stunden, dann am Nachmittag nur noch 3..., schließlich noch 2 und 1 Stunde lang. Wir hätten die Dosis erhöhen müssen, obwohl er schon jetzt am Mittagstisch praktisch nichts mehr aß und am Abend depressive Verstimmungen und seine Schlafstörungen hatte. Dieser Zustand gipfelte in der Äußerung des Fünfjährigen: 'Es wäre besser, ich wäre gar nicht geboren!'

Ich holte ihn täglich vom Kindergarten ab, um die notorischen Konflikte auf dem Heimweg zu vermeiden. Als Martin sechs war, konnte ich mir nicht vorstellen, wie ich die Zeit bis zu seinem Erwachsensein überstehen würde, rein physisch. Außerdem war ich auf der Suche nach einer heilpädagogischen Hilfsschule mit Einzelbetreuung und einer seiner Intelligenz entsprechenden Förderung

Da hörten wir von einem anderen schwer verhaltensauffälligen Kind im Dorf, es mache jetzt 'eine Diät' und habe sichtbaren Erfolg damit. Ich glaubte zwar nicht daran, aber da mir meine Psychologie bis jetzt nichts gebracht hatte, würde mein Kind wohl in 14 Tagen auch nicht an dieser ungewohnten Esserei sterben. Ich hatte damals nichts anderes als Hertha Hafers Buch 'Die heimliche Droge Nahrungsphosphat' und ließ zusätzlich in eigener Regie noch den Zucker weg. Zu meinem großen Erstaunen veränderte sich nach drei Tagen sein Gesichtsausdruck, er wurde zugänglicher und folgsamer. Da wusste ich: Es läuft über die Ernährung, mir war zwar noch nicht klar wie, aber es musste vor allem das Essen sein.

In der ersten Klasse wurde bereits deutlich, dass seine Schulkarriere durch anderes Essen zu retten war. Sozial hatte er jedoch noch viel nachzuholen. Auch die Konzentration war noch sehr mangelhaft.

Nach dem ersten Quartal konnte Martin dann aber bereits zusammenhängend lesen (was sonst das Lernziel für die 2. Klasse ist). Im Winter besuchte er einen Schwimmkurs, und jedesmal war er hinterher völlig unfähig, Aufgaben zu machen: Beim Lesen verdrehte er die Buchstaben, als wäre er Legastheniker, und im Rechnen war der Zahlbegriff total weg. Nachdem er dann etwas Essigwasser getrunken hatte, war der ganze Spuk vorbei und seine schulischen Fähigkeiten wieder wie früher. – Das Chlorwasser hatte ihm den Säuremantel der Haut etwas angegriffen, was bei ihm vermutlich zu einer leichten Alkalose und zur Hirnfunktionsstörung geführt hatte. Oder war es eine Allergie auf die Chemikalien im Wasser? Jedenfalls verschwand die Störung mit der Karbonatausschüttung der Bauchspeicheldrüse, die der Essig bewirkt (ein Antistress-Mittel der alten Römer).

Allmählich fand Martin dann auch Spielkameraden und Freunde. Während der ersten Klasse bekam Martin Psychomotorik-Therapie. Beim Schlussgespräch sagte die Therapeutin, er sei ein merkwürdiger Fall gewesen: Wenn er gut dran war, hätte er eigentlich alles schon gekonnt, und an schlechten Tagen (mit Diätfehler), sei nichts zu machen gewesen. Bei anderen Kindern würde sie jeweils über zwei bis drei Jahre hinweg etwas aufbauen. Martin hätte die Stunden nur gebraucht, um sich wohl zu fühlen in seinem Körper. (Er hatte sich ja lange genug unwohl gefühlt in seiner Haut!)

Die zweite Klasse war für ihn schwierig, weil er eine junge, inkonsistente Lehrerin hatte, bei der alles drunter und drüber ging. Ein Glück, dass sich die äußere Situation nach einem Jahr änderte, sonst hätten wir Martin in eine Privatschule versetzen müssen, denn er war wieder zum 'schwarzen Schaf' geworden.

In der Folge suchten wir nach weiteren Erkenntnissen über die Zusammenhänge zwischen Ernährung und Hirnfunktionen. Wir lernten von einer Heilpraktikerin die Auswirkungen der Unterzuckerung kennen (Heißhunger und Schlappheit, Schläfrigkeit) und was Vitamin- und Mineralstoffmängel ausmachen; wir erkannten den Einfluss der eigentlichen Allergien, besonders der Milcheiweiß-Allergie und ihre vielfältigen Konsequenzen (u. a. Martins Schnarchen, weiter Neurodermitis, Asthma, Heuschnupfen etc.), dann die Bedeutung der Darmmykosen (Pilze), nach deren Behandlung Martin die ersten guten Noten erreichte. Schließlich nutzten wir auch einiges aus der Trickkiste der Edu-Kinesiologie, um vor der Schule Hirnintegrationsübungen zu machen. Wenn über den Stoffwechsel das Gehirn erst einmal normal funktioniert, müssen die Strukturen von Denken, Persönlichkeit und Charakter gelegt und gefestigt werden. Dies ist dann aktive psychologische Arbeit und geschieht nur bei ganz kleinen Kindern 'von selbst', d. h. ohne zusätzliches Training.

In Martins Gefolge sind auch die übrigen Familienglieder, die weniger mit dem Gehirn auf die Nahrungsmittel reagieren, körperlich gesund geworden: Asthma, Bluthochdruck, Neurodermitis, Übergewicht, Heuschnupfen, Grippeanfälligkeit, Unterzuckerung, Schnarchen, Akne, Ekzem verschwanden – und kamen bei entsprechend ungünstigem Essen wieder zurück.

Martins Heuschnupfen trat in der Mittelstufe der Primärschule bei den kleinsten Mengen von Milcheiweiß (in Käse, Joghurt, Quark, Milch) wieder auf, und zwar so stark, dass er in der 5. Klasse erst gar nicht zu einer Aufnahmeprüfung hätte gehen müssen, so weggetreten er war. In diesen Sommerferien kam dann die Wende durch drei Wochen strikte instinktive Rohkost. In der 6. Klasse bekam er richtig Freude an seinem schulischen Können und wurde einer der besten Schüler seiner Klasse. Nun wollte er, wie seine großen Geschwister, aufs Gymnasium, musste aber schon noch mehr Realitätsbezug, ausgeglichenes Arbeiten und Durchhaltevermögen lernen. Er spielte gut Klavier und hatte ein ausgezeichnetes Musikgedächtnis.

Sept. 1996: Martin ist jetzt in der 3. Klasse des Langgymnasiums. Die liebsten Fächer sind ihm Solo-Gesang und Latein. Heute ist er locker in der Klassenmitte und sozial gut integriert. Er hält den Spötteleien über seine 'komische Esserei' selbstsicher stand und gibt dafür den Allergikern vorsichtig heiße Tipps. Wenn er voll leistungsfähig sein muss, isst er stets konsequent roh, das funktioniert immer. Sonst leistet er sich zeitweise Ausnahmen und ist dann bereit, die Folgen (Pickel, Müdigkeit, Antriebslosigkeit, Erkältungskrankheiten) in Kauf zu nehmen. Als Pfadfinderführer ist er selbstsicher, psychologisch geschickt, einfühlsam, phantasievoll und bei den Kindern und deren Eltern beliebt.

März 2001: Martin hat jetzt das Gymnasium mit der Maturität Typ B abgeschlossen und absolviert gegenwärtig die Rekrutenschule – immer noch ohne Milchprodukte und Brot, jetzt ganz aus eigener Einsicht und Kraft heraus.

Auch ein stoffwechselmäßig sehr empfindliches Kind wie Martin hat also durchaus die Chance auf körperliche Gesundheit, einen seiner Intelligenz entsprechenden Schulverlauf und eine gesunde psychosoziale Entwicklung, benötigt aber über Jahre hinaus eine aufmerksame Betreuung, für welche eine optimale Ernährung die Grundlage ist.

Bemerkenswert ist auch: Martin hieß das Testkind an meiner Lizentiats-prüfung in der Psychopathologie. Ich war damals im 6. Monat schwan-ger und wollte eigentlich keinen 'Martin'. Nach diesen zwei Stunden taufte ich meinen Fötus um, bekam aber dann trotzdem einen 'Martin'!"

Erinnerung an vergangene Leben

"Wir befanden uns auf dem Weg zum Flughafen, als wir im sich nur zähflüssig vorwärts bewegenden Abendverkehr stecken blieben. Die Straße war in acht Spuren aufgeteilt und Joys damalige Beschäftigung, sie war etwa zweieinhalb Jahre alt damals, bestand darin, in die vorbeifahrenden Autos zu schauen, um festzustellen, ob eine Frau oder ein Mann am Steuer sitzt. Wenn sie es selbst nicht herausfinden konnte, bestand sie mit einer absoluten Hartnäckigkeit darauf, dass ich ihr die Antwort gab. Nach einer Weile schrie sie plötzlich von hinten: 'Mama, Papa, schaut, dieser Mann ist mein Mann.' Das Auto, auf das sie zeigte, war genau in dem Moment auf gleicher Höhe neben uns zu stehen gekommen. Ich schaute nach rechts und sah einen etwa vierzigjährigen Mann in Arbeitskleidung in seinem Truck nach Hause fahren. Ich drehte mich zu Joy um und frag-te sie: 'Was meinst du mit ›Mann?‹ In ihrer kindlichen Sprache erklärte sie mir daraufhin, dass dieser Mann ihr Mann wäre, so wie Papa mein Mann sei. In der ganzen Aufregung verstand ich die Zusammenhänge nicht. Sie aber fuchtelte weiterhin aufgeregt mit beiden Händen in der Luft herum. In diesem Moment löste sich der Stau auf, und wir fuhren weiter. Erst spä-ter realisierte ich, dass sie mir eigentlich sagen wollte, dass dieser Mann in einem vergangenen Leben ihr Lebenspartner gewesen war..."

Gedankenlesen

"Wieder einmal saßen wir beide im Auto auf dem Nachhauseweg vom Kindergarten. Ich war gedanklich mit der Planung des Nachmittags be-schäftigt. Ich hatte verschiedene Einkäufe zu erledigen und war gerade im

Begriff, Prioritäten zu setzen, als ich die Stimme meiner vierjährigen Tochter aus dem Kindersitz sagen hörte: 'Mama, jetzt gehen wir einkaufen, danach auf die Post, fahren dann nach Hause und essen dort zu Abend.' Wow! Woher wusste sie das? Liest sie meine Gedanken?"

Pfannkuchen

"Der sechs Jahre alte Brandon wollte an einem Samstagmorgen für seine Eltern Pfannkuchen machen. Er fand eine große Schüssel und einen Löffel, schob einen Stuhl an den Tresen, öffnete den Küchenschrank und zog den schweren Mehlbehälter heraus – und das ganze Mehl fiel auf den Boden. Mit seinen Händen schaufelte er etwas Mehl in die Schüssel, fügte ein fast volles Glas Milch und etwas Zucker dazu – eine mehlige Spur am Boden hinterlassend. Zu allem Übel hinterließ auch die Katze noch weitere Mehlspuren... Brandon war überdeckt mit Mehl und frustriert. Er wollte etwas Gutes für Mama und Papa machen – und alles ging schief.

Er wusste nicht, was er als Nächstes tun sollte. Kommt alles in den Ofen oder auf den Herd? Er wusste nicht einmal, wie der Herd funktionierte! Plötzlich sah er seine Katze, wie sie von der Mixtur in der Schüssel leckte, griff nach ihr und stieß sie weg, gleichzeitig fiel aber die ganze Eierschachtel zu Boden. Verzweifelt versuchte er diese Unordnung aufzuräumen und rutschte auf den Eiern aus. Sein ganzer Pyjama war nun weiß und klebrig.

In diesem Moment sieht er seinen Vater im Türrahmen stehen, und große Krokodilstränen strömen aus Brandons Augen. Alles, was er wollte, war etwas Gutes tun, und er machte so eine Unordnung. Er war sich, sicher, eine Strafpredigt oder sogar Schläge zu bekommen – aber sein Vater beobachtete ihn nur. – Dann hob er seinen weinenden Sohn auf, umarmte ihn und herzte ihn."

Das Wunder vom Lied des Bruders

"Als Karen herausfand, dass ein weiteres Baby unterwegs war, tat sie, was sie konnte, um ihrem drei Jahre alten Sohn Michael zu helfen, sich auf das neue Geschwisterchen vorzubereiten. Sie fand heraus, dass das neue Geschwisterchen ein Mädchen sein würde. Tag um Tag, Nacht um Nacht sang Michael für seine Schwester im Bauch. Er bildete ein Band der Liebe zu seiner Schwester, bevor er sie überhaupt getroffen hatte.

Die Schwangerschaft verlief für Karen normal. Schwere Komplikationen traten aber während der Geburt auf, und Karen hatte stundenlange Wehen. Nach einem langen Kampf wurde Michaels kleine Schwester dann geboren, doch leider war sie in einem kritischen Zustand. Die Tage vergingen, und dem kleinen Mädchen ging es immer schlechter. Der Kinderarzt musste den Eltern mitteilen, dass es wenig Hoffnung gab und sie sich auf das Schlimmste gefasst machen müssten.

Michael bettelte seine Eltern an, ihn seine Schwester sehen zu lassen. "Ich will für sie singen", sagte er immer wieder. In der zweiten Woche auf der Intensivstation sah es so aus, als ob das Mädchen das Ende der Woche nicht mehr erleben würde. Michael bestand weiter darauf, für seine Schwester zu singen, doch Kinder sind auf einer Intensivstation nicht erlaubt. Karen entschied sich aber trotzdem, Michael mitzunehmen. Sie zog ihm einen übergroßen Umhang an und marschierte mit ihm auf die IPS – an einer mehr als erbosten Oberschwester vorbei.

Michael bestaunte das kleine Baby, das seinen Kampf um sein Leben langsam verlor. Nach einem Moment begann er zu singen. Mit einer Stimme reinen Herzens sang er: 'Du bist mein Sonnenschein, mein einziger Sonnenschein, du machst mich glücklich, wenn der Himmel grau ist.' – Unverzüglich schien das kleine Mädchen zu reagieren. Ihr Pulsschlag beruhigte sich und wurde gleichmäßig. 'Sing weiter, Michael', ermutigte ihn seine Mutter mit Tränen in den Augen.

'Du weißt gar nicht, wie sehr ich dich liebe, bitte nimm mir meinen Sonnenschein nicht weg.' Als Michael zu seiner Schwester sang, wurde ihr abgerissener, schwerer Atem sanft wie das Schnurren eines Kätzchens. 'Die andere Nacht, als ich schlafend lag, träumte ich, ich würde dich in meinen Armen halten.' Michaels kleine Schwester begann sich zu entspannen, als ob sich eine heilende Ruhe über sie legte. 'Du bist mein Sonnenschein, mein einziger Sonnenschein. Bitte nimm mir meinen Sonnenschein nicht weg...'

Am nächsten Tag war das kleine Mädchen gesund genug, um nach Hause zu können.

Das Pflegepersonal nannte es einfach ein Wunder."

Fluch oder Segen?

"Dieses Phänomen, das ich 'Herzenskind' nenne, kam wie aus heiterem Himmel, mit keinerlei vorgefassten Ideen oder Gefühlen. Diese Verbindung, die von Großmutter und Enkelkind geteilt wird, entwickelte sich nicht über die Zeit; es kam schon aus dem Mutterbauch. Amanda war erst eine Woche alt, als ich eine intensive Verbindung zu ihr wahrnahm, fast so wie zu den eigenen Kindern. Ich war verwirrt, durcheinander und perplex, weil ich diese Gefühle nicht verstehen konnte. Ich konnte es mir nicht erklären, und so sagte ich zu niemandem etwas. Amanda ist mein drittes Enkelkind. Ich liebe alle drei gleich und fühle mich allen nah, doch das mit Amanda war eine andere Dimension. Es ist einfach da, ich erkenne und akzeptiere es.

Als Amanda sechs Monate alt war, war es sehr schwer und quälend, Abschied zu nehmen. Es war genau so, wie wenn ich mein eigenes Kind zurücklassen würde. Nach jedem Besuch fing Amanda an, unkontrolliert zu weinen, sich an mich zu hängen und nicht loslassen zu wollen. Es wurde für uns dadurch sehr schmerzlich, sie zu besuchen. Ich begann auch, mich schuldig zu fühlen und glaubte, dass ich dieses unschuldige Kind auf irgendeine Art manipulierte und mich so für es mehr bedeutend machte als seine eigene Mutter. Dies war sehr gefährlich und konnte die ganze Familiendynamik in Gefahr bringen.

Es änderte sich nichts, bis ich mit einem talentierten Psychiater und einer anderen Mutter sprach. Zu dieser Zeit hatte ich sieben Enkelkinder. An diesem Punkt wurde ich mit dem Begriff 'Herzenskind' bekannt gemacht. Dieser Begriff erklärt das Phänomen, das wirklich existiert. Dieses Phänomen ist 'okay'. Es ist ein Aspekt der Schönheit, der geschätzt werden muss, auch wenn das 'Warum' und 'Wie' niemand ganz erklären kann. Meine Erleichterung war tief.

Ich bin jetzt 76 Jahre alt und habe noch niemanden getroffen, dem das Gleiche widerfahren ist. Es ist eine Liebe, die für die meisten Menschen schwer zu verstehen ist. Ich bin mir sicher, dass meine Kinder und die anderen Enkelkinder Mühe haben, einen Sinn darin zu sehen. Alles, was ich hoffe, ist, dass sie das einzigartige Band respektieren und fühlen, dass sie auch geliebt werden. Weil ihr das Verständnis noch fehlt, ist Amanda verwirrt und fühlt sich unbehaglich. Sie ist nun acht Jahre alt, und ich habe ihr gesagt, dass sie mein 'Herzenskind' ist. Ich erklärte ihr, dass dies ein einzigartiges Band ist und sie von anderen nicht erwarten soll, es zu verstehen. Ihre Eltern nennen es 'das Ding zwischen Amanda und Oma'. Ich erklärte ihr weiter, dass wir sehr ähnlich sind; wir teilen viele Merkmale. Wir verstehen einander, ohne ein einziges Wort zu äußern; unsere Gefühle sind auf irgendeine Art verflochten, und wir fühlen uns wohl miteinander. Jetzt sind Amanda und ich in Frieden. Sie versteht jetzt unser einzigartiges Band, dass es in Ordnung ist und dass ich nicht den Platz ihrer Mutter einnehmen will.

Ist es ein Fluch oder ein Segen? Einzig die Zeit wird es zeigen. Wie werden die anderen Enkelkinder damit umgehen, wird Ablehnung gegen Amanda da sein? Ich hoffe nicht, und ich wünsche mir, dass alle Enkelkinder erkennen, dass weder Amanda noch ich selbst danach gefragt haben. Es ist einfach da, wir erkennen und akzeptieren es und versuchen, damit umzugehen, so gut wir können."

Vor sechs Wochen war ich am Ende meiner Kräfte...

"Unser Junge ist nun acht Jahre alt. In den letzten fünf Jahren entwickelte sich unser anfangs zufriedener und fröhlicher Junge zu einem immer unberechenbarer werdenden Wirbelsturm. Ständig suchte er seine Grenzen. Zuerst innerhalb der Familie, dann in der Schule bei der Lehrerin, den Schulkameraden und zuletzt bei jedem, der es wagte, sich länger mit ihm zu beschäftigen. Die Grenzen wurden nicht nur gesucht, sondern er hatte es sich zum Tagesritual gemacht, diese konsequent zu brechen und neu zu definieren. Dies äußerte sich, indem er andere Kinder herausforderte, schlug und sich dem Schulsystem verweigerte. Er lief, wenn stillstehen gefordert war, und stand still, wenn alle am Laufen waren. Eine Beschwerde jagte die andere.

Wir versuchten viel und waren ständig auf der Suche nach dem Grund, dem Auslöser, der ihn so verändert hatte. Er wurde immer hyperaktiver, war im Viertel und an der Schule bekannt als Störenfried, als 'Böser' und Außenseiter, er war also schlechthin das schwarze Schaf – für alles und jeden. Er litt sehr darunter, denn eigentlich wollte er sein wie die anderen und Freunde haben. Es kam so weit, dass er morgens brüllend aufstand und den ganzen Tag damit verbrachte, zu schreien, zu toben, um sich zu schlagen und zuletzt zu weinen. Wir und er waren am Ende.

Vor sechs Wochen fanden wir den Zugang zu Elsbeth. Im Gespräch mit ihr, wie auch beim Lesen über die KINDER des LICHTS, fiel es uns wie Schuppen von den Augen. Was hatte uns unser Sohn schon so lange zu zeigen versucht: dass er anders war, anders behandelt werden wollte, immer mit Respekt und vor allem mit viel, viel Liebe.

In wenigen Wochen ist aus unserem Sohn wieder ein zufriedener Junge geworden. Am Morgen beim Aufstehen strahlt er, lässt sich wieder in den Arm nehmen, sucht unsere Nähe und hört aufmerksam zu. Seit langem hören wir wieder sein unbeschwertes Lachen! Die Lehrerin erzählt von einer wunderbaren Wandlung, von einem Kind, mit dem zu arbeiten eine wahre Freude sei. Neulich kam er nach Hause und erzählte, dass ihm Wunderliches widerfahren sei: Zum ersten Mal überhaupt wurde er in der Schule kein einziges Mal vor die Tür gestellt. Der Schulweg und die Pause verliefen ohne Schlägerei und Konfrontationen. Und das Schönste – zwei unzertrennliche Freunde aus seiner Klasse, welche sich immer nebeneinander in den Kreis setzen, machten vor zwei Tagen Platz in ihrer Mitte und erklärten den Kindern, welche sich dorthin setzen wollten, dass dieser Platz nur für unseren Jungen reserviert sei! Der Stolz, der aus ihm strahlte, war blendend.

Wir wissen, dass noch viele Berg- und Talfahrten folgen werden. Aber nun kennen wir auch das Warum. Wir haben in der kurzen Zeit mit Elsbeth gelernt, die Blockaden mit Liebe und Licht zu lösen – statt nur mit Strenge. Wir haben den Zugang von unserem Herzen in sein

Herz wiedergefunden, das Türchen geöffnet, und wir denken, dass nun alles einfacher zu tragen sein wird. Durch Elsbeth erfuhren wir von Handlungen, wie man sie bei 'Kindern des Lichts' anwenden kann, wenn sie wieder zu schnell für diese Gesellschaft wirbeln – und wie man ihnen und sich selbst helfen kann. Dieser Schatz, der sich uns dadurch eröffnet hat, bringt wieder Licht in unsere Familie!"

Aramis lehrt uns, in der Liebe zu leben

"Schon alleine der Beginn des Kommens unseres Wunschkindes lässt darauf schließen, dass unser Sohn ein ganz besonderes Wesen ist. – Es war ein Beginn, bei dem es um Leben und Tod ging. Ein Beginn, der uns mit unserer eigenen Stärke konfrontierte und Ebenen erleben ließ, wie sie emotionaler nicht hätten sein können. Ein Beginn, der uns nicht hätte klarer zeigen können, was und wer wir eigentlich sind. Wir haben uns entschieden – für das Leben - trotz aller Hürden, Hindernisse und Aufgaben, die uns immer wieder gestellt wurden, und wir haben gewonnen.

Entscheidend dabei waren, ohne Zweifel, unsere Entschlossenheit und der Glaube an unser inneres Gefühl. Wir haben gewonnen, denn unser Sohn ist heute ein gesunder, quirliger Wonneproppen von bald zwei Jahren, der uns immer und immer wieder neue Aufgaben stellt und uns damit eigentlich unsere Schattenseiten präsentiert. Durch sein feinfühliges Wesen und seine Fähigkeit, Situationen in kürzester Zeit wahrzunehmen, ist er ein Meister des Spiegelns. So fing er plötzlich an, sich den Kopf zu schlagen, mit Vorliebe bei Anwesenheit uns fremder Menschen und in Gruppen. Manchmal hing es mit einem Nein unsererseits zusammen, häufig konnten wir den Grund aber nicht erkennen. Wir haben alle möglichen und erdenklichen Tricks und Tipps ausprobiert, doch nichts fruchtete wirklich. Im Gegenteil, manchmal wurde es noch schlimmer. Er fing auch an, uns und fremde Menschen zu schlagen. Völlig ratlos wendete ich mich an Elsbeth, einen der wenigen Menschen, die ich kenne, die wirklich aus reinem Herzen handeln und reden... Wie so oft liegt in der Kürze die Würze. So auch hier. Wir begannen konsequent, den Ort des

Schlagens mit seiner Hand zu streicheln. Durch das stetig immer gleiche, sich wiederholende Verhalten unsererseits war er irritiert und irgendwie verblüfft. Es schien auszureichen, denn sein Schlagen nahm ab. Wir fühlten uns unendlich erleichtert und wieder stark, eine Methode zu haben, die sich gut anfühlt. Sie verlieh uns Sicherheit, vor allem auch vor fremden Menschen. Ich bemerkte, dass durch unsere zurückgeholte Stärke und Sicherheit das eigentliche Problem bereits im Keim erstickt wurde. Ich bemerkte aber auch, dass es bei noch so minimalen Disharmonien innerhalb der Familie wieder auftrat.

Somit lehrt er uns, zu jeder Zeit in Harmonie mit uns und unserer Stärke wie auch voll und ganz in der Liebe zu leben.

Herzlichen Dank, liebe Elsbeth"

Projektion erkannt und integriert

"Unsere Tochter begann, andere Kinder zu schlagen und die Erzieherin zu provozieren. Teildispensation vom Kindergarten und Elterngespräche waren noch die harmlosesten Folgen davon. Andere Mütter beschimpften unsere Tochter auf dem Nachhauseweg, die Kinder grenzten sie aus und schlugen zurück. Unsere Tochter litt unter extremen Schlafstörungen und verweigerte die alltäglichsten Anforderungen, was zu vielen lautstarken Auseinandersetzungen führte.

Jetzt sitzt wieder eine wache Kleine bei uns am Tisch. Sie erzählt vom Kindergarten, freut sich unbändig auf die Schule, malt und spielt friedlich mit den Nachbarskindern. Der geistige Schlüssel zu einem neuen Zugang zu unserer Tochter war Elsbeth Maurer. Die Arbeit mit ihr hat sehr viel ausgelöst und ermöglicht. Ich bin dankbar, dass ich auf Menschen getroffen bin, die mich darin unterstützen. Elsbeth hat mich als Erstes gelehrt, die liebende Verbindung zu meiner Tochter zu erkennen und zu pflegen.

Unsere Tochter war ein brüllender Vulkan. – Jetzt sitzt wieder, wie gesagt, eine wache Kleine bei uns am Tisch, und zwischen diesen Szenen liegen nur drei Monate."

(Erfahrungsbericht der Mutter einer 6-jährigen Tochter)

"Bonding" hält den Sohn

"Daniel, 13 Jahre alt und sehr intelligent, fing eines Tages an, nicht mehr regelmäßig in die Schule zu gehen. Bereits zuvor hatte er mehrmals von Selbstmordgedanken gesprochen. Er fühlte sich nicht integriert und war für nichts zu begeistern. Kurz nach seinem Geburtstag fing er dann an, die Schule zu verweigern. Dies stellte er sehr clever an: Er ging morgens wie gewohnt zum Bus, meldete sich dann jedoch in der Schule krank und fuhr mit dem nächsten Bus wieder nach Hause. Ich war zu der Zeit dann bereits bei der Arbeit.

Als mich eines Tages sein Lehrer anrief und mich nach dem Gesundheitszustand meines Sohnes fragte, fiel ich fast aus allen Wolken. Wir vereinbarten sofort ein Gespräch mit dem Lehrer und dem schulpsychologischen Dienst. Das alles nützte aber wenig. Daniel ging weiternhin nur dann zur Schule, wann es ihm passte.

Ich hatte schon viel über 'Indigo-Kinder' oder eben KINDER des LICHTS gelesen. Ich nahm an, dass auch Daniel ein solches Kind ist. Bei einem Vortrag, den mein Lebenspartner zum Thema 'Kinder' organisierte, lernte ich Elsbeth kennen. Sie war für mich wie ein Geschenk. Die positiven Veränderungen, die ich über die Energiearbeit, die Elsbeth für mich ausgewählt hat, erleben konnte und noch immer kann, sind einmalig und vor allem auch sofort wirksam geworden. Daniel musste nicht einmal zu einem Treffen mitkommen. Schon nach drei Wochen hatte ich wieder einen Sohn, der sich in die Schule traute und der auch in die Schule wollte. Seit vier Wochen hat er keinen einzigen Tag mehr gefehlt."

(Erfahrungsbericht der Mutter eines 13-jährigen Sohnes)

Trauer bricht den Bann

"Im Gespräch mit Elsbeth wurde mir klar, dass ich ohne Trauerprozess und Abschied von meinem Vater meine Verletzungen aus dieser Beziehung immer wieder kompensieren und übertragen würde. Mein Vater starb vor anderthalb Jahren. Ich fühlte Erleichterung, Ruhe und Frieden, jedoch keine Trauer. Ich erkannte bald, dass ich nie um den Verlust meines Vaters getrauert hatte.

1. bis 3. Tag

Ich begann, den Abschiedsprozess mit einem Brief an meinen Vater, in dem ich ihm all das mitteilte, was ich als Kind von ihm vermisst und was ich für ihn empfunden hatte. Die Trauer brach den Bann. Danach konnte ich zum ersten Mal wahrnehmen, wie sehr er mich auch liebte. Mein Herz begann zu weinen für meinen Vater.

Drei Tage lang teilte ich all meine 'Ein-Sichten' mit meinem Vater. Ich bat ihn um Verzeihung und ließ meine Herzensliebe zu ihm fließen. Ich erkannte, dass ich alles, was ich bei meinem Vater so sehr vermisst hatte, von meinem Partner erwartet hatte.

4. Tag

Mein Sohn (22 Jahre) rief mich an und wollte mich besuchen. Seit meiner Trennung im Februar 2002 hatte er mich nur zwei Mal kurz besucht. Danach teilte er mir mit, dass er mich liebe, jedoch jetzt für sich sein müsse. Ich wusste intuitiv, dass er sich vor meinem Verlustschmerz in Sicherheit bringen musste, und ich akzeptierte seine Entscheidung. Ich hatte zwar weiterhin Kontakt zu ihm, traf ihn jedoch nur selten – ich spürte, er wollte mir nicht begegnen.

Seit den vergangenen anderthalb Jahren ergriff er also zum ersten Mal die Initiative, mich zu sehen. Er sagte mir zum Abschied: 'Weißt du, Mam, niemand kann so gut zuhören wie du. Du bist in dir klar und stark geworden. Das tut mir gut. Vorher war es nicht leicht für mich, dir zu begegnen.'"

4 Schuljahre aufgeholt

"Ausgangslage: Stand vor anderthalb Jahren (07/2001) – lt. Test von Heilpraktikerin Brigitta Auer, Dipl.-Biologin:

1. sensorische Entwicklung	40% des Durchschnitts
2. motorische Entwicklung	40% des Durchschnitts
3. Detail- und lineare Verarbeitung/ kognitives Denken	30% des Durchschnitts

4. Entwicklung von Lesen
   und Schreiben   30% des Durchschnitts
5. lineares mathematisches Arbeiten   30% des Durchschnitts
6. feinmotorische Augeneinstellung   50% des Durchschnitts
7. Zugang zur Analytik
   (linke Gehirnhälfte)   4% des Durchschnitts
8. Ausbildung und Verbindung
   beider Gehirnhälften   20% des Durchschnitts

Dina war mit ihren 13 Jahren schulisch gesehen max. auf dem Stand der ersten Klasse. Ihr wurden Probleme in der Wahrnehmung, der Wissensspeicherung und der Wiedergabe von Informationen bestätigt. Leider konnte das SPZ (Sprach- und Hörzentrum), wo Dina verschiedene Tests gemacht hatte, keinerlei Hilfe anbieten. Nach einer erfolglosen Ergotherapie entschieden wir uns, ganz andere Wege zu gehen.

Wir haben uns auf die Suche nach Alternativen mit vielen Möglichkeiten und Ansätzen gemacht. Im letzten Jahr (08/2002) stießen wir schließlich auf Frau Elsbeth Maurer.

August und September

Frau Maurer geht die Sache von einer anderen Seite an. Ihre Instrumente bearbeiten und lösen Blockaden, die das Kind von der Familie (Vorfahren) her belasten und behindern. Dadurch kommt das Kind (und auch seine Familie) in seine Fähigkeiten und seine Kraft. Dies war nötig, damit Übungen überhaupt erst wirken können.

Anfang Oktober

Im Oktober fingen wir zunächst mit dem Mathematik-Training an. Vor den Übungen konnte sie nur mühsam rechnen. Am vierten Tag konnte sie aber bereits 98% der Aufgaben sofort beantworten. Am sechsten Tag waren es dann 100%.

Sie muss sich jetzt allerdings nach den vielen Jahren des 'Nicht-Könnens' an ihre neuen Fähigkeiten erst noch gewöhnen.

Mitte Oktober

Danach haben wir uns dem Lesen zugewandt. Auch hier waren Dinas Möglichkeiten sehr begrenzt. Durch die Übungen wurde sie aber flüssiger im Lesen, und sie verstand den Text. Vorher bekam sie sehr schnell Kopfschmerzen, und lange Wörter bereiteten ihr Schwierigkeiten.

Da sie das Grundwissen (Lesen, Schreiben usw.) bisher nicht zur Anwendung bringen konnte und ihre Entwicklung auf dem Stand eines Kindergartenkindes war, hatte sie natürlich in allen schulischen Bereichen große Probleme. Trotzdem hat sie die Informationen, die sie im Laufe der Jahre erhalten hat, aufgenommen und erhält nun Zugang dazu. Sie kann sie in zunehmendem Maße nutzen. Dies merke ich an ihren schulischen Leistungen und auch bei Spielen.

Natürlich ist Dina noch nicht auf dem Stand der sechsten Klasse, aber sie hat innerhalb eines halben Jahres vier Schuljahre aufgeholt. Nach Einschätzung von Frau Maurer braucht sie maximal noch ein Jahr, um auf dem normalen Stand zu sein.

Wir haben von verschiedenen Seiten diese Veränderung bestätigt bekommen. Auch Frau Auer, unsere Heilpraktikerin, hat die o.g. Verbesserung der Fähigkeiten festgestellt.

Dezember

Der Trompetenlehrer sprach uns darauf an, dass sich Dina sehr positiv verändert habe. Sie könne nun dem Unterricht während der vollen Zeit konzentriert folgen und ihre Leistungen hätten sich eklatant verbessert."

Anina – Protokoll einer tief berührenden Geschichte

Anfrage aus dem Kontaktformular meiner Webseite:
"Weiß nicht mehr, wie ich mit meiner 3-jährigen Tochter umgehen soll. Komme nicht mehr an sie heran. Ich begleite sie mit Homöopathie und Festhaltetherapie."

30. September 2006

"Liebe Mutter,
magst du mir einen Bericht schreiben von deiner Situation?
Herzlich, Elsbeth"

"Hallo Elsbeth,
besten Dank für deine Mail.
Gerne versuche ich, die Situation mit meiner Tochter zu beschreiben.
Anina (Name geändert) kam 10 Wochen zu früh auf die Welt und musste 3 Monate im Krankenhaus verbringen. Sie ist ein Wunschkind, unser einziges Kind und wird jetzt im Dezember 3 Jahre alt. Sie ist sehr dominant und versucht, uns zu beherrschen. Sie ist eine Mischung aus Tyrann- und Kämpfernatur. Sie lebt mit Extremen, die ans Selbstzerstörerische grenzen. So hat sie in ihrem kurzen Leben schon alle Tricks angewandt, die in Büchern beschrieben sind, nur einfach noch eine Spur extremer. Sie hat zum Beispiel schon diverse Male Essen verweigert. Das endete jedes Mal im Spital. Auch riss sie sich die Haare büschelweise aus, ihre Fingernägel hat sie blutig 'runtergeknabbert'. Anina versucht mich von morgens früh bis abends spät an sich zu binden und zu kontrollieren. Sie macht rein gar nichts alleine, nicht 10 Sekunden lang. Sie hat ein immenses Energie-Potenzial zur Verfügung und fordert meine stetige Präsenz. Am schlimmsten ist es abends, nachdem sie zu Bett gegangen ist. Woher sie dieses Repertoire an Methoden hernimmt, um mich wieder in ihr Zimmer zu kriegen, ist verblüffend, jedoch auch schrecklich für mich. Sie steckt sich den Finger in den Hals und erbricht, oder sie kotet sich ein, obwohl sie schon lange 'trocken' ist, sie beißt sich selber blutig, wirft sich Sachen an den Kopf, reißt die Tapeten von den Wänden, um nur ein paar Beispiele zu nennen. Das geht ein bis zwei Stunden lang so, und dann wird sie 'weich': Sie ruft liebevoll nach uns und küsst und streichelt uns, sagt, sie hätte uns lieb und ihre Augen sind voller Liebe; dann schläft sie ein. Tagsüber darf ich es aber nicht wagen, sie anzufassen, sie stößt mich weg und will von mir nicht liebkost werden. Sie sagt, sie hätte uns nicht lieb, ich sei gar nicht ihre Mutter. (Nachdem ich ihr verzweifelt sagte, in diesem Leben wäre ich jetzt eben ihre Mama, hat sie das aber akzeptiert.)

Bis vor 3 Monaten hat mir mein Kind nie in die Augen geschaut, immer an mir vorbei. Dann habe ich mit der Festhaltetherapie nach J. Prekop begonnen. Das hat Anina ein Stück offener gemacht. Sie schaut mich seither auch direkt an. Meine Versuche, sie zu ignorieren, sie konsequent zu begleiten, sie stehen zu lassen oder auch sie anzubrüllen, machen auf sie keinen Eindruck. Manchmal schaue ich sie an und denke: 'Das ist kein Kind, das ist ein Monster.' (Ich weiß, dass das nicht o.k. ist, es ist manchmal nur einfach ein bisschen viel). Ich habe fast jeden Tag die heftigsten Kämpfe mit ihr, das macht mich sehr traurig, denn ich liebe mein Kind über alles. Anina gleichwertig zu behandeln, funktioniert leider auch nicht; sie will über mir stehen. Der Clou an der ganzen Situation ist, dass sie dieses Verhalten nur bei uns Eltern zeigt. Ansonsten ist sie das bravste, ruhigste und liebste Mädchen, das alle entzückt. Sie spielt lange, sagt kaum ein Wort, ist schüchtern, ein richtiger Engel. Deshalb haben die Besuche bei der Psychologin und der Sozialpädagogin nichts gebracht. Es läuft immer wieder darauf hinaus, dass ich einfach ein Kind nicht richtig erziehen könne und die ganze Sache überbewerte.

Trotz allem ist Anina äußerst sozial, sie kann es nicht ertragen, wenn es jemandem schlecht geht. Wenn ich wirklich ihre Hilfe brauche, ist sie für mich da. Auch würde sie mich niemals schlagen oder treten. Zu anderen Kindern ist Anina sehr rücksichtsvoll, fast zärtlich. Sie hilft immer den Schwächeren und beschützt sie. Sie gibt ihr 'letztes Hemd' und wehrt sich nicht für sich selbst. Unseren Haustieren gegenüber ist Anina sehr liebevoll und umsichtig, fragt immer, ob sie gestreichelt werden wollen; dasselbe Verhalten zeigt sie gegenüber Pflanzen.

Ich bin mit Anina sehr viel draußen, zum Rumtoben. Am liebsten ist sie im Wald; sie sagt, sie sei da ihrer 'Mama' nahe. Zu Hause ist das Zusammenleben schwierig, fast unmöglich.

Anina wird durch meine langjährige Homöopathin alle 3 Monate behandelt. Sie ist nicht geimpft, ich stelle ihr wertvolle Biokost möglichst ohne Lebensmittelzusätze auf den Tisch und das Buch 'Das Praxisbuch für Indigo-Eltern' von Doreen Virtue ist mein stetiger Begleiter.

So, der Bericht ist ein wenig lang ausgefallen, doch ich könnte noch mehr schreiben...

Könntest du uns ein Stück begleiten?

Liebe Grüße

Eine Mutter"
4.10.2006

"Liebe Mutter,

JA, ich begleite euch.

Bist du bereit zu arbeiten, an dir und deinen Geschichten?

Auch wenn niemand, den du kennst, ein solches Verhalten hat, kommt es von irgendwoher über Generationen... Der Apfel kann nicht weit vom Baum fallen. Doch es geht nicht darum, den Sündenbock zu finden, sondern das Muster oder die Muster, die so etwas aufbauen können. Es ist bestimmt höchst komplex!

Ich bin aber zuversichtlich, dass wir es schaffen, wenn dir meine Arbeit zusagt.

Herzlich, Elsbeth"
5.10.2006

"Liebe Mutter,

ich bin nach unserem ersten Interview-Gespräch sehr zuversichtlich!

Es ist auch für mich immer wieder ein Wunder, wie sich die Dinge so negativ entwickeln können und die Kinder einfach genau da pushen, wo die Energie blockiert ist.

Was mich neben dem Ausfüllen der Unterlagen der STANDORT-ANALYSE zusätzlich interessiert, sind die Therapien, die du mit Anina gemacht hast und welche Bücher dir geholfen haben – und welche nicht.

Wenn es in deinem Leben eine Geschichte geben würde mit dem Titel: LEBEN ODER STERBEN – wie würde sich diese Zusammenfassung lesen?

Ganz herzlich, Elsbeth"
12.10.2006

"Liebe Elsbeth,

Infos zu den Therapien und Arbeiten mit Anina:

'Festhaltetherapie nach Jirina Prekop'

Bücher von derselben Autorin 'Hättest du mich festgehalten' und 'Der kleine Tyrann'.

Festhalten heißt: Jemanden, der in tiefer seelischer Not ist, solange mit Liebe festzuhalten, bis er seine Wut und seinen Kummer herausgeschrieen und sich ausgeweint hat, damit er sich dann wieder freier und zufriedener fühlen kann.

Ich las die Bücher, als Anina wenige Monate alt war und legte sie wieder beiseite, da ich doch etwas skeptisch war. Mit zwei Jahren fing Anina an, den ganzen Tag lang auf dem Boden zu liegen und zu jammern: 'Mama, halte mich!'

Daraufhin kamen mir diese Bücher wieder ins Gedächtnis. Ich ging zu einem Vortrag über das Festhalten, und im Juni 2006 besuchte ich die erste von drei Festhaltesitzungen bei einer Therapeutin. Anina ging gerne hin und wollte in einigen Stresssituationen auch zu Hause festgehalten werden. (Sie differenziert das mit den Worten in Dialekt: 'Mami heb mech!' für getragen/geknuddelt werden – und: 'Mami tue mech feschthalte!' fürs Festhalten). Nach einer solchen Sitzung fühlte sie sich immer sehr gelöst und im Reinen. Sie liebkoste mich danach jedes Mal und sagte mir, sie hätte mich lieb.

Die Ergebnisse der Festhaltetherapie: Anina schaute mir erstmals direkt in die Augen. Sie sagte mir, ich sei lieb oder sie hätte mich lieb und sie nannte mich nun 'Mami'. Vorher sagte sie zu mir, wie auch zu ihrem Vater, 'Papi'. Papi war übrigens ihr erstes Wort. Wir waren beide Papi für sie, seit sie 11 Monate alt war.

Bücher, die mich begleitet haben: 'Das Praxisbuch für Indigo-Eltern' von Doreen Virtue, gerne lese ich auch 'Seele und Psyche' von Phillip Kansa und 'Spielregeln des Familienlebens nach Bert Hellinger' von Bertold Ulsamer.

Nicht viel geholfen haben mir die Bücher 'Hilfe bei AD(H)S' von Dr. Georg Keller und das Buch 'Gute Autorität' von Wolfgang Bergmann.

Mit etwa vier Monaten ging ich mit Anina zu einer Polarity-Therapie: ein Arbeiten mit den eigenen Energien. Ich ging ein Jahr dorthin, und das war o.k., Anina ging gerne, die Therapeutin durfte sie jedoch nie am Kopf oder an den Füßen anfassen.

Als sie acht Monate alt war (nach zwei Klinikaufenthalten wegen Essensverweigerung), suchte ich Hilfe beim heilpädagogischen Dienst. Die Pädagogin kam einmal wöchentlich, um mit Anina zu spielen und war völlig fasziniert von ihrer weit vorgeschrittenen Entwicklung in der Motorik. Anfangs dachte sie, Anina wäre autistisch. Ich erhoffte mir praktische Tipps im Umgang mit Anina, die ich von ihr jedoch nicht bekam. Sie meinte immer, es könne verschiedene Ursachen geben und daher brauche es auch individuelle Erziehungsmaßnahmen. Sie wollte sie einfach mal 'beobachten'. Nach einem Jahr beendete ich die Zusammenarbeit, weil ich wirklich keinen praktischen Tipp erhielt, den ich nutzen konnte.

Vor einem halben Jahr ging ich zum kantonalen kinder- und jugendpsychiatrischen Dienst. Das erlebte ich als 'Reinfall'. Ich kam mir nicht ernst genommen vor. Überhaupt hatte ich das Gefühl, die Psychologin arbeite sonst nicht mit solch jungen Kindern. Sie fragte mich oft, ob dieses oder jenes Spiel in diesem Alter denn üblich sei oder nicht. Ich sah es als reine Zeitverschwendung an und ging dann nach etwa fünf Gesprächen nicht mehr hin.

Hier die Antwort auf deine Frage: Was berührt mich am Thema 'LEBEN oder STERBEN'?

Ich war kein willkommenes Kind und wurde oft 'in eine Ecke gestellt'. Anscheinend sollte ich die Beziehung meiner Eltern kitten. Meine Mutter sagte mir zeitlebens, ich sei ein undankbares und schlechtes Kind gewesen, sei so böse, nicht hilfsbereit. Sie hätte mich lieber nicht bekommen sollen. Am meisten trifft mich: Ich sei so undankbar. 'Undankbar' ist ein Wort, das ich bis heute nur schwer verdaue.

Schon mit etwa sieben oder acht Jahren stellte ich mir vor, wie es wäre zu sterben, wobei das damals für mich hieß: weg zu gehen von den Eltern.

Doch anscheinend wollte meine Seele weiterleben. Mit etwa 15 Jahren drohte ich meiner Mutter bei jedem Streit, mich umzubringen. Sie sagte nur: 'Tu es doch, es ist dein Leben. Ich weine dir keine Träne hinterher.' Ich weiß, sie meinte es nicht so, aber es tat unglaublich weh. Warum ich es nie gemacht habe? Ich weiß es nicht. Es war all die Jahre immer mein 'Hintertürchen', das ich mir offen hielt: 'Wenn alles schief läuft, bringst du dich halt um.' Erst mit dem Erwachen der Spiritualität in mir bemerkte ich, dass dieses Denken sehr kurzsichtig ist und ich dem ganzen 'Sumpf" so auch nicht endgültig entfliehen kann. Das nahm mir richtig den Boden unter den Füßen weg. Meine letzte Zuflucht, meine letzte Instanz, der Suizid, war keine Lösung... Wow, das ängstigte mich und nahm mir auch ein wenig die Hoffnung.

Nach der Therapie, dem Aufarbeiten meiner Kindheit, dachte ich wirklich, jetzt hätte ich es geschafft. Ich konnte auch wieder schlafen und hatte keine körperlichen Beschwerden mehr. Ich freute mich des Lebens, und der Kinderwunsch stellte sich bei mir ein. Aber je mehr ich darüber nachdenke und schreibe, weiß ich, dass es nicht vorbei ist mit meinem Kindheitstrauma.

Aber ich will leben. Ich will nicht nur 'dahinsiechen', sondern wirklich leben mit viel Freude und Eigeninitiative. Das fehlt mir. Ich fühle mich im Leben als Opfer, nicht als Täter. Ich nehme, was kommt und habe keine Vision von meiner Zukunft. Das ängstigt mich. Ich kann das Leben nicht genießen.

Liebe Grüße,
eine Mutter"
17.11.2006

"Liebe Elsbeth
Infos zu Aninas Leben:
- **6-8 Monate**
Essensverweigerung, Spitaleinweisung wegen Dehydration (Austrocknung)

- **8 Monate-1 1/2 Jahre**
den ganzen Tag: Weinen, Quengeln, ständig in Bewegung, den Kopf an Wand/Boden schlagen

- **1 1/2 Jahre**

Trotz, Trotz, Trotz: 'Ich will – und zwar sofort!'
hysterische Anfälle, tagtägliches starkes Schreien vor Wut bis zum Erbrechen

- **2 Jahre**

Finger in den Mund stecken und sich übergeben. Sehr große Wut. Haare ausreißen. 'Mami, Mami' jammern den ganzen Tag. Ich muss den ganzen Tag für sie zur Verfügung stehen. Sie lässt mich nicht 'atmen'. Sie spielt nicht, macht nichts allein. Akzeptiert kein Nein. Zwanghafte Suche nach totaler Kontrolle über mich.

- **2 1/2 Jahre**

- Fingernägel abbeißen, bis es blutet. Abends nicht einschlafen: ca. 1-2 Std. kämpfen, dann wird sie 'weich'.
- Im Bett: Windeln abreißen, Einnässen/Einkoten. Sich blutig kratzen, um mich wieder ins Zimmer zu kriegen. Ihr Kuscheltier verstecken, um danach nicht ohne es einschlafen zu können.
- Tapeten abreißen. Grenzen bis zur Erschöpfung ausloten, immer bis ans äußerste Limit gehen.
- Kontrolle: Sie sagt *mir*, was ich tun und lassen soll. Sie sagt, *ich* mache dies und jenes falsch, und *so* ginge es richtig. Sie bekommt einen Tobsuchtsanfall, wenn ich Stiefel anziehe, nachdem sie mir gesagt hat, ich solle die Turnschuhe anziehen. Bei gemeinsamen Aufofahrten sagt sie mir, wann ich anhalten und weiterfahren soll, ich dürfe jetzt nicht blinken usw.
- Hysterischer Anfall wenn es z.B. regnet: 'Ich habe den Wolken nicht gesagt, dass sie regnen dürfen.'

- **Seit ca. 1 Monat**

Sie akzeptiert kein Ja und kein Nein. Beispiel: 'Darf ich noch 5 Minuten am Boden spielen, bis ich ins Bett gehe?' (nach dem Gutenachtsagen). 'Ja, du darfst.' 'Darf ich auch im Gang spielen?' 'Nein, in deinem Zimmer darfst du noch spielen.' 'Darf ich an der Türschwelle zum

Gang spielen, wenn ich dabei im Zimmer bleibe?' 'Ja, ich will einfach, dass du in deinem Zimmer bleibst.' 'Darf ich an der Türschwelle spielen und die Beine in den Gang raus halten?' 'Nein, in deinem Zimmer! Und jetzt hörst du auf zu fragen, sonst gehst du gleich ins Bett." Sie gehorcht und ruft nach 10 Sekunden: 'Mami, ich halte die Füße in den Gang raus!' Ich gehe sie holen und lege sie unter Riesengeschrei ins Bett. Am nächsten Abend muss sie im Bett bleiben, ich sage ihr warum. Sie versucht zu verhandeln und verspricht, nicht mehr in den Gang rauszugehen. Ich sage: 'Heute: Nein, doch morgen können wir es wieder probieren.' Leider läuft am nächsten Abend wieder das Gleiche ab.

Wenn ich Nein sage, ist sie neuerdings todtraurig, nicht mehr wütend. Sie weint dann herzzerreißend und sagt, sie sei ja soooo traurig. Wenn ich mit ihr schimpfe, fragt sie traurig, ob sie sich jetzt eine neue Mami suchen müsse. (Keine Ahnung, woher sie das hat. Damit gedroht habe ich ihr noch nie.) Sie zieht die Schuhe extra verkehrt herum an. Sie versucht, die Hosen als Pullover anzuziehen und umgekehrt, um dann tieftraurig zu sagen: Ich kann das nicht.

Neulich habe ich sie ziemlich energisch angehalten, aufs WC zu gehen, damit wir endlich aus dem Haus können. Sie ging dann, und ich beobachtete die Szene so: Sie ging tiptop aufs WC, machte sich sauber, zog die Hosen danach ganz aus und hielt sie unter den Wasserhahn. Danach kam sie traurig zu mir und sagte, sie hätte in die Hosen gemacht, ich solle aber nicht böse sein. Sie sei doch noch ein Baby, und sie sei zu klein, um allein aufs WC zu gehen.

Ich weiß, das alles klingt nach einem normalen 3-jährigen Kind. Anina macht das aber nicht ab und zu, sondern tagtäglich und rund um die Uhr. Das macht den Alltag mit ihr so schwierig. Sie erfindet stets etwas Neues. Bei jeder noch so harmlosen Frage muss ich auf der Hut sein, dass sie mich nicht wieder austricksen und manipulieren kann. Das fordert eine stetige Präsenz.

Liebe Grüße,
eine Mutter"
25.11.2006

"Liebe Elsbeth,

Meine Forschungen zum Stammbaum in der STANDORT-ANALYSE:

Meine Tochter:	Anina
Ich:	Mutter
Großmutter von Anina:	Linda
Ur-Großmutter von Anina:	Ida
Ur-Großvater von Anina:	Louis
Ur-Ur-Großmutter von Anina:	Louise

Die Familiengeschichte von vier Generationen:

Ida (Aninas Urgroßmutter) war das jüngste von drei Kindern, zwei ältere Brüder waren sehr gemein und autoritär zu ihr. Die Mutter konnte sich gegen ihre beiden Söhne nicht wehren und hatte sogar Angst vor ihnen. Um sie nicht noch mehr zu provozieren, schloss sie ihre Tochter Ida tagsüber ins Zimmer ein, mit ein paar Katzen zum Spielen. Dem Vater lag nur etwas an seinen Söhnen, deshalb ließ er sie gewähren. So verbrachte Ida sehr viel Zeit alleine in ihrem Zimmer. Sie war kein schlaues Mädchen und wurde von allen 'Idiot' genannt.

Als sie dann mit 16 Jahren ihren zukünftigen Mann Louis kennen lernte, war ihre Schwiegermutter Louise total gegen Ida. Sie wollte etwas Besseres für ihren Sohn.

Als Ida ihre Tochter Linda (Aninas Großmutter) gebar, war sie völlig überfordert. Sie hatte gar kein Kind gewollt und auch nicht gewusst, wie man schwanger wird, und wie das Kind aus dem Bauch wieder raus kommt... Später war sie sehr eifersüchtig auf Linda, da ihr Mann das Mädchen vergötterte. Aus totaler Eifersucht gab sie Linda über fünf Jahre ihrer Schwiegermutter. Louis, ihr Mann, litt furchtbar darunter, kam jedoch gegen die dominante Ida nicht an. Er resignierte. Ida verstritt sich daraufhin völlig mit ihrer Schwiegermutter Louise, und um ihr eins auszuwischen, verlangte sie ihr Kind zurück. Sie sagte wortwörtlich: 'Es geht mir nicht um Linda, die könnte Louise schon haben, ich will dieser Frau einfach das Liebste wegnehmen.' Linda wurde also zum Spielball und wollte nie nach Hause zu Ida und Louis zurückkehren. Für sie ist bis heute ihre Großmutter Louise ihre Bezugsperson, nicht ihre Mutter.

Ida war so eifersüchtig auf ihre Tochter Linda, dass sie ihr verbot, mit ihrem eigenen Vater zu sprechen. Sie wollte nicht, dass Vater und Tochter verbunden sind. Louis 'schluckte' all dies, weil er keinen Krach, keine Auseinandersetzung mit seiner Frau wollte. Meine Mutter Linda litt sehr darunter, weil sie an ihrem Vater hing.

Feedback nach dem Gespräch STANDORT-ANALYSE am Telefon vom 28.11.2006

- Aktuelle Situation in meiner Familie, Befinden der Mutter (ich):
Seit unserem Telefongespräch bin ich sehr aufgekratzt und dünnhäutig. Auch bin ich undefinierbar traurig. Mal sehen.

- Befinden von Anina:
Sie bekämpft mich weniger als sonst. Sie ist auch aufgekratzt, positiv. Sie singt den ganzen Tag und ist guter Dinge, ein totales Energiebündel (positiv).

- Befinden des Vaters:
Wir haben es gut miteinander. Er geht mehr auf mich ein.

Zusammenfassung des Gesprächs mit Elsbeth vom 28. November 2006:

Der 'rote' Faden führt durch den Stammbaum der Mutter-Linie.

Ida, die Urgroßmutter, war kein willkommenes Kind. Ida wurde selbst ungewollt Mutter und bekam ein Kind, Linda, das sie in fremde Hände weggab, zu ihrer Schwiegermutter. Ida konnte die ersten fünf Jahre nicht für ihr Kind sorgen, und ein zweites Kind trieb sie sogar ab. Dabei ging sehr viel Energie innerhalb der Familie verloren. Meine Mutter Linda besaß deshalb wenig Energie. Die 'Blackbox', jene Energie, die nicht genutzt werden kann, nimmt in der nächsten Generation schon zu (Schneeball-Effekt): Linda lehnt mit der Heirat die Energie von Johann, ihrem Mann, ab. Durch das jahrelange 'Schlechtmachen' ihres Mannes kann sie uns Kinder, Dianan und mich, nicht mit der Energie unseres Vaters verbinden. Linda hat zudem weniger 'Wurzeln' in der Vater-Mutter-Beziehung als ihre Mutter Ida. Ich selbst bin auch kein willkommenes Kind. (Bemerkung von

Elsbeth: Mit jeder Generation verstärkt sich das Muster, das oft in der 'Blackbox' ist: Niemand weiß davon, und niemand redet darüber. Doch es hängt wie ein schwarzer Schatten über allen, und die Kinder spielen verrückt in der Funktion als Spiegel und wollen die Wahrheit ans Licht bringen.) Jetzt kommt bereits die nächste Generation: Anina. Mit welcher Chance? Ihre große Kraft hat nun zu wenig Platz im System, da die Muster der 'Blackbox' sich unterschwellig ausdehnen. Dies lässt sie nahezu 'explodieren' und ihre negativen Verhaltensmuster demonstrieren.

Ein Schlüssel liegt in der Beziehung dieser Mütter untereinander: dass aus Hass, Verbitterung und Traurigkeit neues Verständnis wird. Aus dem Verständnis ergibt sich eine Akzeptanz, dann Mitgefühl – und schließlich kann ich meiner Mutter (ver)geben.

Aninas Persönlichkeit wird zwischenmenschlich immer in die Herausforderung gehen. Sie muss trotzdem lernen, wie man sich respektvoll verhält. Wichtig ist, dass wir Eltern in der Partnerschaft die zwischenmenschliche Beziehung vorleben. Wie gehen wir Eltern miteinander um? Taten sind mehr als Worte. Anina wird lernen müssen, was Frieden heißt.

Homework:
Ich mache mich jetzt daran, meine Mutter zu verstehen, zu akzeptieren, dass sie alles gegeben hat, ihr Bestes, das sie geben konnte. Ist nicht so einfach, zumal sie mich am Telefon immer schlecht macht.

Das Thema ist 'Leben oder Sterben'. Ich will, dass Anina lebt! Ich will, dass sie bei uns bleiben kann, ich gebe sie niemals her! Ich bin für Anina da und stehe für mich und mein Kind fest ein. Ich kann Anina halten.

Liebe Grüße bis nächste Woche"
30.11.2006

Feedback nach dem ersten Termin mit Anina zusammen in Zürich bei Elsbeth
"Guten Tag Elsbeth,
wir sind am Mittwoch gut nach Hause gekommen. Anina bedankte sich dutzende Male bei mir, dass sie zu dir gehen durfte. So was hat sie

noch nie gemacht. In der Nacht auf Donnerstag wurde sie krank und hatte Fieber, begleitet von Erbrechen. (Sie, die ja noch nie krank war...) Deshalb ist es etwas schwierig, das Befinden zu beschreiben. Anina ist jetzt wieder gesund, ich bin übermüdet und freue mich auf eine ordentliche Portion Schlaf.

Anina kämpfte heute nicht. Sie ist jedoch sehr in der Gegenwart präsent und löchert mich mit Fragen. Mami hier, Mami dort, Mami überhaupt.

Sie redet immer von sich als Baby, sie sei ein kleines Baby usw. Es nervt schon fast.

Ich übe mich darin, positiv über meine Mutter zu denken, sie zu akzeptieren, sie innerlich zu umarmen und sie anzulachen (was nicht sehr einfach ist).
Liebe Grüße,
Mutter"
9.12.2006

"Hoi Elsbeth,
bei uns geht es drunter und drüber.

Anina lag ja nach dem Besuch bei dir mit Magen-Darm-Grippe im Bett. Letzte Woche gings mir genauso. Jetzt ist Anina schon wieder krank mit Mittelohrentzündung und Bronchitis. Der Vater ist auch krank. Eventuell muss ich mit Anina für ein paar Tage ins Spital, da sie kaum mehr Luft bekommt. Das wird morgen entschieden. Mit der Übung klappt es bestens. Anina ist ansonsten auch ganz anständig. Sie sagt mir oft, sie hätte mich so fest lieb – und Papi auch. Das hat sie noch nie gemacht. Ich merke einfach, dass ich wieder mal eine Auszeit brauche, es ist einfach sehr viel gerade.

Liebe Grüße,
Mutter"
18.12.2006

"Liebe Elsbeth,
Anina geht es wieder besser.

Ich war mit ihr drei Tage im Spital. Jetzt ist wieder ein bisschen Ruhe eingekehrt. Anina macht gut mit, sie akzeptiert meine 'Erziehung'.

Unsere Familie ist ein wenig näher zusammengerückt. Das freut mich sehr. Ich fange an, meine Rolle als Mutter auch zu genießen. Ich freue mich auch auf die Festtage.

Mit meiner Mutter habe ich nun wieder neue Probleme. Es ging wieder mal so weit, dass sie mich am Telefon fest 'zusammenstauchte': Ich sei das 'Letzte' usw. Ich habe ihr ruhig, aber bestimmt gesagt, dass ich nicht möchte, dass sie auf diese Weise mit mir redet. Sie hat daraufhin den Telefonhörer aufgelegt. Es hat mich nicht sonderlich getroffen, ich finde es einfach sehr schade. Aber anscheinend will oder kann sie nicht anders.

Anina redet positiv von dir. Sie sagt, sie hat ganz viele Lichter in ihrem Bauch. Sie möchte dir sagen, dass sie Mami und Papi lieb hat.

Liebe Grüße,
Mutter"
20.12.2006

"Liebe Mutter,
ganz liebe Grüße an Anina, und ich freue mich, dass sie Kraft und Licht leben kann.

Frage sie, ob sie mir was sagen möchte, und schreibe es mir in die Mail.

Ganz herzlich und gute Besserung,
Elsbeth"

"Liebe Elsbeth,
vielen Dank für das Telefongespräch.

Mit der Übung: 'Öffne dein Herz', in der vereinfachten Form für Anina, klappt es noch nicht so richtig. Sie will nicht sagen, wie alt sie ist und will nicht zählen. Jetzt zähle ich eben mal für sie. Ansonsten geht es ganz gut. Anina ist entweder ganz Baby, oder sie will jetzt neuerdings die Mutter sein – und ich soll das Kind sein. Dann ist sie jedoch ganz liebevoll zu mir 'Kind'. Sie akzeptiert jedoch nicht, wenn dieses Spiel beendet ist und ich wieder Mami bin. Sie will dann weiter Mutter bleiben und fängt jeweils an, mich zu tyrannisieren. Wenn ihr etwas nicht passt, sagt sie einfach, *sie* sei die Mutter, ich sei das Kind und *sie* sage, was läuft. Auch draußen ruft sie mich 'Kind'. Das passt mir nicht so ganz, und ich kann momentan nicht genau absehen, wohin das führt und ob das noch 'gesund' ist.

Liebe Grüße,
Mutter"
3.1.2007

"Liebe Elsbeth,

ich bin mit meinen Übungen beschäftigt, mit Anina mache ich sie auch, so gut es geht. Mit absoluter, liebevoller Konsequenz komme ich bei Anina am besten an. Das hilft der ganzen Familie. Uns geht es gut, Anina macht gut mit.

Im Moment möchte ich es dabei belassen, denn es steht gerade nichts Neues an.

Ansonsten weiß ich, wie ich dich erreichen kann und werde auch gerne auf dich zurückkommen.

Liebe Elsbeth, ich danke dir für deine Unterstützung.

Liebe Grüße,
Mutter"
14.1.2007

"Liebe Mutter,

danke für deine Nachricht.

Ja, du kannst mich jederzeit kontaktieren.

Es ist einfach so, dass 'Feuerwehrübungen' relativ schwierig sind. Damit meine ich, dass wir oft zu lange warten. Jetzt hast du aber eine Basis mit Anina, und auf der kannst du aufbauen!

Doch was noch fehlt, ist das Bonding zwischen dir und deiner Mutter, und das kann Anina destabilisieren. Finde doch einen Weg, der für dich stimmt, mit mir weiter zu arbeiten. Wenig kann viel bewirken.

Ganz herzlich,
Elsbeth"
14.1.2007

"Hallo Elsbeth,

uns geht es wirklich gut. Hatte bis jetzt keinen 'Absturz' mehr mit Anina. Ich muss einfach sehr konsequent sein, sonst hat sie mich sofort da, wo sie mich haben will, und dann ist es schwierig für mich, da wieder rauszukommen. Aber solange die Konsequenz mit Liebe gepaart ist, stimmt es für uns alle. Auch bin ich wieder schwanger, Anfang Oktober bekommen wir einen Jungen. Anina freut sich sehr... Mal schauen, ob es dann nachher auch noch so ist. Eigentlich habe ich Zwillinge erwartet, aber eines wollte wieder gehen, und so habe ich es in der 15. Woche verloren.

Alles Gute für dich!
Liebe Grüße,
Mutter"

Endlich habe ich es geschafft, die Geister lassen mich in Ruhe

Jaime, 8 Jahre alt, hatte große Schwierigkeiten beim Einschlafen, weil da Geister waren, vor denen sie enorme Angst hatte. Die Geister waren in ihrem Zimmer und im Treppenhaus und sie sprachen zu ihr. Jaimes größte Sorge dabei war, dass ein Geist von ihrem Körper Besitz ergreifen könnte. Diese Wesen begleiteten sie überallhin, wo sie schlafen wollte. Sie konnte keine Nacht mehr alleine einschlafen und wachte deshalb auch nachts auf. Diese Probleme tauchten erstmals im Juli 2002 auf, als ihr Bruder Michael für zwei Wochen in ein Sommerlager ging. Die Geister waren auch noch nach anderthalb Jahren da, obwohl ihr Bruder längst wieder aus dem Lager zurückgekommen war.

Nach der Teilnahme am Weekend-Workshop "Öffne dein Herz" mit Elsbeth, erzählte ich Jaime von ihrer Arbeit. Jaime wollte mit Elsbeth telefonieren, und beim ersten Telefongespräch konnte Jaime durch gezielte Fragen das Verhalten und Aussehen der Geister genau beschreiben. Elsbeth hat herausgefunden, dass durch den Trennungsschmerz ein Teilaspekt von Jaimes Persönlichkeit mit ihrem Bruder Michael ins Lager gegangen ist. Dadurch entstand freier Platz, der durch die Geister besetzt werden konnte. Jaime lernte, ihr inneres Licht in sich wahrzunehmen.

Das Licht gab ihr Schutz und Zuversicht, konnte jedoch die Geister vorerst nicht vertreiben. Bis zum nächsten Telefontermin übte Jaime, das Licht stärker wahrzunehmen und begann mit der Übung 8: Auf einem Blatt mit zwei Kreisen fuhr sie jeweils mit dem Finger den unteren Kreis ("ihren Kreis") und den oberen ("Michael-Kreis") nach. Das Ziel war, dass jeder für sich seinen eigenen Raum fand.

Als nächsten Schritt hatte Jaime die Aufgabe, die Geister ins Licht zu schicken. Sie versuchte es jeden Abend zusammen mit mir oder ihrem Papa. Vor der Übung konzentrierte sie sich immer auf ihr eigenes inneres Licht, dadurch fühlte sie sich geschützt. Es stellte sich heraus, dass es offensichtlich eine ganze Gruppe von Geistern gab, welche einem Hauptgeist untergeordnet waren. Die "kleinen Geister" lösten sich leicht aus der Gruppe und gingen ins Licht. Der Chefgeist mit seinen angsterregenden neon-leuchtenden Augen aber blieb. Andere "kleine Geister" schlossen sich daher auch immer wieder dem Hauptgeist an, und es schien ein endloser Prozess zu sein. Trotzdem fing Jamie an, ohne Mama oder Papa einzuschlafen, wachte jedoch nachts regelmäßig auf und kam zu uns ins Bett. Der zweite Versuch, bei einer Freundin zu übernachten, wurde ein Erfolg, und darauf folgte auch ein Besuch bei den Großeltern.

Halloween kam, und wir arbeiteten bei einem weiteren Telefongespräch gemeinsam daran, den Geistern das Licht zu zeigen und sie abholen zu lassen. Der Hauptgeist blieb allerdings wieder hartnäckig, während andere gingen. Während der nächsten Tage führten wir die Übung mehrmals durch, manchmal war auch ihr Bruder dabei. Nach 21 Tagen mit der Übung 8 zeigte Elsbeth Jaime, wie sie durch die Übung "Bonding" in die Herzens(ver)bindung mit ihrem Bruder kommen konnte. Jaime machte die Übungen immer gerne, sie öffnete sich immer mehr für die neue Wahrnehmung und wurde dadurch selbstbewusster.

Heute ist der Geist zwar noch ab und zu da, doch er hat das Machtvolle über Jaime verloren. Jaime schläft wieder die ganze Nacht in ihrem Bett! Es ist schön zu sehen, wie Jaime durch diesen Selbsterfahrungsprozess – niemand hat die Geister verschwinden lassen – Werkzeuge für's Leben erhalten hat und die Verantwortung übernahm, täglich die Übungen zu machen und der Meditationsanleitung zu folgen. Sie ist selbstbewusst aus dieser Sache herausgetreten, und ihr Verhalten in der Schule und Freunden gegenüber wurde bereichert.

Dieses Problem hat sie über ein Jahr beschäftigt, und es brauchte viel Mut, um sich davon zu lösen. Die Entdeckung des inneren Lichtes in sich hat sie viel stärker gemacht.

Elsbeth, ich danke dir herzlich für deine Hilfe. Ich bin sehr glücklich, weil durch diese Arbeit die Tür für unsere Familie in eine "andere Welt" geöffnet wurde.

Sieglinde

Jaime:

"Ich habe schon wieder ein paar Mal bei meiner Freundin geschlafen. Nur einmal musste mich Papa abholen, weil ich in der Nacht aufgewacht bin und Angst bekommen habe.

Jetzt ist alles gut.

Das letzte Mal, als ich bei Lara geschlafen habe, hat mich ihre Katze ganz oft in der Nacht geweckt, weil sie mit mir spielen wollte. Ich bin trotzdem immer wieder eingeschlafen und habe gar keine Angst gehabt.

Endlich habe ich es geschafft. Vielen vielen Dank für deine Hilfe!

Liebe Grüße von Jaime"

Übergang

Die Zwillinge im Mutterbauch waren unwissend und sich nicht bewusst über den Anfang. Mit den Wochen wuchsen sie, und ihre Hände, Füße sowie Organe entwickelten sich. Währenddessen begannen sie wahrzunehmen, was um sie herum passierte. Je mehr sie über ihren bequemen und sicheren Platz erfuhren, desto mehr steigerte sich auch ihr Glücklichsein. Sie kommunizierten immer das Gleiche: "Wie schön ist es in diesem Bauch, hier zu leben, nicht wahr? Oh, wie schön das Leben doch ist!"

Als sie wuchsen, begannen sie die Welt um sich herum zu erforschen. In der Tat, was war die Quelle des Lebens? Während sie ihre Umwelt erkundeten, stießen sie auf die Schnur, die sie mit ihrer Mutter verband. Sie entdecken dass sie nur wegen dieser Schnur so mühelos ernährt wurden, in Komfort und Sicherheit.

"Wie groß Mutters Gnade und Zuneigung ist. Sie sendet uns alles, was wir brauchen über diese Schnur...!"

In den folgenden Monaten wuchsen die Zwillinge heran, mit anderen Worten, sie kamen dem "Ende der Straße" näher. All diese Änderungen mit Ehrfurcht beobachtend, begannen sie die Zeichen einer Abreise wahrzunehmen: die Welt der Schönheit zu verlassen. Sie fühlten diese Zeichen umso stärker, je mehr sie sich dem neunten Monat näherten. Einer der Zwillinge, ängstlich werdend, kommuniziert dem anderen: "Was passiert da? Was hat das alles zu bedeuten?"

Der andere war heiterer und selbstsicherer, und außerdem befriedigte ihn der Ort, an dem sie waren, nicht mehr und er sehnte sich nach einem größeren Reich. Er antwortete: "All diese Zeichen deuten darauf hin, dass wir nicht länger in dieser Welt bleiben können." Und er fügte hinzu: "Wir kommen zum Ende unseres Lebens hier."

"Aber ich möchte nicht weg von hier!", schrie der andere. "Ich möchte hier für immer bleiben..."

"Da ist nichts, was wir tun könnten. Und vielleicht gibt es ein Leben nach der Geburt."

"Wie kann das sein, nachdem die Schnur, die uns Leben gibt, durchschnitten wird?", antwortete der andere. "Wie können wir dann am Leben bleiben? Sag es mir! Und schau, vor uns waren andere hier und sind gegangen. Keiner von ihnen ist zurückgekommen, so dass einer uns sagen könnte, dass da Leben nach der Geburt existiert. Nein, das wird das Ende von allem sein... und vielleicht gibt es gar keine Mutter!"

"Da muss eine sein", entgegnete der andere. "Wie hätten wir sonst hierher kommen sollen, wie könnten wir überleben?"

"Hast du unsere Mutter jemals gesehen?", konterte der andere. "Möglicherweise existiert sie nur in unserem Verstand. Möglich, dass wir das alles nur erfunden haben, weil es uns beruhigt."

So verstreichen die letzten Tage im Mutterbauch mit tiefgründigen Fragen und Debatten. Die Zeit der Geburt war schließlich gekommen, und als sie die Welt der Bequemlichkeit verließen, öffneten die Zwillinge ihre Augen in einer anderen Welt – und sie begannen vor Freude zu weinen. Die Umgebung, die sie sahen, war jenseits aller Vorstellungen...

SOS-PINNWAND

Was kann ich ändern?

_____

_____

_____

Wie kann ich es umsetzen?

_____

_____

_____

Meine Intention, um die Beziehung zwischen mir

und _____ zu verbessern.

_____

_____

_____

_____

Kapitel 7

KINDER des LICHTS –
Weisheiten

Du kannst mich immer erreichen: per eMail, per Mind
durch inneren Frieden, doch am wichtigsten: per HERZ!
Ich kenne und höre deinen 'HERZSCHLAG',
seit ich ein Baby bin,
wo ich doch immer noch 'getrunken' habe,
habe ich immer 'gesuggelt'
und ich habe immer ein Ohr an dein Herz gehalten.
Denn ein Baby vergisst NIE den Herzschlag seiner Mutter.
Nie, auch wenn Kind und Mutter getrennt sind...
in jeder Situation...
Ein Baby wird sich IMMER an seiner Mutter
HERZSCHLAG erinnern können.
Immer – for ever, bewusst oder nicht!

Eine Familie sitzt am Tisch und isst das Abendbrot. Die Luft ist dick, der Vater hat an allem etwas auszusetzen. Plötzlich bemerkt die Mutter, wie ihr 7-jähriger Sohn die Luft anhält. Sie fragt ihn: "Was machst du da?" Er sagt: "Ich halte die Luft an, damit ich nicht explodiere - und danach atme ich tief ein, und alles ist wieder gut!"

Bobby, 7 Jahre alt

Nach einem unglücklichen Schultag sagt Joy immer und immer wieder: "Ich hasse die Schule - ich hasse die Schule." Sie war so blockiert in ihrer Wut, dass sie von außen keine Hilfe annehmen konnte. Beim Gutenachtsagen spulte sie jedes Mal dasselbe Tonband ab. Endlich hatte ich eine gute Idee: "Joy, heute Nacht, wenn du schläfst, bitte doch deine Engel darum, dass sie dir zeigen, was du machen kannst, um mit diesem Hass fertig zu werden." - Stille - Dann sagte sie: "Ich weiß schon, was die mir sagen werden, ich brauche sie erst gar nicht zu fragen." Wow - sie lässt wirkliche keine Hilfe zu. So fragte ich sie: "Was würden sie dir empfehlen?" Sie meinte ganz locker. "Surrender!" - Ergib dich.

Joy, 8 Jahre

"Du bist nicht mein Boss. Du bist nur meine irdische Mutter. Meine richtige Mutter ist im Himmel."

Mädchen, 6 Jahre

"Mutti, ich habe dich lieb, aber ich vermisse meine andere Mutti so sehr..." Ganz verwirrt fragte ich, wer denn ihre andere Mutti sei, und sie sagte sie heiße Ann. Ich musste annehmen, dass mein Mann eine andere Frau hat und fragte daher scheinheilig: "Wo wohnt sie denn?" "Mutti, sei nicht dumm. Ann ist doch nicht mehr hier, sie ist tot und ich habe dich als neue Mutti ausgesucht."

Mädchen, 3 Jahre

An Joy
"Ich bin ja sooo stolz auf dich, dass du Schülerin des Monats bist. Du bist so wunderbar. Ich freue mich für dich.
Mit viel Liebe
R. Z."

"Ich will gar nicht als Schülerin des Monats ausgewählt werden. Ich habe es meinem Papa auch erklärt, aber er versteht mich nicht. Ich will einfach nur ich selbst sein, meine eigene Person sein. Ich kann es auch nicht meiner Lehrerin sagen, denn sie wird traurig oder enttäuscht sein – sie hat mich belohnt und gefördert mit dem Titel 'Schülerin des Monats'. Niemand versteht mich!"

Dies sprudelte nur so aus ihr heraus am Frühstückstisch. Ich habe ihr versprochen, es Papa mitzuteilen. Und sie sagte immer wieder und wieder: "Ich will ich selbst sein. Nur das ist wichtig und wahr."

Ist das nicht ein großes Wunder, dass sie sich im Alter von nur achteinhalb Jahren in dieser Weise ausdrücken kann? Die Weisheit, die sie damit zeigt, ist einzigartig.

"Wenn du mit Gott bist, dann lässt Gott dich immer wieder zur Erde kommen, wenn du versprichst, dass du nur ein Ding besser machst."

Mädchen, 3 Jahre

Was Liebe ist

Bei einer Umfrage mit 4- bis 8-jährigen Kindern wurden sie nach ihrer Ansicht über die Liebe gefragt. Lies – und lass dich überraschen! In so jungen Jahren ohne Lebenserfahrung haben sie bereits ein tiefes Verständnis dafür, was dieses Wort mit 5 Buchstaben bedeutet...

"Liebe ist das erste Gefühl, das du fühlst, bevor all die schlechten Dinge sich in den Weg stellen."

"Als meine Großmutter Arthritis bekam, konnte sie sich nicht bücken, um ihre Zehen zu lackieren. So hat dann mein Großvater angefangen, es immer für sie zu tun, obwohl auch seine Hände Arthritis haben. Das ist Liebe."

"Wenn jemand dich liebt, dann spricht er deinen Namen anders aus. Du weißt dann, dass dein Name in seinem Mund sicher ist."

"Liebe ist das, was dich lächeln lässt, wenn du müde bist."

Die goldene Schachtel

Vor einiger Zeit bestrafte ein Vater seine 5-jährige Tochter dafür, dass sie eine Rolle teures, goldenes Geschenkpapier verschwendete. Das Geld war knapp, und er wurde sogar noch wütender, als das Kind das goldene Papier für die Dekoration einer Schachtel verwendete, die sie dann unter den Weihnachtsbaum stellte.

Trotzdem brachte das kleine Mädchen die Geschenkbox am nächsten Morgen ihrem Vater und sagte: "Das ist für dich, Papa!" Der Vater schämte sich dafür, dass er zuvor so überreagiert hatte. Als er jedoch die Schachtel öffnete und sah, dass sie leer war, wurde er erneut wütend. Er fragte sie in einem rauen Ton: "Junge Frau, weißt du denn nicht, dass man nur solche Geschenke macht, bei denen auch etwas in der Verpackung ist?" "Das kleine Mädchen schaute ihn mit Tränen in den Augen an und sagte: "Aber Papa, es ist nicht leer. Ich habe Küsse hineingeblasen, bis die Schachtel voll war!" Der Vater war sprachlos. Er kniete nieder, legte seine Arme um sein kleines Mädchen und bat sie, seinen unnötigen Ärger zu entschuldigen.

Das kleine Mädchen starb kurze Zeit später bei einem Unfall, und es wird gesagt, dass der Vater die goldene Schachtel sein ganzes Leben lang aufbewahrte. Immer, wenn er niedergeschlagen oder mit Schwierigkeiten konfrontiert war, öffnete er die Schachtel, nahm einen imaginären Kuss heraus und erinnerte sich an die Liebe seines Kindes.

Jedem von uns Menschen wurde eine solche goldene Schachtel gegeben, die gefüllt ist mit bedingungsloser Liebe und Küssen von unseren

Kindern, unserer Familie, unseren Freunden und von Gott. Es gibt keinen wertvolleren Besitz als diesen.

(Autor unbekannt)

Familienbande

"Ich kam zu meiner Familie, um meinem Vater (er war im Gefängnis, weil er mit Drogen handelte) zu zeigen, wie man liebt, und um meiner Mutter (sie ist kokainsüchtig und lädt mich oft ein, ihren 'Trip' zu teilen) Struktur und Stabilität beizubringen."

Mädchen, 17 Jahre

Nach dem Essen eines Hamburgers

"Mami, essen wir eine tote Kuh?" (Von diesem Tag an aß in der Familie niemand mehr ein Stück Fleisch...)

Kyle, 5 Jahre

Schutzengel

"Die Schutzengel haben mir gesagt, dass sie Freunde von Jesus sind."

"Ich sehe die Schutzengel von allen Leuten in unserem Wohnhaus" (ein dreistöckiges Mehrfamilienhaus).

"Ich fühle, dass du (die Mutter) da bist" (in einem Moment, in dem er sie nicht sehen konnte).

Ein Traum

Ich hatte einmal folgenden Traum: Engel flogen in einem unglaublich schönen Licht und im Uhrzeigersinn sich drehend der Erde zu. Plötzlich veränderten sich die Engel in Raben. In dieser Gestalt landeten sie dann hier auf unserem Planeten. Der Kommentar von meinem Sohn dazu war:

"Ja, weißt du, Mami, es warten noch viele Kinder darauf, dass sie einen Körper finden können, und das sind alles Kinder wie ich. Sie werden nun zu Tausenden kommen."

Benjamin

Manuel und Maria überlegen gemeinsam, was sie später werden möchten. Da kommt Beni und sagt: "Weil man jetzt nicht mehr Delfine fangen darf, will ich später einmal ein Delfin werden."　　*(4 1/2 Jahre)*

"Ich habe den lieben Gott im Kopf, darum weiß ich alles von der Welt."　　*(5 Jahre)*

Am Morgen: Beni schlingt die Arme um sich selbst und sagt: "Benjamin, ich hab dich so gern. Ich hab dich einfach so gern, Benjamin. Ich bin gern auf der Erde. Ich will auf der Erde leben. Im Himmel ist es auch schön, aber ich lebe gerne auf der Erde. Ich hab dich so gern, Benjamin."
(5 Jahre)

Benjamin ist stark erkältet. Die Nase läuft, und ich sage: "Du bist wirklich ein Armer." "Nein, ich bin kein Armer, ich habe nur eine Erkältung."
(6 Jahre)

Benjamin hat etwas Mühe im Kindergarten. Es ist ihm zu laut und zu unruhig. Am Abend im Bett weint Benjamin. Ich frage ihn: "Willst du dein Problem noch dem Schutzengel erzählen?" "Nein, ich will es meinem Herz sagen, das kann viel besser mit dem Schutzengel reden als ich."

"Früher haben alle Leute an das Licht geglaubt, oder sie haben es gesehen und danach vergessen. Aber jetzt ist es wieder am Kommen, und in vielen Jahren sehen es dann wieder alle."　　*(6 1/2 Jahre)*

SOS-PINNWAND

Was kann ich ändern?

_____

_____

_____

_____

Wie kann ich es umsetzen?

_____

_____

_____

_____

Meine Intention, um die Beziehung zwischen mir

und _____ zu verbessern.

_____

_____

_____

_____

Kapitel 8

Lebensphilosophie und Lebensprinzipien

Die richtige Sprache der Liebe
ist das Lachen der Kinder.

Renée Fredrick

Wertvolle Gedanken

Lied

1. Sind so kleine Hände,
   winzige Finger dran.
   Darf man nie drauf schlagen,
   sie zerbrechen dran.

2. Sind so kleine Füße
   mit so kleinen Zehn.
   Darf man nie drauf treten,
   können sonst nicht gehn.

3. Sind so kleine Ohren,
   scharf, und ihr erlaubt.
   Darf man nie zerbrüllen
   werden davon taub.

4. Sind so kleine Münder
   sprechen alles aus.
   Darf man nie verbieten,
   kommt sonst nichts mehr raus.

5. Sind so klare Augen,
   die noch alles sehn.
   Darf man nie verbinden,
   können sie nicht verstehn.

6. Sind so kleine Seelen,
   offen und ganz frei.
   Darf man niemals quälen,
   gehen kaputt dabei.

7. Ist so ein kleines Rückgrat,
   sieht man fast noch nicht.
   Darf man niemals beugen,
   weil es sonst zerbricht.

8. Grade, klare Menschen
   sind ein schönes Ziel.
   Leute ohne Rückgrat
   haben wir schon zu viel.

Joan Baez

"Briefe an einen jungen Dichter"

Man muss den Dingen die eigene,
stille, ungestörte Entwicklung lassen,
die tief von innen kommen muss
und durch nichts gedrängt oder beschleunigt werden kann;
alles ist Austragen und Gebären.

Reifen wie der Baum,
der seine Säfte nicht drängt
und getrost in den Stürmen des Frühlings steht, ohne Angst,
dass dahinter kein Sommer kommen könnte.
Er kommt doch.
Aber er kommt nur zu den Geduldigen,
die *da* sind,
als ob die Ewigkeit vor ihnen läge, so sorglos, still und weit.

Man muss
Geduld haben gegen das Ungelöste
im Herzen
und versuchen, die Fragen selber
lieb zu haben,
wie verschlossene Stuben und Bücher,
die in einer fremden Sprache geschrieben sind.

Es handelt sich darum, alles zu leben.

Wen man die Fragen lebt
lebt man vielleicht allmählich,
ohne es zu merken,
eines fernen Tages in die Antwort hinein.

Rainer Maria Rilke

Gib einem Kind deine Hand

Gib einem Kind deine Hand,
steh nochmals wie gebannt
vor Winzigkeiten, die dir längst bekannt,
gib einem Kind deine Hand.

Tröste ein Kind, wenn es weint,
und was dir wichtig erscheint,
vor seinen Sorgen zählt das gar nicht mehr,
Sorgen der Kinder sind schwer.

Schenk einem Kind deine Zeit,
Zuneigung und Zärtlichkeit.
Tausche deine Hast gegen Fröhlichkeit ein,
und du wirst selbst wieder klein.

Zeig einem Kind, selbst zu gehen,
auf eigenen Füßen zu stehn,
die ersten Schritte noch so ungelenk,
halte ein Kind für ein Geschenk.

Dann lerne, ihm nicht im Wege zu stehn,
lehre dein Kind fortzugehn.

N. Mouskouri

Zwei Dinge sollen Kinder von Ihren Eltern bekommen:
Wurzeln und Flügel.

Johann W. von Goethe

Deine Aufgabe besteht darin, deine Aufgabe zu erkennen –
und dich ihr dann mit ganzem Herzen zu widmen.

Buddha

Anerkennung und Ermutigung führen zur Entwicklung des Besten,
das in einem Menschen steckt.

Charles Schwab

Unsere Zweifel sind Verräter, die uns durch die Angst, es zu versuchen,
das Gute verlieren lassen, das wir sonst gewinnen könnten.

William Shakespeare

Wenn du in die Enge getrieben wirst und sich alles gegen dich zu
wenden scheint, bis es so aussieht, als ob du es nicht eine Minute
länger aushalten kannst, gib nicht auf, denn das ist genau der Augenblick, indem das Blatt sich wendet.

Harriet Beecher Stowe

Tue genau das, wovon du denkst, du kannst es nicht.

Eleanor Roosevelt

Trete den großen Sorgen des Lebens mutig entgegen,
den kleinen mit Geduld, und wenn du deine täglichen Aufgaben fleißig
erfüllst, gehe in Frieden schlafen.

Victor Hugo

Ruhe zieht das Leben an, Unruhe verscheucht es.

Gottfried Keller

Freundliche Worte können kurz und leicht ausgesprochen werden –
und ihr Nachklang ist unendlich.

Mutter Teresa

Alle unsere Irrtümer übertragen wir auf unsere Kinder, in denen sie
untilgbare Spuren hinterlassen.

Maria Montessori

Vertrauen ist der größte Ansporn, fehlt es, so fehlt alles.

Maria Teresa

Dalai Lama

1. Denke daran, dass große Liebe und große Ziele große Risiken bergen.

2. Wenn du verlierst, verliere nicht den Lerneffekt.

3. Folge diesen Prinzipien:
   - Respekt für dich selbst,
   - Respekt für andere,
   - Respekt für deine Handlungen

4. Denke daran, dass etwas, das du nicht bekommst, manchmal auch eine wunderbare Fügung des Schicksals sein kann.

5. Lerne die Regeln, damit du weißt, wie du sie richtig brichst.

6. Lass nicht zu, dass ein kleiner Konflikt eine große Freundschaft verletzt.

7. Wenn du merkst, dass du einen Fehler gemacht hast, unternimm unverzüglich etwas, um ihn zu korrigieren.

8. Verbringe jeden Tag etwas Zeit mit dir selbst.

9. Begegne Veränderungen mit offenen Armen, aber verliere nicht deine Wertmaßstäbe.

10. Denke daran, dass Schweigen manchmal die beste Antwort ist.

11. Lebe ein gutes und ehrbares Leben. Wenn du älter wirst und zurückdenkst, wirst du es ein zweites Mal genießen können.

12. Eine freundliche Atmosphäre in deinem Haus ist die beste Grundlage für dein Leben.

13. Wenn du mit lieben Freunden streitest, beziehe dich auf die aktuelle Situation, lass die Vergangenheit ruhen.

14. Teile dein Wissen, so erlangst du Unsterblichkeit.

15. Sei freundlich zur Erde.

16. Besuche einmal im Jahr einen Ort, den du noch nicht kennst.

17. Denke daran: Die beste Beziehung ist die, in der die Liebe für den anderen größer ist als das Verlangen nach dem anderen.

18. Bewerte deine Erfolge daran, was du aufgeben musstest, um sie zu erzielen.

19. Widme dich der Liebe mit Sorglosigkeit.

Lebenslange Führungsprinzipien der GEMS School FL, USA

- Vertrauenswürdigkeit
- Ehrlichkeit
- aktives Zuhören
- keine Demütigung
- Sei das Beste, das du bist.

Lebensprinzipien für die KINDER des LICHTS

- **Integrität**: Ich richte mich nach meinem Gewissen, um zu wissen, was richtig oder falsch ist.
- **Initiative**: etwas tun, weil es getan werden muss.
- **Flexibilität**: den Spielplan ändern können, wenn es notwendig ist.
- **Ausdauer**: durchhalten, auch wenn es schwer fällt, die Tätigkeit nicht einfach zu beenden.
- **Organisation**: mich gut organisieren, damit ich meine Aufgaben mit Leichtigkeit ausführe.
- **Humor**: lachen und spielerisch an die Dinge herangehen, ohne andere zu verletzen.
- **Anstrengung**: mein Bestes geben.
- **Gemeinschaftssinn**: einfühlsames Urteilen.
- **Problemlösung**: in schwierigen Situationen und Alltagsproblemen nach Antworten suchen.
- **Verantwortung**: Verantwortung übernehmen für die Dinge, die ich getan habe.
- **Geduld**: geduldig auf etwas oder jemanden warten.
- **Freundschaft**: durch gegenseitiges Vertrauen und gegenseitige Fürsorge Freundschaften pflegen sowie neue schaffen.
- **Neugier**: meine Welt und meine Zukunft kennen lernen wollen.
- **Zusammenarbeit**: zusammen ein gemeinsames Ziel verfolgen und daran arbeiten.
- **Fürsorge**: an den Belangen anderer Anteil nehmen.

- **Mut**: etwas Neues wagen, das auf meinem Glauben basiert.
- **Kommunikation**: verschiedene Kommunikationstechniken für die Mitteilung meiner Bedürfnisse verwenden.
- **Anteilnahme**: aktiv in meiner Gesellschaft agieren.

Lebensbejahung

1. Ich stehe jeden Morgen auf und entscheide mich von neuem: "Ich schaffe es!"
2. Ich erwarte und empfange ein Wunder!
3. Ich trage die Lösungen in mir!
4. Ich bin jederzeit umgeben von einem Team aus weisen Beratern!
5. Ich verändere meine Handlungsweise, bis ich erfolgreich bin!
6. Ich konzentriere mich auf das, was funktioniert!
7. Ich gebe aus Liebe, weil ich mich dafür entschieden habe!
8. Ich danke dir für deine Liebe!
9. Ich nehme deine Liebe an!
10. Ich spreche über meine Gefühle!
11. Ich liebe mich genauso wie meinen Nächsten!
12. Ich mache keine Vorhersagen!

Achte auf deine Gedanken,
denn sie werden Worte.

Achte auf deine Worte,
denn sie werden Handlungen.

Achte auf deine Handlungen,
denn sie werden Gewohnheiten.

Achte auf deine Gewohnheiten,
denn sie werden dein Charakter.

Achte auf deinen Charakter,
denn er wird dein Schicksal.

(Talmud)

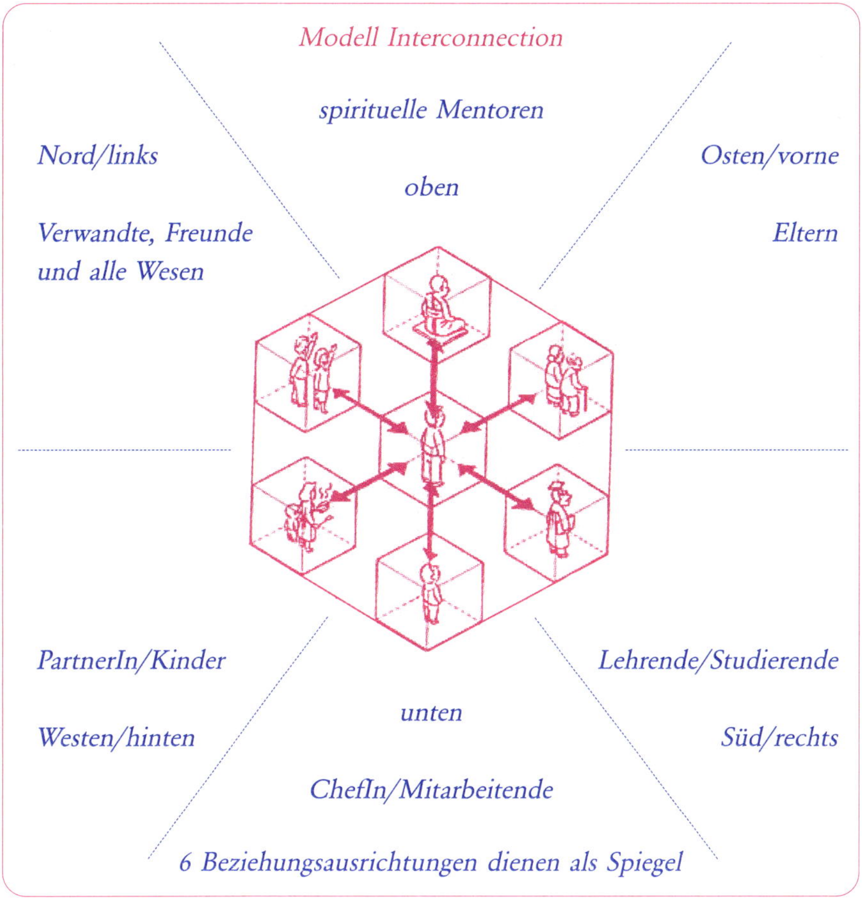

Modell Interconnection

spirituelle Mentoren

Nord/links

oben

Osten/vorne

*Verwandte, Freunde
und alle Wesen*

Eltern

PartnerIn/Kinder

unten

Lehrende/Studierende

Westen/hinten

Süd/rechts

ChefIn/Mitarbeitende

6 Beziehungsausrichtungen dienen als Spiegel

In einfachster Weise, auf einem Blatt Papier hast du alle Verbindungen zu allen Wesen geordnet und im Überblick.

1. Position: vor dir deine Eltern, die dir das Leben schenkten

2. Position: hinter dir dein/e PartnerIn und Kind/er, die mit dir auf dem Weg sind

3. Position: rechts von dir die Beziehungen zu LehrerInnen und Studierenden im Wissensaustausch

4. Position: links von dir alle Verwandten, Freunde, Bekannte und alle Wesen, die mit dir die Welt teilen

5. Position: unter dir die Beziehungen von ChefIn und Mitarbeiten-den, mit denen du das "halbe" Leben teilst

6. Position: oberhalb deine spirituellen Mentoren, die dich führen und begleiten

Indem ich diesen Menschen in Respekt und Achtsamkeit
begegne und meine Verpflichtungen wahrnehme, sind wir
dem Weltfrieden einen Schritt näher – nach dem Motto:
Liebe dich selbst wie deinen Nächsten.

Harmonie für dich und deine Kinder
erreichst du durch Meditation.

Harmonie ist der kostbarste
Geisteszustand der Menschheit.

Jeder Mensch sucht Glück und Harmonie. Glücklichsein fängt mit der Grundlage geistiger und körperlicher Gesundheit an. Doch während die moderne Gesellschaft sich schneller und schneller entwickelt, vernachlässigen wir häufig die wichtigste Quelle des realen Friedens und der Glückseligkeit: das Innere, den Geist.

(Vgl. für weitere Informationen: Fondation Dhammakaya – The writers and thinkers of world peace through inner peace, http://www.dhammakaya.or.th)

Nur stilles Wasser und ruhendes
Sein geben Sicht auf den Grund der Dinge.

Japanisches Sprichwort

Meditation – ein Schlüssel zum Erfolg

Meditieren ist etwas, das wir im Grunde jeden Tag tun, indem wir uns einfach auf unsere Arbeit konzentrieren, doch die Tiefe dieser Art der Meditation ist nur oberflächlich. Denn das Geschehen um uns herum stiehlt uns unsere Aufmerksamkeit, und unsere Konzentration ist verschwunden. Der Geist, der außerhalb unseres eigenen Körpers auf Wanderschaft ist, ist die Quelle der verschiedensten Leiden.

Indem wir unsere Meditation aber vertiefen – bis hin zum Stillstand –, können wir uns unser Potenzial und unsere bisher ungenutzten Begabungen erschließen. Wir erhalten so ein Gleichgewicht der Aufmerksamkeit, Achtsamkeit und des Glücksgefühls für unser Selbst und bringen damit Zufriedenheit in alle Bereiche unseres Lebens – auf eine Art, wie es nur diese Technik vermag.

Um zu meditieren brauchen wir etwas, worauf wir uns konzentrieren können. Die meisten Meditationsformen lassen sich dabei in zwei Gruppen einordnen.

- Meditation mit einem Objekt (Atem, Kerzenflamme etc.)
- Meditation mit einem Mantra (Wiederholung einer Silbe). Es ist interessant, dass die Wirkung des Mantras unabhängig davon ist, ob du den Sinn verstehst – im Gegenteil, ein genaues Verständnis bringt häufig eine starke Identifikation mit sich, was bei einer Meditation unerwünscht ist.
- Die Dhammakaya-Methode kombiniert beides, also Objekt und Mantra.

Bitte lies die Anleitung zunächst vollständig durch, bevor du mit deiner Meditation beginnst:

Setze dich bequem hin, und stelle sicher, dass deine Kleidung dich nicht einengt.

Entspanne dich, fühle den Boden oder den Stuhl, auf dem du sitzt. Höre auf zu grübeln und Probleme zu lösen.

Schließe die Augen, und entspanne systematisch jeden Körperteil. Beginne dabei mit der Kopfhaut, dann folgen das Gesicht, der Nacken, die Schultern, der gesamte Oberkörper, die Hüften und die Beine bis hin zu den Zehen. Besondere Aufmerksamkeit solltest du dem Nacken- und Schulterbereich widmen.

Wenn du körperlich ganz entspannt bist, dann entspanne deinen Geist. Stelle dir vor, dass du alleine bist. Es gibt nichts um dich herum, das deiner Aufmerksamkeit bedarf. Lasse ein Gefühl des Glücks und der Weite in dir aufsteigen.

An dieser Stelle möchte ich die sieben Ruhepunkte des Geistes vorab näher erläutern:

1. Ruhepunkt: am Naseneingang des rechten Nasenloches für Männer und an dem des linken Nasenloches für Frauen

2. Ruhepunkt: am oberen Ende des Nasenbeins (Nasenwurzel) und entlang des inneren Augenwinkels – rechte Seite für Männer und linke Seite für Frauen

3. Ruhepunkt: im Zentrum des Kopfes

4. Ruhepunkt: im oberen Gaumen

5. Ruhepunkt: im Zentrum des Halses (über dem Adamsapfel bei Männern)

6. Ruhepunkt: in der Höhe des Bauchnabels (stelle dir eine Linie vor, die vom Bauchnabel zur Wirbelsäule und zwischen den beiden Hüften hindurch verläuft – der sechste Ruhepunkt befindet sich auf dem Schnittpunkt dieser beiden Linien)

7. Ruhepunkt: zwei Fingerbreit über dem sechsten Ruhepunkt (wenn du Zweifel hast, wo genau der siebte Ruhepunkt ist, nimm einfach irgendeinen Punkt im Magenbereich)

Der siebte Ruhepunkt ist der wichtigste Punkt im Körper, und es hängt wesentlich von diesem Punkt ab, ob unser Geist zur Ruhe kommen kann.

Spüre, dass dein Körper leer ist. Es gibt keine Organe, Muskeln oder Knochen. Lasse deinen Geist im Zentrum des siebten Ruhepunktes ruhen, verwende hierfür aber nur eine leichte Konzentration.

Wenn es dir nicht möglich ist, deine Konzentration zu halten, dann brauchst du ein Objekt – beispielsweise eine Kristallkugel. Stelle dir vor, mit nur ganz leichter Konzentration, dass es im Zentrum des siebten Ruhepunktes eine kleine Kristallkugel gibt. Konzentriere dich nun nur ein wenig auf das Zentrum dieser Kristallkugel, denn wenn du zu viel Konzentration aufwendest, wirst du Kopfschmerzen bekommen. Mit einer leichten Konzentration wird die Kristallkugel aber immer mehr an Klarheit gewinnen.

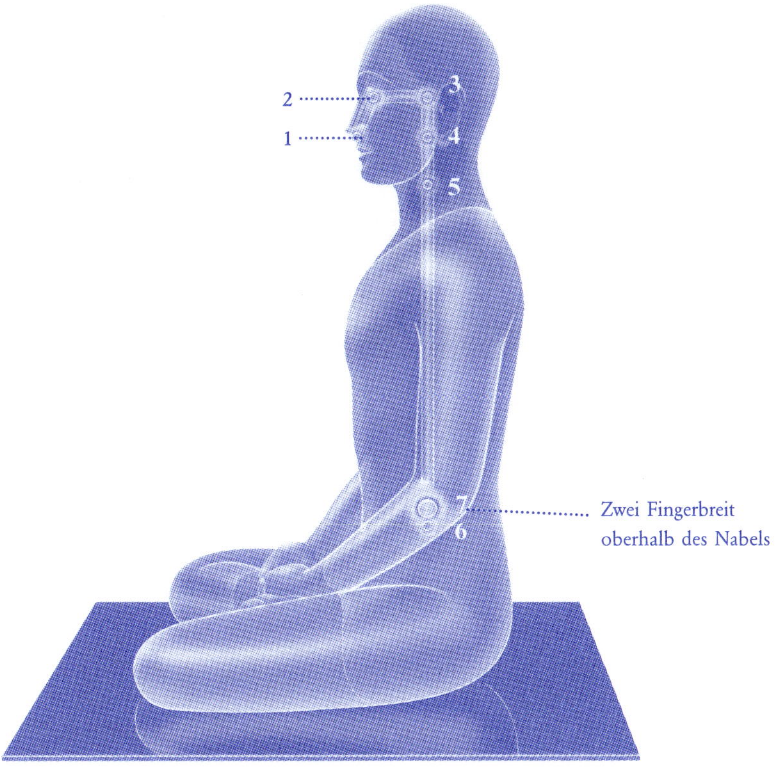

2 ··············
1 ··············
3
4
5

7 ······················ Zwei Fingerbreit
6 oberhalb des Nabels

(Vgl. für weitere Informationen: Foundation Dhammakaya – The writers and thinkers of world peace through inner peace, http://www.dhammakaya.or.th)

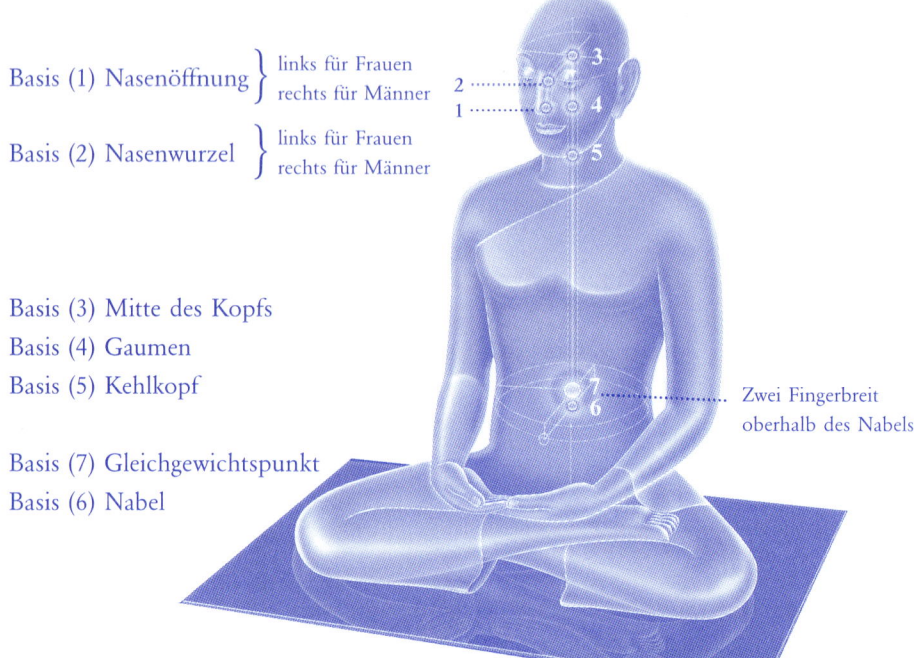

Basis (1) Nasenöffnung } links für Frauen / rechts für Männer

Basis (2) Nasenwurzel } links für Frauen / rechts für Männer

Basis (3) Mitte des Kopfs

Basis (4) Gaumen

Basis (5) Kehlkopf

Basis (7) Gleichgewichtspunkt

Basis (6) Nabel

Zwei Fingerbreit oberhalb des Nabels

Befreie dich selbst: Die Ausgangsebenen des Mind innerhalb des Körpers

Sollte dein Geist an dieser Stelle aber immer noch nicht im Zentrum des siebten Ruhepunktes ruhen, dann benutze zusätzlich das Mantra "Samma-araham". Wiederhole dieses Mantra innerlich immer wieder, so als ob es aus dem Zentrum der Kristallkugel käme. Denke an nichts anderes mehr, und wenn deine Gedanken abschweifen, bringe sie sanft zurück zum Zentrum der Kristallkugel und dem Mantra "Samma-araham".

Wenn du Schwierigkeiten mit dem Visualisieren der Kristallkugel hast, genügt auch allein die ständige Wiederholung des Mantras "Samma-araham". Als Meditierender entscheidest du selbst, mit welchen Mitteln dein Geist zur Ruhe kommen soll. Du hast die Auswahl zwischen leichter Konzentration auf das Zentrum des siebten Ruhepunktes oder das Zentrum des gewählten Objektes (Kristallkugel) oder auf das Mantra "Samma-araham" – oder aber einer Kombination aus allem.

Die Dhammakaya-Meditation ist deshalb so erfolgreich, weil es eine sehr einfache und sichere Methode ist, und du brauchst keinen Lehrer, um sie zu erlernen. Du wirst im Anschluss an die Meditation von Ruhe und Glück erfüllt sein und mit neuem Schwung dein Leben gestalten können.

Ein Schlüssel zum Erfolg: Ganz wesentlich ist, wie schnell und wie lange du in deinem Zentrum der Kraft (Licht), deiner Quelle sein kannst. Eine einfache Übung dazu ist die Anleitung "ÖFFNE DEIN HERZ", die auch auf CD erhältlich ist (Bestellung der CD über die Kontaktadresse auf S. 343 möglich).

SOS-PINNWAND

Was kann ich ändern?

_____

_____

_____

_____

Wie kann ich es umsetzen?

_____

_____

_____

_____

Meine Intention, um die Beziehung zwischen mir

und _____ zu verbessern.

_____

_____

_____

_____

Nachwort

KEINE ZEIT ...

    ist ein großes Thema unserer Zeit, doch gerade ZEIT brauchen wir, um den heutigen Herausforderungen gewappnet begegnen zu können.

KEINE ZEIT ...

    ist die Kraft, die aus einem Schneeball innerhalb kürzester Zeit eine Lawine machen kann.

KEINE ZEIT ...

    für die Herausforderung, die so klein wie eine Mücke erscheinen mag – und im Handumdrehen zu einem Elefanten werden kann.

KEINE ZEIT ...

    für die PARTNERSCHAFT – für ELTERN-SEIN – für FREUND-SCHAFTEN – für SOZIAL-ver-DIENSTE

... Zeit läuft uns davon – und je älter wir werden, desto schneller verrinnt sie uns zwischen den Fingern. Kaum hat ein Jahr angefangen, geht es bereits wieder der Jahreswende entgegen. Für das Jahr 2007 bleiben uns gerade noch ein paar Wochen, oft so vollgepackt, dass wir gar nicht mehr wissen, wo uns der Kopf steht ... Von einem Jahr zum anderen nehmen wir uns zwar den Vorsatz, es besser zu machen, doch haben wir ihn bisher umgesetzt?

Ich nehme mir Zeit für das Leben, denn das Leben ist das Kostbarste, das wir haben. Das Leben ist zu meiner Mission geworden. In Begleitung von mehr als 3000 Menschen im Alter von 3 bis 93 haben sich in den letzten Jahren drei Hauptthemen in meiner Arbeit herauskristallisiert: KINDER – FARBEN – LICHT. Die Analysen sind einfach zu verstehen – die Werkzeuge sind tägliche Begleiter – die "Familien-ge-Schichten" verändern sich – die Kraft entsteht aus dem inneren LICHT – die Freude, das Lachen erhellen den Tag.

In den Jahren 2001 bis 2004 arbeitete ich in verschiedenen Tagesschulen in Zürich und betreute unter anderem mit einem 16-jährigen Praktikanten 60 SchülerInnen der ersten bis sechsten Klasse auf dem Pausenplatz oder begleitete Schüler der neunten Klasse in Supervision. Diese Erfahrungen haben mir gezeigt, dass die entwickelten Werkzeuge für die Familienarbeit auch im größeren Umfeld wirken. Das Motto ist immer dasselbe: ÖFFNE dein HERZ. Dies ist die Essenz, um Zugang zu Kindern und auch Teenies zu finden – und um mit ihrer Kooperation rechnen zu können. Aggression, Wut, Machtkampf oder Rebellion sind lediglich nur der Ausdruck von inneren und äußeren Autoritätskonflikten und einzig und alleine Projektionen, die dem Umfeld gespiegelt werden.

Zeit haben wir immer für das, was uns wichtig ist. – Doch manchmal ändert das Leben selbst unsere Prioritäten – und das häufig unter unangenehmen äußeren Umständen. Können wir die Zeichen erkennen? Können wir etwas verändern? Können wir vorbeugen?

Ja, das können wir – und zwar zu 100 Prozent, denn jeder hat die Kraft, das Rad zu drehen! Dazu sind nur WISSEN und DISZIPLIN nötig.

In den letzten Jahren ist das geschehen, was ich mir wünschte und zugleich für fast unmöglich gehalten habe: Die 2002 gefundenen Schlüssel zur Aufdeckung der Familiendynamik ermöglichen die Entschlüsselung der übertragenen Muster, die von Generation zu Generation weitergegeben werden. Es ist kaum zu fassen, doch unterdessen bestätigen es mehr und mehr Teilnehmende: Ganze Familien wurden dazu bewegt, aus dem Herzen heraus zu kommunizieren.

ZEIT...

... ist das, was wir haben.

... ist das, was uns gegeben ist.

... ist das, was wir verschenken dürfen.

... ist das, was uns bleibt, bevor wir gehen.

Wir haben alle gleich viel davon, und das Management unseres ZEIT-BUDGETS liegt in unseren Händen. – Investiere es vor allem in dich und deine Familie, dann werden sich auch deine Lebensumstände verändern.

Es ist gut möglich, dass dein Umfeld dich nicht versteht – oder nicht verstehen will. Trotzdem bitte ich dich: Finde Klarheit in dir, und bemühe dich, DEINEN Weg zu finden.

Ich wünsche dir von ganzem Herzen Mut, diesen manchmal etwas unbequemen Weg zu gehen.

Bis bald und mit herzlichen Grüßen
Elsbeth

Literaturverzeichnis

Bücher:

Archiati, Pietro "Das Geheimnis der Liebe?", Archiati 2003

Bambaren, Sergio "Der träumende Delphin", Piper 2004

Birkenbihl, Vera F. "Stroh im Kopf? Vom Gehirn-Besitzer zum Gehirn-Benutzer", mvg 2005

Birkenbihl, Vera F. "Stichwort: Schule. Trotz Schule lernen", mvg 2005

Bradshow, John "Das Kind in uns – Wie finde ich zu mir selbst", Droemer 2000

Cabobianco, Flavio "Ich komme aus der Sonne. Ein Kind erinnert sich an den Himmel", Falk 2007

Chopra, Deepak "Mit Kindern glücklich leben. Die sieben geistigen Gesetze für Eltern", Lübbe 2000

Coelho, Paulo "Der Alchimist", Diogenes 2000

Deegener, Günther "Die Würde des Kindes", Beltz 2000

Dennison, Paul E./Dennison, Gail E. "Brain-Gym", VAK 1997

Wolfgang Endres/Nobert Eickmann/Heinrich Janak "Lernen mit Kniff und Pfiff", Beltz Lern-Trainer 2004

Maurer, Elsbeth "Aura Soma Farblexikon. Praxisbuch für Lichtarbeitende", Via Nova 2001

Egli, Francoise "Die Geschichte vom großen und kleinen Ich", Editions d'Olt 1996

Fromm, Erich "Die Kunst des Liebens", Ullstein 2005

Furlan, Elisabetta "Komm, wir spielen Yoga", Verlag Hermann Bauer 1991

Gordon, Thomas "Lehrer-Schüler-Konferenz. Wie man Konflikte in der Schule löst", Hoffmann und Campe 1973

"Familienkonferenz. Die Lösung von Konflikten zwischen Eltern und Kind", Heyne Sachbuch Nr. 15, 1989

"Familienkonferenz in der Praxis. Wie Konflikte mit Kindern gelöst werden", Heyne Sachbuch Nr. 33, 1986

Hay, Louise L. "Heile deinen Körper. Seelisch-geistige Gründe für körperliche Krankheit", Lüchow 1994

Holowenko, Henryk "Das Aufmerksamkeitsdefizit-Syndrom (ADS). Wie Zappelkindern geholfen werden kann", Beltz 1999

Holt, John "Wie kleine Kinder schlau werden. Selbstständiges Lernen im Alltag", Beltz 2003

Homuth, Kirsten "Ernährungsumstellung", Pala 1999

Janssen, Hans "Kinder wollen Klarheit. Regeln finden, Grenzen setzen", Kreuz 1994

Keller, Olivier "Denn mein Leben ist Lernen. Wie Kinder aus eigenem Antrieb die Welt erforschen", Arbor 1999

Leboyer, Frédérick "Sanfte Hände. Die traditionelle Kunst der indischen Baby-Massage", Kösel 2000

Lozowick, Lee "Spirituelle Erziehung. Hilfreiche Ratschläge, praktische Weisheit", Via Nova 2000

Schräder-Naef, Regula "Lern- und Arbeitsstrategien im Gymnasium", Beltz Lern-Trainer 2004

Sherwood, Keith A. "Chakras und Karma", Schirner 2003

Spezzano, Chuck "Die Geschichte vom kleinen Häschen Liebe. Ein Märchen für Kinder und Erwachsene", Via Nova 2002

"Wenn es verletzt, ist es keine Liebe", Via Nova 1998

"50 Wege loszulassen und glücklich zu sein", Via Nova 2003

"50 Wege, die wahre Liebe zu finden. Wegweiser zu einer erfüllten Partnerschaft", Via Nova 2002

"Von ganzem Herzen lieben", Integral 2003

Spezzano, Chuck/Janie E. Patrick "Heilung des Körpers durch den Geist", Via Nova 2003

Spezzano, Lency "Gib den Weg frei für die Liebe", Via Nova 2003

Spitzer, Manfred "Vorsicht Bildschirm! Elektronische Medien, Gehirnentwicklung, Gesundheit und Gesellschaft", Klett 2005

Infosite:

Arbeitskreis Ernährung und Verhaltens-Ratgeber
"Anleitung zur Ernährungsumstellung", www.aev-schweiz.ch

DVD und CD-ROM:

Spitzer, Manfred "Lernen – Die Entdeckung des Selbstverständlichen", DVD, Archiv der Zukunft, Beltz 2006

Schneewind, Klaus A. "Freiheit in Grenzen"; Interaktive CD-ROM zur Stärkung elterlicher Erziehungskompetenzen, www.3c3c.de, 2003

Karten:

Spezzano, Chuck "Karten der Erkenntnis", Via Nova 2004

Hörspielkassetten:

Davis, Ronald D. "Legasthenie als Talentsignal", Birkenbihl-Media 2001

Begleitung und Workshop

Begleitung

Auf der Suche nach Alternativen?

Immer mehr Eltern kommen in der Erziehung ihrer Kinder an ihre Grenzen und fühlen sich überfordert. Gesprochen wird darüber allerdings kaum, da sich die Betroffenen schämen, der Herausforderung nicht gewachsen zu sein.

Diese Kinder zeigen etwa **ungesteuerte emotionale Reaktionen**, können sich **nicht konzentrieren**, verhalten sich **aggressiv** und **überschreiten gesetzte Grenzen**. Dazwischen fühlen sie sich **deprimiert**, sehen **keinen Sinn im Leben** und haben vielleicht sogar **Selbstmordgedanken**. In vielen Fällen werden solche Kinder vorschnell als am Psycho-organischen Syndrom (POS) bzw. am Aufmerksamkeits-Defizit-Syndrom (ADS) leidend diagnostiziert. Die "andere" Seite dieser Kinder ist ihre **überdurchschnittliche Intelligenz**, ihre **hohe Kreativität** und **Feinfühligkeit**, ihre außergewöhnliche **Präsenz** sowie die Fähigkeit, aus der Norm auszubrechen und **Neues zu entwickeln**. Ich nenne sie deshalb "KINDER des LICHTS".

Reflektieren diese Kinder unsere Gesellschaft?

Der Name "KINDER des LICHTS" verweist auf das hohe Bewusstsein der Kinder, das sich durch Licht symbolisieren lässt. KINDER des LICHTS werden geboren, um eine Brücke von der alten in eine neue Welt zu bauen. Die Eigenschaften und Verhaltensweisen dieser Kinder – gerade auch die störenden – reflektieren die Stärken und Schwächen unserer Gesellschaftsordnung.

Wenn sich KINDER des LICHTS vom Rebellen zum Visionär entwickeln, tragen sie die Lösungen vieler gesellschaftlicher Herausforderungen in sich. Können wir uns auf die KINDER des LICHTS einlassen, erkennen wir in ihrem Licht auch uns selbst sowie bisher verborgene Lösungsmöglichkeiten.

Hier knüpft meine Arbeit an: KINDER des LICHTS brauchen etwas anderes als das, was das Repertoire gängiger Erziehungsmethoden bietet. Diese Kinder benötigen eine im Hier und Jetzt geerdete und verankerte Ordnung, eine liebevolle, verständnisreiche Begleitung. Voraussetzung dafür ist letztlich das spirituelle Wachstum der Eltern sowie das der anderen Bezugspersonen des Kindes.

Meine Mission ist es, in den KINDERN des LICHTS und in den Menschen, die sie begleiten, "LOVING-WISDOM" zu erwecken.

Festgefahrene Verhaltensweisen verändern – wie geht das?

Die seit 1998 konstant weiter entwickelte Standort-Analyse ermöglicht eine detaillierte Bestandsaufnahme. Die Standort-Analyse enthält u. a. den Familienstammbaum, eine Symptom-Analyse sowie eine Pränatal- und Geburts-Analyse. Ein wichtiger Teil dieser Vorarbeit wird von den Eltern geleistet, da die so gewonnenen Informationen die gegenwärtigen Herausforderungen reflektieren.

Basierend auf der Standort-Analyse erarbeite ich ein auf die persönliche Situation der Betroffenen zugeschnittenes Konzept, das die Ursachen und Verhaltensdynamiken des Kindes und seiner Bezugspersonen ganzheitlich berücksichtigt. Die intensive Zusammenarbeit mit Eltern und Kind konzentriert sich darauf, praktische Lösungen für die aktuelle Situation zu entwickeln und vorhandene Stärken zu fördern. Die Zusammenarbeit:

- stabilisiert das soziale Verhalten der Kinder und erdet sie,
- löst akute Krisensituationen und
- schafft Raum für neue Lern- und Handlungsstrategien.

Seit 20 Jahren studiere ich die Dynamiken der Tiefenpsychologie, und ich habe Werkzeuge entwickelt, die ich dabei effektiv einsetze. Durch ein einfühlsames und gleichzeitig analytisch-vernetztes Denken erreicht man so in kurzer Zeit wahrnehmbare Erfolge.

Workshops

MODUL A   SELBSTERKENNTNIS
- **Einzigartigkeit** erkennen durch die
EI-ZELLE, die ICH-BEZIEHUNGS-ANALYSE
Anleitung zur Selbstanalyse des Familiensystems
Welche Aufgabe und Verantwortung habe ich?
Die Lebensaufgabe mit den KINDERN des LICHTS erkennen

MODUL B   ÖFFNE DEIN HERZ
- **Reflektion**
Wie reflektieren die Kinder unser Verhalten?
Erkennen der Zusammenhänge von bewussten, unterbewussten und unbewussten Ebenen.

- **Macht – Ohnmacht**
Wie entstehen die Dynamiken von Machtkämpfen, Rebellion, Hierarchiegerangel, Besserwisserei, Grenzen sprengen etc.?
Teste deine Autorität und erkenne deren Auswirkungen.

- Begleiten und Fördern

In welchem Rahmen können die KINDER des LICHTS wachsen?

"LOVING-WISDOM" wahrnehmen und leben

Methodik:

Lebendige Beispiele, Experimente, Übungen u. Ä.

- Mein Herz ist offen
- Meditation – das innere Licht
- Projektionen auflösen

Erlebnisse:

- Antworten zu täglichen Herausforderungen
- praktische Übungen
- Erkenntnisse und Aha-Erlebnisse
- Öffnung des Herzens

eLearning

«Emotionen versus Gefühle»

Auflösung einer hartnäckigen und wiederkehrenden Emotion oder eines Verhaltens im 21+1 Tage-Prozess. Es ist sicherlich eine sehr neuartige Idee, einen eLearning Workshop anzubieten, der die Aufgabe hat, negative Emotionen aufzulösen. Erfahrungsberichte zeigen jedoch erstaunliche Resultate. In sieben Phasen zu je drei Tagen wirst du angeleitet, zusammen mit mir eine von dir spezifisch definierte Emotion oder ein Verhalten im 21+1 Tages-Prozess zu meistern. Für die Übungen wirst du dabei mindestens 22 Minuten pro Tag benötigen. Du kannst sie bequem zu Hause und dann, wenn es in deinen Tagesablauf passt, absolvieren.

Einen eLearning-Workshop anzubieten und das Internet als Werkzeug zu benutzen, ist für viele nach wie vor sehr ungewöhnlich. Darum biete ich gerne für alle Teilnehmenden die ersten drei Phasen, bzw. neun Tage als Testreihe an. Die Bezahlung erfolgt erst am zehnten Tag der Reise. Du kannst also neun Tage lang ein Experiment erleben, und falls du investierst, weißt du, dass es sich lohnt.

Voraussetzungen: Der Kurs richtet sich an Menschen, die tief greifende Veränderungen und Transformationen als Teil ihrer Mission oder Lebensaufgabe empfinden und in einem Team die Energie der Gruppendynamik nutzen und umsetzen wollen.

CD "ÖFFNE dein HERZ"

Bestelle deine CD zur persönlichen Begleitung über die Kontaktadresse auf Seite 353.

ADS/ADHD, 32, 245-247, 347, 349

Schlagwortregister

Über die Autorin

Elsbeth Maurer wurde 1961 in Bern geboren. Nach erfolgreicher Tourismus- und Hotelkarriere war sie als Seminarleiterin für Erwachsenenbildung international für Wirtschaftsunternehmen tätig. Zwei Kindern schenkte sie das Leben, Philippe Laurenz 1982 und Joy Muriel 1992. Seit 1987 bildete sie sich systematisch in Methoden der humanistischen und transpersonalen Psychologie aus. Sie ist Entdeckerin von 'LOVING-WISDOM', die durch spezifische Schlüssel der INNEREN ORDNUNG ausgelöst wird. Mit ihren Büchern und Workshops stellt sie ihr Wissen Pionieren, Leadern und Familien auf vier Kontinenten zur Verfügung. Sie initiiert Projekte: 'World Peace through Inner Peace', 'Open Hearts' und 'SinnPhonie der Farben'

Kontakt

Email: info@kinderdeslichts.net
Internet: www.kinderdeslichts.net
www.loving-wisdom.net
Telefon: +41 44 382 4349

232 Seiten, broschiert
€ [D] 14,90
ISBN 978-3-89845-154-3

Vadim Zeland
Transsurfing
Die Realität ist steuerbar

Dieses Buch löste in Russland eine wahre Revolution aus. Die Realität ist steuerbar! Wir alle glauben, wir seien abhängig von den äußeren Umständen – dabei ist es genau umgekehrt! Ihre innere Wirklichkeit kreiert die äußere Realität. So erfüllen sich Wünsche, Träume verwirklichen sich …
Transsurfing ist eine mächtige Technologie zur Realitätssteuerung. Alle, die sich mit Transsurfing beschäftigen, erleben eine Überraschung, die an Begeisterung grenzt. Das hat nichts mit Mystik zu tun. Das ist real.

250 Seiten, broschiert
€ [D] 14,90
ISBN 978-3-89845-201-4

Vadim Zeland
Transsurfing 2
Das Praxisbuch

Unsere Wünsche und Träume gehen nicht in Erfüllung, aber dafür werden unsere schlimmsten Befürchtungen wahr. Doch könnte es nicht auch ganz anders sein? – Durchaus, und in diesem Buch werden Sie erfahren, wie das möglich ist. Transsurfing ist eine Methode zur Steuerung Ihres Lebens, indem alle falschen Beschränkungen einfach gesprengt werden. Sie lernen hier eine völlig neue Art des Denkens und Handelns kennen, durch die es tatsächlich möglich wird, das lang Ersehnte zu erhalten! – Die Umgebung eines Transsurfers verwandelt sich auf unbegreifliche Weise buchstäblich vor dessen eigenen Augen…

72 farbige Karten in 10 x 6,5 cm in Stülpschachtel
€ [D] 12,90
ISBN 978-3-89845-199-4

Franziska Krattinger
Schaltworte – Schlüssel zu unserem Unterbewusstsein
Das Kartendeck zu »Ein Wort genügt«

Sind Sie bereit für das Wunder? Sie werden sich wahrlich wundern, denn schon ein Wort genügt, um das Wunder in Gang zu setzen… Spezielle Worte können gleichsam eine magische Wirkung haben, da sie die Schlüssel zu unserem Unterbewusstsein sind. Mit einem Wort öffnet sich die Türe zum wirklichen Geschehen, mit Code-Worten öffnet sich die Tür zur Schaltzentrale Ihrer Macht. Schalten auch Sie einfach um – und beobachten Sie die Veränderungen in Ihrem täglichen Leben… Nutzen Sie diese Chance!

120 Seiten, 20 x 20 cm
broschiert
€ [D] 16,90
ISBN 978-3-89845-202-1

Mariane Kohler

Glücksyoga

Bewegungsspaß mit Kindern

Der Ferne Osten ist bekannt für seine Techniken der Selbstbeherrschung, um Ausgeglichenheit und Weisheit zu erlangen, die gerade in unserer schnelllebigen Zeit unabdingbar geworden sind. Umso mehr sollten schon Kinder damit beginnen, danach zu suchen. Helfen Sie Ihrem Kind zu erwachen, ganz im Augenblick zu sein, in der Stille, in der Konzentration, auf seine Atmung zu achten, seinen Körper, seine Empfindungen kennen zu lernen… Die Vorschläge in diesem Buch sind dabei einfach und für jeden umzusetzen, dabei immer in kindgerechter Sprache gehalten und zudem lebhaft illustriert. – Für Kinder ab 4 Jahren.

24 Seiten, 20 x 20 cm
broschiert, 4farbig
€ [D] 9,90
ISBN 978-3-89845-146-8

Kat Randall

Yoga für kleine "Yogis"

Die wichtigste Phase im Leben ist nicht das Universitätsstudium, sondern die erste Zeit – die ersten sechs Lebensjahre … Und wer Yoga bereits als Kind lernt, wird später im Leben erheblich weniger Probleme haben, sein inneres Gleichgewicht zu finden bzw. aufrecht zu erhalten.

„Yoga für kleine Yogis" ist ein kreativer Ansatz für den Umgang mit den klassischen Yoga-Haltungen. Dieses Buch bietet durch die Kombination von Naturbeobachtung, Sprache und Affirmationen eine neue Möglichkeit für Kinder, ihre eigene, spielerische Welt des Yoga zu entwickeln.

120 Karten in Falts., Kartenf.: 6,9 x 6,9 cm
€ [D] 11,20, ISBN 978-3-931652-92-0

Liane Franzani

Delphin-Affirmationen

Eine Weisheit für jeden Tag

Mit den »Delphin-Affirmationen« hat Liane Franzani ein Karten-Spiel vorgelegt, das nicht nur schön anzuschauen ist, sondern auch in ganz ungewöhnlicher Weise Schlichtheit mit Tiefe verbindet. Wenn Sie die Karten aufdecken, werden Sie auf jeder einzelnen Karte einen kurzen Text lesen, der Sie zum tieferen Nachdenken anregt und zugleich ein Ratgeber für wunderbare Lebensweisheiten ist. Sie werden dadurch auch ganz automatisch mit Aspekten Ihrer Persönlichkeit in Berührung kommen. Die Kartentexte sind eine höchst gelungene Mischung aus konkreter Lebenspraxis und tiefer Lebensphilosophie. Zugleich ist das Delphin-Spiel dazu geeignet, mit den Mitspielern in einen besonderen Kontakt des kommunikativen und seelischen Austausches einzutreten. Es ist ein Spiel von großer Inspiration.

Dr. Etienne Jalenques
Die Glückstherapie
Emotionen als Wegweise zum Glück

336 Seiten, broschiert
€ [D] 16,90
ISBN 978-3-89845-203-8

Ziel: Glück. In diesem Buch: keine Wunderrezepte, sondern ein Leitfaden, um dieses „gewisse Etwas" zu entdecken, das jeden von uns belebt und es uns ermöglicht, unsere Blockaden und Hemmungen zu überwinden. – Die Glückstherapie ist die Bilanz aus mehr als 15 Jahren der praktischen Analyse des Gefühlslebens der Menschen – Erfahrungswerte, die der Mediziner und Psychiater Etienne Jalenques im Laufe seiner langjährigen erfolgreichen Praxis gesammelt hat und die Ihnen bewährte Lösungen und Methoden vorstellen, die all jene interessieren dürften, die sich tatsächlich mit Beziehungsproblemen beschäftigen wollen – um endlich zu dauerhaftem Glück zu finden…

Carmen Schüle
Glücklichsein ist mehr als zufrieden sein
Dem Glück auf der Spur

288 Seiten, broschiert
€ [D] 14,90
ISBN 978-3-89845-212-0

Eigentlich sind Sie bisher gut auf Ihrem Weg vorangekommen – aber irgendein Element fehlt noch zu Ihrem Glück? Nur welches? Kann es sein, dass Ihnen noch alte Prägungen oder Verhaltensweisen unbemerkt wie kleine Teufelchen immer wieder ein Bein stellen? Oder reagieren Ihre Gefühle nicht so, wie Sie sich das wünschen? Möchten Sie mehr über Ihren urpersönlichen roten Faden erfahren, damit Sie in Zukunft Ereignisse bewusster in Ihr Leben einordnen und daran wachsen können? – Lernen Sie an mehreren spannend zu lesenden Fallbeispielen die größeren Zusammenhänge des Lebens kennen – und finden Sie zu dauerhaftem Glück…

Gabriela Hilf
Reiki im Alltag
Neue Türen öffnen sich

250 Seiten, broschiert
€ [D] 12,90
ISBN 978-3-89845-045-4

Entdecken Sie die Kräfte der Heilsteine und Reiki für sich! Lassen Sie sich im Alltag helfen! Dieses Buch ist nicht nur für Mütter, aber die Autorin, selber Mutter von vier Kindern, zeigt Ihnen die richtige Anwendung von Reiki und Heilsteinen – während der Schwangerschaft, bei der Geburt, gegen Neurodermitis und auch vor allem bei den alltäglichen kleineren und größeren Problemen einer berufstätigen Mutter.
Mit seinen vielen praktischen Tipps und erprobten Ratschlägen ist es ein ideales Buch für den Reiki-Anfänger zum Einsteigen in den ersten Reiki-Grad, aber auch ein interessantes Werk für bereits praktizierende Reikianer und Heilstein-Liebhaber.

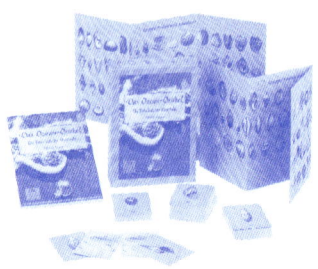

Michelle Hanson
Das Ozean-Orakel
Die Botschaft der Muscheln

Sicherlich hat jeder als Kind schon einmal am Strand Muscheln gesammelt. Doch was ist, wenn diese mehr waren als bloß hübsche Mitbringsel? Was ist, wenn diese Muscheln, die man sich als Kind ans Ohr gehalten hat, um das Rauschen des Meeres zu hören, uns tatsächlich etwas über unsere verborgenen Gedanken verraten? – Dieses Set ist ein Sprachführer für Muscheln! Indem Sie lernen, diese Sprache zu interpretieren, werden Sie die Werkzeuge in Händen halten, mit welchen Sie Ihre geheimen Gedanken und Gefühle entdecken können. Finden Sie den Zugang zu Ihrem inneren Wissen.

200 Karten, 120 Seiten Handbuch,
broschiert, 2 Muschelposter
€ [D] 29,90
ISBN 978-3-89845-106-2

Sigrid Mahncke
Lichtengel
Zur Heilung von Körper und Seele

Die Lichtengel bringen Heilung für Körper und Seele und breiten ihre Flügel wie einen schützenden Mantel der Liebe über dir aus. Allein indem du dich in die Energien der visionären und sanften Engelbilder vertiefst, wirst du fast augenblicklich zur Ruhe kommen – und in der Lage sein, dich auf den wesentlichen Kern deines Lebens besinnen zu können...

49 farbige Herzkarten, 10 x 9 cm
€ [D] 13,90
ISBN 978-3-89845-208-3

Isha und Mark Lerner
Tarot für das innere Kind
Eine Reise in die Welt der Märchen illustriert von C. Guilfoil

Das "Tarot für das innere Kind" ist ein Wahrsagesystem, das das Kind in uns wiedererweckt, indem es uns auf sanfte Weise hilft, mit den äußerst kraftvollen Archetypen der inneren Welt in einen Dialog zu treten.
Mit den Motiven so bekannter Märchen wie Dornröschen, Alice im Wunderland und Peter Pan öffnen diese wunderschönen Karten Herz und Verstand und lassen uns Neues über unser Selbst entdecken. In Anlehnung an das traditionelle Tarot-Deck eignet sich das »Tarot für das innere Kind« ausgezeichnet für die Traumarbeit, Heilungsprozesse und für die Beschäftigung mit Kindern.

78 farbige Karten
9,9 x 15,8 cm,
336 S. Handb., in Stülpbox
€ [D] 29,90
ISBN 978-3-931652-16-6

Jetzt NEU!

Seminare bei Silberschnur

Weitere Informationen erhalten Sie unter
www.silberschnur.de/seminare